教育研究方法丛书

新编教育统计学

XINBIAN JIAOYU TONGJI XUE

编 著…………王孝玲 赵必华

北京师范大学出版集团
BEIJING NORMAL UNIVERSITY PUBLISHING GROUP
北京师范大学出版社

图书在版编目（CIP）数据

新编教育统计学/王孝玲，赵必华编著．—北京：北京师范大学出版社，2023.1（2025.9 重印）

（教育研究方法丛书）

ISBN 978-7-303-27722-3

Ⅰ.①新… Ⅱ.①王… ②赵… Ⅲ.①教育统计 Ⅳ.①G40－051

中国版本图书馆 CIP 数据核字（2022）第 001362 号

出版发行：北京师范大学出版社 https://www.bnupg.com
北京市西城区新街口外大街 12-3 号
邮政编码：100088

印　　刷：北京天泽润科贸有限公司
经　　销：全国新华书店
开　　本：787 mm×1092 mm　1/16
印　　张：14.5
字　　数：288 千字
版　　次：2023 年 1 月第 1 版
印　　次：2025 年 9 月第 3 次印刷
定　　价：69.00 元

策划编辑：何　琳　　　责任编辑：葛子森
美术编辑：焦　丽　　　装帧设计：焦　丽
责任校对：陈　民　　　责任印制：马　洁

前　言

2008年，应北京师范大学出版社之邀，我们编著了新世纪高等学校教育学基础课系列教材之一的《教育统计学》。该书因内容适量、统计思想正确、统计方法实用、运算简便、术语解释通俗易懂、逻辑清晰，受到师生的广泛好评。当前，我国教育事业正迈入高质量发展新阶段。党的二十大报告首次将“实施科教兴国战略，强化现代化建设人才支撑”作为一个单独部分，充分体现了教育的基础性、战略性地位和作用，为教育强国建设指明了新的前进方向。2023年3月，中共中央办公厅印发《关于在全党大兴调查研究的工作方案》，强调要在全党大兴调查研究之风，以科学方法破解发展难题。这些重大部署对教育研究的科学性、精准性提出了更高要求，迫切需要强化教育统计学这一探索教育规律、支撑科学决策的基础工具。

为更好地适应新时代教育发展需求，服务高等师范院校人才培养，支撑师生运用科学量化方法开展教育研究与实践，我们在原教材基础上编著了《新编教育统计学》。主要修订如下：(1)增加了多元方差分析、多元回归分析与肯德尔和谐系数等内容；(2)删除了利用经验公式进行简便运算的文字；(3)调整了部分章节的顺序，使不同类型变量的统计分析方法相对独立；(4)提供了练习题中计算题的参考答案。总之，我们努力使本书成为好教、易学、实用的教材，引导读者掌握服务教育强国建设的科学量化工具，为落实立德树人根本任务、深化教育改革创新提供坚实的方法论支撑。由于作者的能力有限，书中难免有不妥之处，敬请同行、读者批评指正。

安徽师范大学的李小平教授对本书的编写提出了许多宝贵的意见，研究生胡文馨、张舵完成了本书练习题的计算并比对了答案。在此，谨向他们致以衷心的感谢！

王孝玲　赵必华

前言

目　录

绪 论

一、什么是教育统计学

教育统计学是运用数理统计的原理与方法研究教育现象的一门应用学科。其主要任务是研究如何收集、整理、分析通过教育调查和教育实验等途径获得的数字资料，并在此基础上进行科学推断，从而揭示蕴含在教育现象中的客观规律。

这里值得注意的是，从研究内容看，教育统计学包括教育调查与教育实验等课题的提出、内容的界定、对象的选取、假设的建立、结果的获得及分析，但这些不是教育统计学的研究任务，因为这些问题的解决还得依靠与研究内容有关的教育学专业知识。另外，教育统计学只能提供各种统计方法的应用条件和对计算结果的解释，至于统计原理和方法的数学证明及公式推导，则不是它的主要任务。

二、教育统计学的研究内容

教育统计学的研究内容，从应用角度看，可分为描述统计、推断统计和实验设计三个部分。

(一)描述统计

对已获得的数据进行整理、概括，显示数据的分布特征及数据间关系的统计方法，被称为描述统计。研究人员在教育调查和教育实验中获得了大量数据，通过编表、绘图等统计方法对数据进行整理，以直观、形象的形式反映数据的分布特征，或通过计算各种特征量，以抽象的形式反映数据分布的数字特征，如通过计算集中量(算术平均数、中位数、众数等)来反映数据的集中趋势，通过计算差异量(全距、四分位距、百分位差、标准差、差异系数等)来反映数据的离散程度，通过计算偏态量与峰态量来反映数据的分布形态，通过计算相关量(积差相关系数、等级相关系数、点二列相关系数、肯德尔和谐系数等)来反映多个变量的关联程度，这些内容均属于描述统计的范畴。描述统计的目的在于将大量杂乱无章的数据资料进行整理、概括，从而清晰、明确地显现出事物的全貌。

(二)推断统计

根据样本提供的信息，运用概率理论进行分析、论证，在一定可靠程度上对总体状况进行估计、推测的统计方法，被称为推断统计。推断统计的内容包括参数估计与假设检验两部分。例如，对总体参数(总体平均数、总体标准差、总体相关系数等)的估计，对总体参数或总体参数之差(总体平均数之差、总体方差之差、总体相关系数之差等)的假设检验，对总体是否服从某种分布的假设检验，等等。推断统计的目的在于根据已知的信息(样本)，在一定的概率意义上估计、推测未知的情况(总体)。

(三)实验设计

实验者为了揭示实验中自变量与因变量的关系，在实验开始之前所制订的实验计划，被称为实验设计。其内容包括选择怎样的抽样方式，如何计算样本容量，确定怎样的实验对照形式，如何操纵自变量、控制无关变量和测量因变量，运用何种统计方法处理及分析实验结果，等等。

上述三个部分有着密切的联系。描述统计是推断统计的基础，因为离开样本所提供的信息，对总体的推断就无从进行。但如果不应用推断统计做进一步的分析，描述统计的结果就不会产生更大的价值，就达不到统计分析的最终目的。另外，有良好的实验设计才能获得真实的、有价值的数据，在此基础上的统计分析才能得到正确的结论，才能揭示本质规律。而一个良好的实验设计又必须以统计原理为根据，必须符合统计方法的要求，这样才能对实验结果进行统计处理。

由于实验设计是以多元统计为基础的比较复杂的问题，可以单独成为一门学科，故教育统计学一般以阐述描述统计与推断统计两部分内容为主。

三、学习教育统计学的意义

(一)学习教育统计学有助于提升思想政治素养

学习教育统计学就是要研究如何收集、整理、分析教育领域的数据，得出科学结论，指导教育工作。无论是教育调查还是教育实验数据，都是建立在真实、正确、科学的基础上的。毛泽东同志指出："没有调查就没有发言权。"学习教育统计学，有助于培养教育工作者求真、务实的工作态度，培养耐心细致的工作作风，养成严肃认真的科学精神。

学习教育统计学首先要掌握统计学基础理论，而统计学基础理论蕴含着丰富的马克思主义哲学思想。例如，频率和概率之间的辩证关系就体现了偶然性与必然性之间的对立统一。频率具有偶然性，概率具有必然性。试验次数少的时候，频率与概率相差很大，体现了对立性；试验次数多的时候，频率在概率附近波动，体现了统一性。再如，在学习数据分布的特征量时，学习者会体会到在教育统计研究中，不仅要计算平均指标，反映数据的集中趋势，也要计算离散指标，反映数据的离中趋势，要一分为二地看待与分析教育问题。学习教育统计学，有助于深刻认识与领会马克思主义哲学思想，提高运用马克思主义基本原理分析、解决教育问题的自觉性。

教育统计数据富含爱国主义教育素材。例如，国际学生评估项目(Programme for International Student Assessment，PISA)是经济合作与发展组织(Organization for Economic Cooperation and Development，OECD)进行关于15岁学生的阅读、数学、科学能力评价的研究项目。2018年国际学生评估项目(PISA2018)测试结果显示，在全部79个参测国家(地区)对15岁学生的抽样测试中，中国四省市(北京、上海、江苏、浙江)作为一个整体，学生在阅读、数学、科学三项关键能力素养上的平均成绩分别为555分、591分、590分，在参测国家(地区)中均排名第一，基本素养达标率为参测国家(地区)第一，高水平学生总数居于前列。学习教育统计学，收集与分析反映我国教育改革与发展成就的数据，有助于激发爱国热情，增强将伟大祖国建设得更加美好的动力。

(二)学习教育统计学有助于养成科学的思维方式

从根本意义上说，统计学原理与方法是一种科学的思维方式。科学工作者在观察客观现实时，受到时间、人力、物力等方面的限制，往往难以对具有共同特征的所有对象一一进行观察、测量，只能从对象总体中抽取一部分进行观察、测量，然后以此为根据，运用概率原理来推测、估计总体的特征。但是，由于偶然因素的影响，观察、测量的结果之间存在着差异。因此，以归纳法为基础的统计推断与数学的演绎推理不同，统计推断具有不确定性。它所建立的假设真伪的判断，只允许人们去否认那些实际上不真实的假设，不允许人们去证明那些实际上真实的假设。只有不能推翻假设时，人们才不得不承认它。统计推断运用的是反证法。

虽说由推断统计得出的结论具有不确定性，但根据一定理论分布的数学模型，借助于概率，可以对推断的不确定性进行较为精确的测定，使结论在一定可靠程度上保证其正确性。例如，保证结论有 95%的正确性，保证犯错误的可能性不到 1%。统计学作为一种科学的方法，大大丰富了人们对世界的认识。

教育统计学是运用统计学的原理与方法研究教育现象与问题、揭示教育规律的一门学科。从这个意义上讲，教育统计学有助于教育研究者养成科学的思维方式。

(三)学习教育统计学有助于掌握定量分析工具

任何客观存在的事物总有一定的数量表现。对任何具有数量表现的事物，人们总可以通过特定的方法进行测量。教育现象是一种客观存在的现象，它也有数量表现。尽管与物理现象相比，教育现象因影响因素众多而难以被准确测量，但是总可以通过精心编制的教育测量工具对其数量表现进行测定。教育现象的本质就蕴含在测量结果的大量数据之中，因此，无论是教育调查，还是教育实验，都需要运用描述统计对获得的数据进行整理、概括，以显现出数据的分布特征及数据间的关系，更需要运用推断统计来揭示隐含于其中的客观规律。特别是教育实验，从实验设计开始，如被试的选择、样本容量的确定、实验因子的安排、无关变量的控制，再到数据的整理、分析，乃至结果的表述和解释，每一环节都需要深入理解和熟练掌握统计方法，这样才能保证教育实验顺利进行。

(四)学习教育统计学有助于奠定其他课程基础

学习教育统计学为学习教育测量学和教育评价学等打下了基础。教育测量就是运用一定工具对教育现象予以数量化的描述。从狭义上讲，用来测量的这一工具就是教育测验，教育测量学主要是研究教育测验编制的原理、步骤、方法与技术的学科。而在教育测验的编制过程中，测验题目的筛选、测验信度的计算、测验效度的鉴定、测验常模的确定，都离不开教育统计方法。从某种意义上讲，学习教育统计学是学习教育测量学的前提条件。同样，在教育评价中，对评价质量的检查、评价信度的估计、评价效度的鉴定、评价结果的整理与分析，也都需要运用教育统计原理与方法。

练习题

1. 什么是教育统计学？教育统计学的主要任务是什么？
2. 教育统计学的研究内容有哪些？它们之间有什么关系？
3. 学习教育统计学有什么意义？
4. 如何理解马克思主义哲学是教育统计学的理论基础？

第一章　数据分布的统计表与统计图

通过教育调查与教育实验获得的原始数据资料，初看起来杂乱无章，但是经过统计和分析就能提取出有价值的信息。在描述统计中，编制统计表、绘制统计图是对原始数据资料的初步整理。这样做可以简单明了、直观形象地呈现出数据的分布特征及数据间的关系。而如何利用原始数据编制成表，利用原始数据可以绘成何种图，都与数据的来源及类型有关。

第一节　数据的来源及类型

一、数据的来源

数据的来源主要有以下两个。

(一)经常性资料

经常性资料主要指日常工作记录和统计报表等以文字记载的资料。日常工作记录有：教师的年龄、教龄、职称、工资、教学工作内容，学生的各科成绩、品德评定、健康状况、奖惩情况，学校的经费使用情况，学制、课程、教材与教法改革、教育科学研究成果，等等。统计报表有教职工登记表、在校各年级学生登记表、毕业生登记表、经费收支情况登记表等。

(二)专题性资料

通过专题性调查或实验获得的资料被称为专题性资料。如果要分析、研究某一专门的问题，仅靠经常性资料是远远不够的，必须进行专题性的教育调查或教育实验。

1. *教育调查*

教育调查指在没有预定的控制因子、不施加控制的条件下，对现成的教育方面客观事实所进行的观察和分析。它是教育科学研究经常采用的一种方法。

从调查方法来分，可以分为现情调查、回顾调查和追踪调查。现情调查指对当前正在发生的事情或存在的事物进行的调查。回顾调查指用追溯的方法来探究原因的调查，由果索因地研究问题。追踪调查指对同一批调查对象，在较长时间内做间隔性地观察和分析。

从调查范围来分，可以分为全面调查和非全面调查。全面调查就是在一定范围内的普查，非全面调查是对从总体中抽取的一部分对象进行的调查。非全面调查又分为抽样调查和典型调查。抽样调查是从调查对象的总体中抽出某些单位或个人作为样本进行调查，并用样本的情况来推断总体状况的一种调查方式；典型调查是从调查对象中选择一个或几个有代表性的单位或个人进行深入、细致的调查，以少量典型概括和反映全局的一种调查方式。

2. 教育实验

教育实验指在预定的控制因子的影响下，对教育方面的客观事实所进行的观察和分析。

为了突出实验因子的作用，排除非实验因子的干扰，显现出实验者所操纵的自变量对因变量的影响，一般设立两种实验处理进行对比。根据两种实验处理对比形式的不同，分为单组实验、等组实验和轮组实验。单组实验指对同一组实验对象先后施行两种实验处理。等组实验指在两组实验对象的条件基本相同的情况下，对其施行不同的实验处理。为了使两组实验对象的条件相同，也可以依据条件相同的原则将两组实验对象一一配对。轮组实验指在实验组与对照组分别施行两种实验处理，并且每种实验处理重复一次，也就是多个单组实验的联合。

二、数据的类型

按来源，数据可分为点计数据和测量数据；按变量取值情况，数据可分为间断型变量数据和连续型变量数据；按测量水平高低，可分为名义数据、顺序数据、等距数据和比率数据。

(一)点计数据和测量数据

1. 点计数据

点计数据是通过计算个数所获得的数据，如学校数、班级数、学生数、教师数、教室数、教学仪器数等。

2. 测量数据

测量数据是用一定的工具或一定的标准测量所获得的数据。例如，用身高测量仪测得学生的身高，用秒表测得学生完成某种作业所用的时间，用某种智力测验测得学生的智商，用某学科测验测得学生的成绩，等等。

(二)间断型变量数据和连续型变量数据

1. 间断型变量数据

取值个数有限的数据，被称为间断型变量数据或离散型变量数据。这种数据的单位是独立的，两个单位之间不能再划分出细小的单位，数据一般用整数表示。例如，教师的性别、职称、所教科目等，学生的智力、学科考试成绩等指标按优劣程度排成的名次，用 1，2，3，4，5 五个等级对学生的品德、兴趣、爱好等所评定的成绩，都属于间断型变量数据。

2. 连续型变量数据

取值个数无限的(不可数)数据，被称为连续型变量数据。它们可能的取值范围能连续充满某一个区间。数据的单位之间可以再划分出无限多个细小的单位，数据可以用小数表示。例如，身高、体重、智商、用百分制分数表示的学科成绩、完成作业所用的时间等，都属于连续型变量数据。

(三)名义数据、顺序数据、等距数据和比率数据

1. *名义数据*

名义数据只说明某一事物与其他事物在类别上的差异，属于同一类的事物用同一个数字表示，属于另一类的事物用另一个数字表示，如性别，民族，职业，对某一事物的态度(赞成、反对、无所谓)等，又称分类数据。用来描述各类事物的数字仅是事物的名称，只表示相同或不同的特性，没有数量关系的含义。例如，将学生按性别分类，1 代表男生，2 代表女生。对这类数据进行统计处理时，使用的不是用来描述事物的数字本身，而是归并到每一类中的个体的数目，即频数(f)。

2. *顺序数据*

顺序数据指既无相等单位，又无绝对零点的数据，是按事物属性(如多少或大小)，将各个事物进行排序后获得的数据，如品德等级分、歌唱比赛名次、对某学科的喜爱程度等，又称等级数据。用来描述事物的数字只能确定相等与不等的关系；在不等的情况下，只能确定大小或多少的关系，但不能确定相差多少个相等的单位。例如，将学生的某项能力分成强、一般、有待提升三个等级，分别用数字 3，2，1 表示，这里只能确定数字之间存在 $3>2>1$ 的顺序关系，但 3 与 2 之间的差异跟 2 与 1 之间的差异并不相等。这类数据不能进行四则运算。

3. *等距数据*

等距数据是有相等单位，但无绝对零点的数据，如温度、年份、海拔、离差智商、各种能力分数等。这类数据具有相等的单位，因此可以确定事物之间相差多少个单位。例如，在摄氏温度计上，18℃比 6℃高出 12℃，但摄氏温度计上的零点是人定的，0℃并不意味着没有温度(绝对零度是－273.15℃)，因此数据之间没有倍比关系，即不能说 18℃是 6℃的 3 倍或 6℃是 18℃的 $\frac{1}{3}$。这类数据只能进行加法和减法的运算，不能进行乘法和除法的运算。

4. *比率数据*

比率数据是既有相等单位，又有绝对零点的数据，如身高、体重、反应时等。利用这类数据既可以确定一个事物比另一个事物大多少，又可以确定两者之间的倍比关系。例如，张同学的体重为 50 kg，王同学的体重为 40 kg，可以说张同学比王同学重 10 kg，也可以说张同学的体重是王同学的体重的 1.25 倍。这类数据可以进行四则运算。

数据的类型不同，适用的统计方法也就不同。因此，了解数据的类型对选用合适的统计方法至关重要。

第二节　统计表

统计表是用来表述统计指标与被说明事物之间数量关系的表格。它可以将大量数据的分类结果清晰、概括地表达出来，明显地反映出事物的全貌与特征，便于进行分析、比较、计算和记忆。

一、统计表的结构及编制要求

统计表一般由表题、表号、标目、表线、数字、表注构成。各项的编制要求如下。

(一)表题

表题是统计表的标题，应写在统计表的上方。表题一般要能够准确、简明地说明统计表的内容。必要时，应在表题下注明资料的来源。

(二)表号

表号是统计表的序号，一般按照在文章中出现的顺序排列，通常置于表题的左边。

(三)标目

标目是统计表中对统计数字分类的项目。按标目在统计表中的位置，可以分为横标目和纵标目。位于统计表左侧者为横标目，因为它与所指明的数字在同一行；位于统计表上端者为纵标目，因为它与所指明的数字在同一列。

(四)表线

表线是统计表中用来隔开标目与数字的线条。顶线、底线、隔开纵标目与数字的横线、隔开横标目与数字的纵线，是四种基本表线。表线不宜过多，统计表左右两侧不要用纵线封闭，甚至可以没有纵线，形成三线表。

(五)数字

统计表中的数字必须准确，一律用阿拉伯数字表示，位次对齐，同一指标下各数字的小数位数一致。统计表中不应有空格，暂缺或未记录可用“…”或“……”表示，无数字用“—”表示，数值是“0”的则应填写“0”。

(六)表注

表注不是统计表的必要组成部分。如果确有必须补充说明的问题，可用小号字写在统计表下方。

总的来说，编制统计表要求：统计表的结构要简单、明了；一个统计表只能有一个中心，说明的问题要重点突出、一目了然，避免绘制臃肿的、包罗万象的大表；统计表的层次要清楚，标目要按照逻辑顺序合理安排。

二、频数分布表的编制方法

频数分布反映的是通过实际观测得到的，或通过理论推断可能得到的一组数据的构成情况。它由两部分组成：数值和数值出现的频数。例如，某班 45 名学生参加数学期末考试，就得到了 45 个考试分数。若其中得到 68 分的有 4 个人，则 4 就是 68 这一数值出现的频数。若从最低分 41 分到最高分 94 分逐一列出各数值出现的频数，就会得到此次考试成绩的频数分布。将频数分布以表格的形式呈现，就得到了频数分布表。

(一)简单频数分布表

1. 间断型变量的简单频数分布表

例如，某次语文测验采用 5 分制记分法，某班 50 名学生测验成绩的频数分布可用表 1.1 来表示，其中得 5 分的有 8 人，得 4 分的有 17 人，得 3 分的有 21 人，得 2 分的有 4 人，没有人得 1 分。

表 1.1　50 名学生的语文测验成绩的简单频数分布表

测验成绩	频数
5	8
4	17
3	21
2	4
1	0

2. 连续型变量的简单频数分布表

例如，要将某班 45 名学生的成绩编制成简单频数分布表，但数值很多，若一一列出各数值出现的频数，不仅过程烦琐，而且难以显现出数据的分布特征。因此，对于连续型变量，通常以分组的形式来编制简单频数分布表。45 名学生的数学考试成绩如下所示。

79	68	65	48	76	68	50	51	65
66	70	84	87	69	41	71	58	43
81	71	60	46	80	64	70	78	77
72	64	68	79	82	94	73	63	54
55	64	75	89	74	66	56	87	68

下面以 45 名学生的成绩为例，说明连续型变量简单频数分布表的编制步骤。

(1)求全距

在全部观测值中找到最大值和最小值，求两者之差，即全距(range)，用 R 表示。在本例中，$R=94-41=53$。

(2)确定组数与组距

将全距分成若干组时，要确定组数与组距。组数就是分组的个数，用 k 表示。组距就是每一组起点与终点的距离，用 i 表示，一般要求各组组距相等。组数与组距相互关联，在确定时应同时考虑。原则上，全距小时，组距可小一些，组数可多一些；全距大时，组距可大一些，组数可少一些。分组一般以 8～20 组为宜，最常用的组距为 1，2，3，5，10 个单位等。分组过多，不仅计算麻烦，而且组距太小，不易反映整个分布的趋势；分组过少，许多不同的事实会归并在一起，导致误差较大，容易影响准确性。本例依据习惯以 5 分为组距，则组数为 10.6($k=R/i=53/5=10.6$)，取整数为 11。需要注意的是，不能将组数的计算结果四舍五入，必须保证所分各组总体上能涵盖所有数据。

(3)决定组限

组限就是每组的范围。每组的最低值为下限，最高值为上限。对于连续型变量来说，很难将各组的真正上限表示出来。如果将表 1.2 中数值最大组的范围表示为 90～94，数值次大组表示为 85～89，那么 89～90 分就被置于分组之外了，这就破坏了全距的连续性。因此，无须写出各组的上限，数据较大组的下限就是数据较小组的上限。例如，表 1.2 中数值最大组的下限 90，就是数值次大组的上限。在将数据归组时，如果恰好有数值等于某组的上限，则应将其归入数据较大的那一组。例如，本例将 90 分归入数值最大组，将 85 分归入数值次大组。

各组上、下限的平均值被称为组中值，即组中值=(上限+下限)/2，如表 1.2 的第 2 列所示。组中值通常作为一组数据的代表，经常用于计算频数分布表数据的特征量。

(4)登记频数

分好组后，就可以将每个数据按所属的组一一登记于统计表内。例如，可将 45 名学生的成绩一一登记在表 1.2 的第 3 列。登记的符号：|，||，|||，||||，卌；或者一，丅，下，𠄟，正。登记完毕，得出各组的频数，记入表 1.2 的第 4 列。这样，表 1.2 的第 1 列与第 4 列就构成了简单频数分布表。

表 1.2　45 名学生成绩的频数、累积频数和累积百分比

分组区间	组中值	登记	频数	累积频数	累积百分比
90～	92.5	一	1	45	100.00
85～	87.5	下	3	44	97.78
80～	82.5	𠄟	4	41	91.11
75～	77.5	正一	6	37	82.22
70～	72.5	正丅	7	31	68.89
65～	67.5	正𠄟	9	24	53.33
60～	62.5	正	5	15	33.33
55～	57.5	下	3	10	22.22
50～	52.5	下	3	7	15.56
45～	47.5	丅	2	4	8.89
40～	42.5	丅	2	2	4.44

频数分布表是对杂乱无章的数据进行整理的重要手段。通过频数分布表，可以直观地看出数值的频数、分布状况，以及数据的集中趋势和离散状况。

(二)累积频数分布表

用累积频数表示的频数分布表被称为累积频数分布表。

累积频数分布表的编制步骤与简单频数分布表的编制步骤大致相同，不同之处在于：登记累积频数时从数值最小组开始，每上升一组，必须把以下各组的频数累加起来，如表 1.2 的第 5 列所示。本例中数值最小组的频数是 2，因为以下无频数，故该组的累积频数就是 2。数值次小组的频数也是 2，该组的累积频数为 2+2=4。第三组的频数是 3，则该组的累积频数为 3+2+2=7。以此类推。数值最大组的累积频数应等于总频数。这样，表 1.2 的第 1 列与第 5 列就构成了累积频数分布表。

(三)累积百分比分布表

累积百分比分布表是累积频数分布表的变形。它是用累积百分比表示的频数分布表。其编制方法，是将各组的累积频数除以总频数再乘 100，如表 1.2 的第 6 列所示。表 1.2 的第 1 列与第 6 列就构成了累积百分比分布表。

在教育测量中，研究人员常常根据实测数据编制百分等级量表，用来说明、解释和评价某一测验的原始分数在团体中的地位。这种量表就是利用累积百分比分布表的编制方法编制而成的。

第三节　统计图

统计图是用来表达统计指标与被说明的事物之间数量关系的图形，是整理数据的一种方法。它以直观、形象的形式呈现出事物的全貌和分布特征，一目了然，便于理解，容易记忆，使人印象深刻。

一、统计图的结构及绘制要求

统计图一般由图题、图号、标目、图形、图注构成。各项的绘制要求如下。

(一)图题

图题是统计图的标题，应简明扼要，切合统计图的内容，必要时可注明时间、地点。图题应自左向右地写在统计图的下方。图题的字号在统计图中是最大的。

(二)图号

图号是统计图的序号。文章中若有多幅统计图，则需按出现的顺序编上号，写在图题的左边。

(三)标目

对于有横轴和纵轴的统计图，应在两轴上分别标明统计事项及其尺度。横轴是基线，一般表示观察对象，尺度要等距，自左向右，由小到大，写在横轴的下方。纵轴是尺度线，尺度从 0 开始，自下而上，由小到大，写在纵轴的左侧。两轴上都要注明单位。

(四)图形

图形是用几何线条和符号等反映统计事项各类特征及变化规律的表达形式。图形线在统计图中为最粗，而且要清晰。为了美观，图形的高与宽之比以 3∶5 为宜。若一幅统计图中有多条图形线相比较，可以用不同的图形线加以区别，各种图形线的含义可用图例在适当位置加以说明。

(五)图注

凡是图形中需要借助文字或数字加以补充说明的，都被称为图注。图注不是统计图的必要组成部分。图注应写在图题的下方。图注中的文字要简明扼要，字号要小。

二、表示间断型变量的统计图

(一)条形图

条形图是用条形的长度或高度来表示统计事项数量的统计图，又称直条图。它主要用于比较性质相似的间断型变量。按统计图中相比较资料的组数不同，可以分为单式条形图和复式条形图两种。现以表 1.3 中的数据为例，分别介绍单式条形图与复式条形图。

表 1.3　某年级操行评定结果

	等级				总和
	甲	乙	丙	丁	
男	14(22.58%)①	30(48.39%)	14(22.58%)	4(6.45%)	62(100%)
女	17(29.31%)	24(41.38%)	16(27.59%)	1(1.72%)	58(100%)
总和	31(25.83%)	54(45.00%)	30(25.00%)	5(4.17%)	120(100%)

①括号外的数字为人数，括号中的数字为百分比。余同。

统计图中被比较事物是一组资料的，被称为单式条形图。图 1.1 就是根据表 1.3 中甲、乙、丙、丁各等级的人数(不分男女)绘制的。统计图中被比较事物含两组或两组以上资料的，被称为复式条形图。图 1.2 就是根据表 1.3 中男生和女生的操行评定结果绘制的。此外，根据按条形图的放置方向，又可分为纵条图[图 1.1(a)和图 1.2(a)]和横条图[图 1.1(b)和图 1.2(b)]。

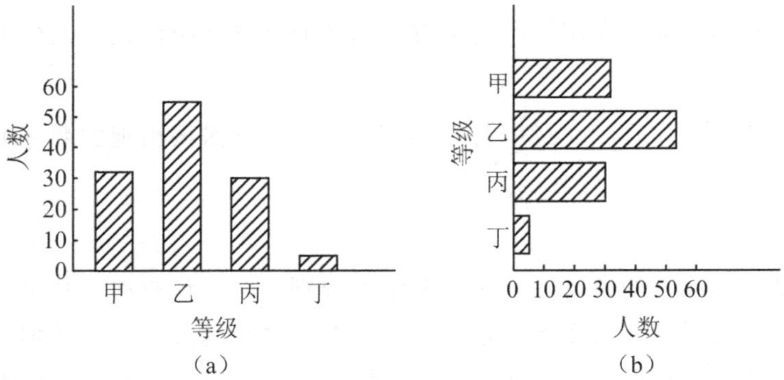

图 1.1　某年级操行评定结果复式条形图

绘制条形图，除了要遵循制图的一般要求外，还必须注意以下几点。

①纵条图以横轴为基线，横条图以纵轴为基线。

②条宽应一致。条宽虽与数量大小无关，但为了美观，宽窄应适当。相邻两个条形的间隔为条宽的 0.5～1 倍。

③各条形应按一定的顺序(如时间先后、数值大小、等级次序)排列。

④条形的顶端和下端不要标注数字。

⑤在绘制复式条形图时，若两组相比较的事物的总频数不同，尺度应该用百分比

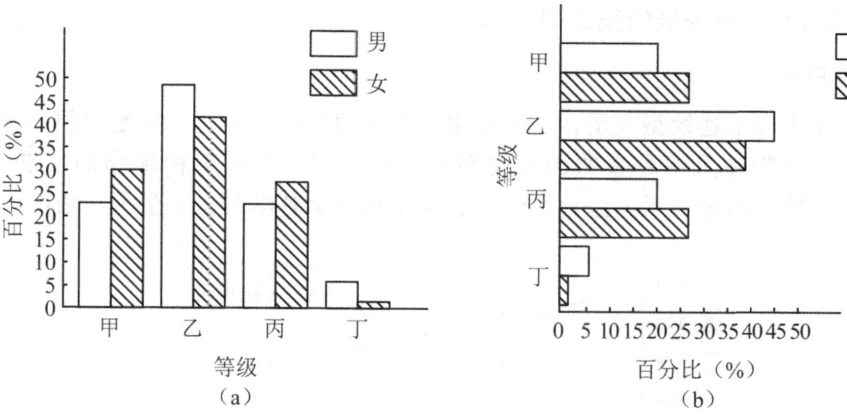

图 1.2　某年级操行评定结果复式条形图

表示。例如，图 1.2 就是根据表 1.3 中男、女生各等级人数的百分比绘制的。因为男、女生人数不等，所以需要计算各等级人数百分比，这样才便于比较。例如，男生甲等级人数的百分比是 $14\div62\times100\%=22.58\%$，女生甲等级人数的百分比是 $17\div58\times100\%=29.31\%$。在同一等级中，被比较的几个条形之间不必留有空隙。

（二）圆形图

圆形图是表示间断型变量中的各部分在整体中所占比重的一种图形，又称饼图。图形的面积表示一组数据的整体，扇形表示各组成部分所占的比重。比重一般用百分比来表示。现以表 1.3 为例，说明绘制圆形图的步骤。

①求各组成部分的百分比。例如，在表 1.3 中，甲等级有 31 人，甲、乙、丙、丁四个等级共有 120 人，则甲等级人数的百分比为 $31\div120\times100\%=25.83\%$。其他指标以此类推。

②求各组成部分中心角的度数。将各等级的百分比乘 360°，就得到了各组成部分中心角的度数。例如，甲等级中心角的度数为 $25.83\%\times360°=92.99°$，乙等级中心角的度数为 $45\%\times360°=162°$。

③以圆的下半径（或上半径）为基线，按相比较的事物的特定顺序，根据各部分中心角的度数，循看顺时针方向，用量角器将圆形分成几个扇形。

④用不同线条或不同颜色将各扇形加以区分，并在各扇形内用简短的文字和百分比加以说明，如图 1.3 所示。若不在扇形上注明，可在图例中注明。

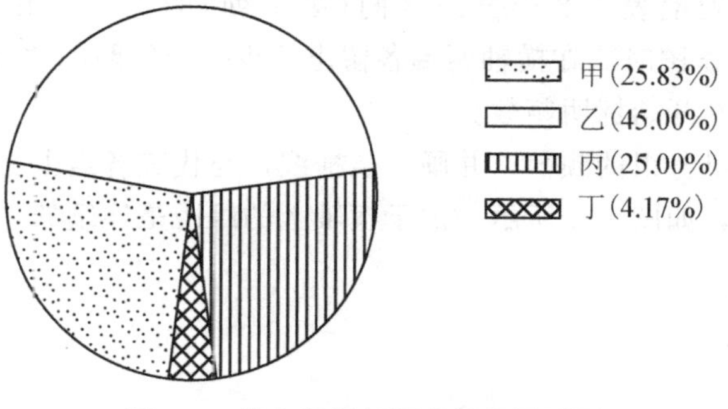

图 1.3　某年级操行评定结果圆形图

三、表示连续型变量的统计图

(一)线形图

线形图用来表示连续型变量，一般适用于以下情形：表示两个变量之间的函数关系；表示一种事物随另一种事物的变化而变化的情况；表示某种事物的发展趋势。图 1.4 就是用线形图来表示上海市小学三、四年级学生各学月识字量增长情况的。

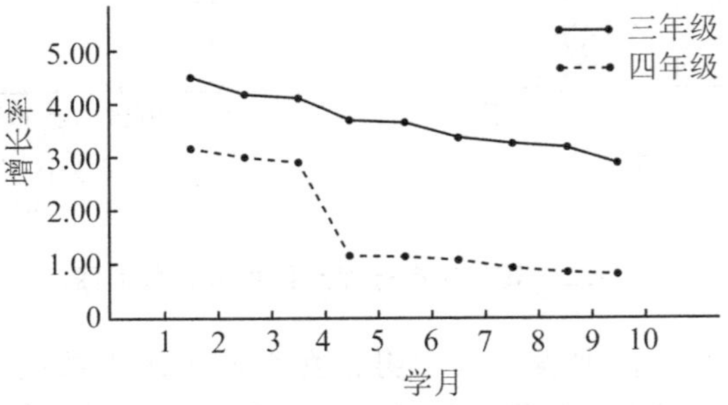

图 1.4　上海市小学三、四年级学生各学月识字量增长率

常见的线形图有两种：折线图与曲线图。折线图是将相邻的点用直线连接形成的线形图，曲线图是折线分布修匀后比较光滑的线形图。绘制线形图的要点如下。

①一般横轴表示时间或自变量，纵轴表示频数或因变量。横轴可标出连续型变量各组的上、下限或组中值，纵轴从 0 开始，标出频数或因变量的数值。

②描点时，横坐标对应各组中点，纵坐标对应频数或因变量的数值，然后用直线连接相邻的两点。

③图形线应该是按实际数值绘成的折线，不要随意改成光滑曲线。

④图中相互比较的图形线不宜过多，一般不超过 5 条，以免影响观察。每条图形线可以用不同形式表示，并在图例中加以说明，不必在图中用文字或数字表示。

(二)频数分布图

连续型变量常用的频数分布图有直方图、多边图和累积多边图。

1. 直方图

直方图是以面积表示连续型资料频数分布的图形。通常用各组上、下限间的矩形面积表示各组频数。现以表 1.2 为例，说明绘制直方图的步骤与注意事项。

①做横轴。首先把表 1.2 中分组区间(第 1 列)的上、下限分置于横轴上。表 1.2 中共有 11 组，作图时需在横轴两端各留出至少一个组距的位置。

②做纵轴。从 0 开始标明频数。

③在纵轴上定出各组的频数，并画一条横线，与代表各组上、下限的两条纵线相交，形成一个矩形，如图 1.5 所示。由于横轴上的组距是连续的，故各矩形之间不能留有空隙。

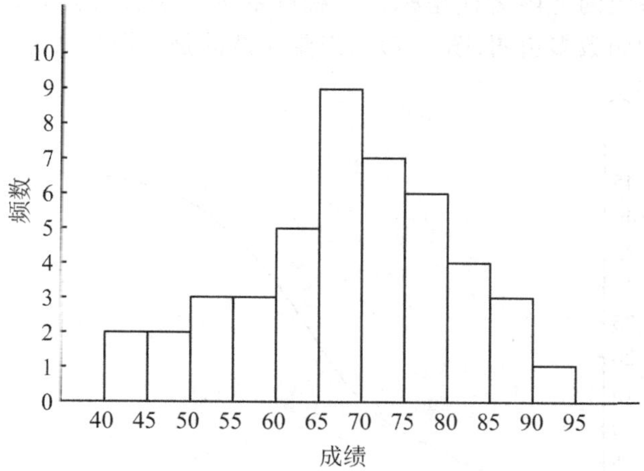

图 1.5　某班 45 名学生数学考试成绩的频次分布直方图

2. 多边图

多边图是以纵轴上的高度来表示连续型资料频数分布的图形。现以表 1.2 为例，说明绘制多边图的步骤与注意事项。其绘制方法与直方图的绘制方法大体相同，不同之处在于：绘制多边图时，以各组的组中值为横坐标、频数为纵坐标描点，然后把相邻两点用直线连接起来。这里要注意的是，此时图形线的两端应该与外侧相邻组的组中值相连，即与基线相交，如图 1.6 所示。

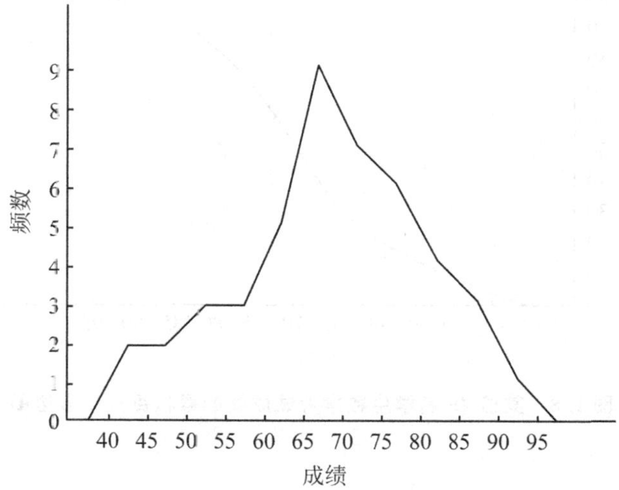

图 1.6　某班 45 名学生数学考试成绩的频数分布多边图

3. 累积多边图

现以表 1.2 为例，说明绘制累积频数多边图和累积百分比多边图的步骤与注意事项。

①做横轴。将表 1.2 中分组区间(第 1 列)的上、下限分置于横轴上。

②做纵轴。从 0 开始，标明累积频数。

③描点。以各组的上限为横坐标、累积频数为纵坐标描点，用直线连接相邻两点，就绘成了累积频数多边图(图 1.7)。需要注意的是，图形线左端应延伸至第一组的下限，与基线相交。

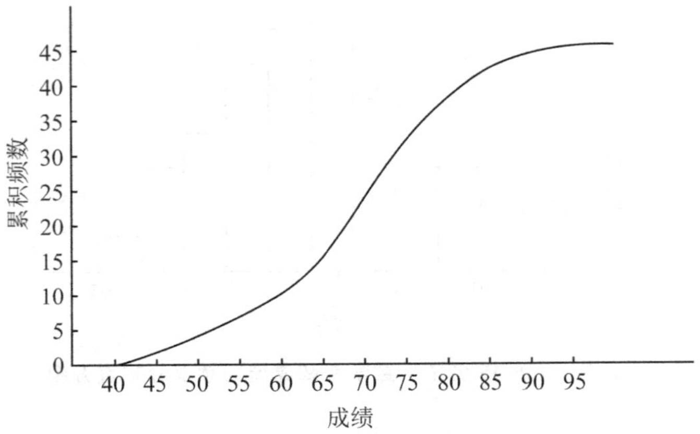

图 1.7　某班 45 名学生数学考试成绩的累积频数多边图

若将纵轴改成累积百分比，那么累积频数多边图就变成了累积百分比多边图(图 1.8)。对同一组资料，以累积频数为纵轴作图和以累积百分比为纵轴作图，得到的图形是相同的。

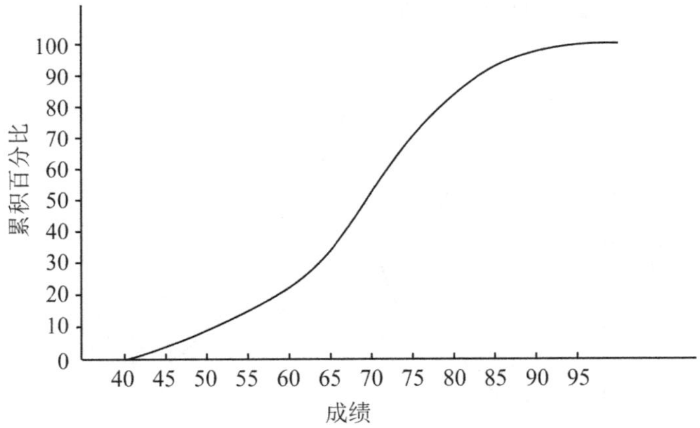

图 1.8　某班 45 名学生数学考试成绩的累积百分比多边图

练习题

1. 识别下列观察值所属的变量是连续型还是间断型。

(1)某学生的体重为 46.8 kg。

(2)某校有多媒体教室 14 间。

(3)某学生在 5 分制记分的美术作业中得到 4 分。

(4)某学生一年购买图书用去 220 元。

(5)某学生的英语考试成绩为 88 分。

(6)某学生跑 100 米用了 14 秒。

(7)某班有共青团员 27 人。

2. 某班 45 名学生做 5 道选择题，做对 5 道题的有 6 人，做对 4 道题的有 25 人，做对 3 道题的有 10 人，做对 2 道题与做对 1 道题的都是 2 人，没有人全错。试根据上述资料编制简单频数分布表。

3. 某研究者调查了 40 名学生的智商分数，结果如下所示。

127	104	101	119	98	103	118	121	96	119
93	92	107	131	120	112	141	124	115	135
130	104	142	113	98	126	113	109	106	117
102	87	108	106	119	105	128	110	122	90

试将上述资料编成组距为 5 的简单频数分布表、累积频数分布表、累积百分比分布表，并绘制直方图、多边图、累积频数多边图和累积百分比多边图。

4. 根据下表提供的某校教育学院三个系的不同教师职称的人数，绘制统计图。

系别	教授	副教授	讲师	助教
教育系	6	10	6	2
心理系	5	4	8	3
学前教育系	2	4	10	2

(1)分别用单式纵条图、单式横条图和圆形图，比较该学院不同教师职称的人数及构成比。

(2)分别用复式纵条图和复式横条图比较三个系不同教师职称的人数百分比。

5. 中华人民共和国成立以来，我国教育事业取得了举世瞩目的巨大成就。根据下表中的数据，绘制我国历次人口普查文盲率的线形图。

人口普查次别	第一次	第二次	第三次	第四次	第五次	第六次	第七次
年份	1953	1964	1982	1990	2000	2010	2020
文盲率(%)	80	33.58	22.81	15.88	6.72	4.08	2.67

第二章　数据分布的特征量

归组、列表、绘图等初步整理工作，已能反映出数据分布的面貌与特征。但是为了进一步分析研究，还需要计算出描述一组数据的特征量，包括集中量(如算术平均数)、差异量(如标准差)、相关量(如积差相关系数)等。本章主要介绍单变量数据分布的集中量、差异量、偏态量与峰态量。

第一节　集中量

集中量是代表一组数据的典型水平或集中趋势的量。尽管一组数据大小不一，但计算出集中量后就可以发现频数分布中大量数据向某一点集中，这一点就是集中量。常用的集中量有算术平均数、中位数、众数。

一、算术平均数

(一)算术平均数的概念

算术平均数是一组观察值的总和除以总频数所得的商，简称平均数或均数、均值。由变量 X 的一组数据计算的平均数，记为 $\overline{X}$。例如，以 X_1，X_2，…，X_n 表示变量 X 的各个观察值，n 表示观察值的个数，则算术平均数可表示为

$$\overline{X}=\frac{X_1+X_2+\cdots+X_n}{n}$$

该公式可概括为

$$\overline{X}=\frac{\sum X}{n} \tag{2.1}$$

式中，$\sum$ 表示连加求和，读作“西格玛”(sigma)。

(二)算术平均数的计算方法

1. 原始数据计算法

公式(2.1)就是运用原始数据计算算术平均数的公式。例如，某学习小组的 5 名学生在地理测验中的分数分别为 78，65，82，91，69，其算术平均数为

$$\overline{X}=\frac{78+65+82+91+69}{5}=77$$

2. 频数分布表计算法

如果将一组数据编制成了频数分布表，而原始数据又不在手边，那么这时可以利用频数分布表来计算该组数据的算术平均数的近似值。具体计算方法：先将各组的组中值乘各组的频数，然后将得到的结果求和，最后除以总频数。虽然频数分布表中每组的观察值有高有低，但可以将每组的组中值近似地视作每组观察值的算术平均数，

其误差趋于相互抵消。因此，每组的观察值之和就可用该组的组中值乘该组的频数而获得，而所有观察值的总和就可用各组的观察值之和的总和来代替，再除以总频数，就得到了算术平均数。上述计算过程用公式表示为

$$\overline{X}=\frac{f_1X_1+f_2X_2+\cdots+f_kX_k}{f_1+f_2+\cdots+f_k}$$

$$=\frac{1}{n}\sum fX \qquad (2.2)$$

式中，X_1，X_2，…，X_k 表示第 1 组的组中值到第 k 组的组中值；f_1，f_2，…，f_k 表示第 1 组的频数到第 k 组的频数；$\sum fX$ 表示组中值与频数的乘积之和；n 表示总频数，等于各组频数之和，即 $n=\sum f$ 。

例如，根据公式(2.2)可获得 45 名学生数学考试成绩的算术平均数(表 2.1)。经计算，$\sum f=45$，$\sum fX=3087.5$，则 $\overline{X}=\frac{3087.5}{45}=68.61$。

表 2.1　45 名学生数学考试成绩的算术平均数、中位数、百分位数和标准差计算表

分组区间	组中值	频数	组中值与频数之积	累积频数	组中值平方与频数之积
90～	92.5	1	92.5	45	8556.25
85～	87.5	3	262.5	44	22968.75
80～	82.5	4	330.0	41	27225.00
75～	77.5	6	465.0	37	36037.50
70～	72.5	7	507.5	31	36793.75
65～	67.5	9	607.5	24	41006.25
60～	62.5	5	312.5	15	19531.25
55～	57.5	3	172.5	10	9918.75
50～	52.5	3	157.5	7	8268.75
45～	47.5	2	95.0	4	4512.50
40～	42.5	2	85.0	2	3612.50
总和		45	3087.5		218431.25

(三)算术平均数的优、缺点

算术平均数具备一个良好的集中量所应具备的一些条件。

一是反应灵敏。一组数据中的任何一个数值发生或大或小的变化，由这组数据计算出来的算术平均数也会随之变大或变小。

二是严密确定。由同一组数据计算出来的算术平均数是同一个值。

三是简明易懂，计算简便。算术平均数的意义简单明了，容易理解，计算时只需要做简单的四则计算。

四是适合做进一步的代数运算。例如，可以通过几个平均数求它们的总平均数；

在求其他特征量，如方差、标准差、相关系数时，也要用到算术平均数。

五是受抽样变动的影响较小。使用从同一个总体中随机抽取个数相同的数据计算出来的算术平均数，与其他集中量相比，其抽样误差较小。

但是，算术平均数也存在如下缺点。

第一，易受极端数值(极大值或极小值)的影响。计算算术平均数时，一组数据中的每个数据都参与运算，如果其中只有一个数据极小或极大，那么计算出来的算术平均数的准确性会大大降低，这样算数平均数就不足以代表该组数据的典型水平了。

第二，一组数据中的某个数据模糊不清或不够确切时，就无法计算该组数据的算术平均数。

从算术平均数的优、缺点可以看出它所适用的情形：一组数据中的每个数据都比较准确、可靠；无极端数值的影响；要通过它计算其他特征量。

二、中位数

(一)中位数的概念

将一组数据按大小顺序排列，处在中间位置的数值就是中位数，用 Md 来表示，即在这组数据中有一半数据比它大，另一半数据比它小。可见，中位数把从小到大(或从大到小)排列的一组数据的个数从中间一分为二了。它是集中量的一种指标，是一种特殊的百分位数。

(二)中位数的计算方法

1. 原始数据计算法

将一组原始数据按大小顺序排列后，若总频数为奇数，就把正中间的数值作为中位数；若总频数为偶数，则把正中间的两个数值的算术平均数作为中位数。

例如，有 5 个数据，按从小到大的顺序排列：1，3，4，6，9。因为数据的个数为奇数，则正中间的数值 4 就是中位数，即 $Md=4$。又如，有 6 个数据，按从大到小的顺序排列：10，9，6，4，3，1。因为数据的个数为偶数，则正中间的两个数值 6 和 4 的算术平均数就是中位数，即 $Md=(6+4)/2=5$。

2. 频数分布表计算法

若将一组原始数据编制成了频数分布表，则可以运用内插法，通过频数分布表来计算中位数。计算时，可以在频数分布表上由数值小向数值大的方向计算，也可以由数值大向数值小的方向计算。由数值小向数值大的方向计算中位数的公式为

$$Md=L_{Md}+\left(\frac{n}{2}-n_l\right)\frac{i}{f_{Md}} \qquad (2.3)$$

式中，L_{Md} 表示中位数所在组的下限；n 表示总频数；n_l 表示小于中位数所在组下限的频数总和；i 表示组距；f_{Md} 表示中位数所在组的频数。

现以表 2.1 中的数据为例，说明中位数的计算步骤。

第一步，求二分之一的总频数，即 $\frac{n}{2}=\frac{45}{2}=22.5$。

第二步，确定中位数所在组。由小到大累积频数，直至略大于 $\frac{n}{2}$，该组就是中位

数所在组。在本例中，“65～”组就是中位数所在组。

第三步，确定从中位数所在组取多少频数，就能使由小到大的累积频数等于$\frac{n}{2}$，即$\frac{n}{2}-n_l=22.5-15=7.5$。

第四步，运用内插法计算中位数所在组所取频数的跨距。中位数所在组的频数是f_{Md}，组距是i，假定该组的数据是等距分布的，则该组每个频数占有的距离是$\frac{i}{f_{Md}}$。把第三步得到的频数乘$\frac{i}{f_{Md}}$，就得到了中位数所在组所取频数的跨距，即$\left(\frac{n}{2}-n_l\right)\frac{i}{f_{Md}}=7.5\times\frac{5}{9}=4.17$。

第五，将中位数所在组的下限与第四步所求结果求和，便得到中位数，即$Md=65+4.17=69.17$。

需要注意的是，当使用由小到大的累积频数计算中位数时，如果小于某组下限的累积频数正好等于总频数的一半，那么该组的下限就是中位数。

对于使用由大到小的累积频数计算中位数的情况，有兴趣的读者可自己推导计算公式。

(三)百分位数

1. 百分位数的概念

百分位数是以一定顺序排列的一组数据中某个百分位置所对应的数值，一般用P_p表示。例如，第80百分位数(P_{80})就是按从小到大的顺序排列的一组数据中有80%的数据小于该数值，有20%的数据大于该数值。中位数就是第50百分位数(P_{50})，有50%的数据小于它，有50%的数据大于它，它是百分位数的特例。

在教育测量中，我们常通过计算某个原始分数对应的百分位来说明、解释、评价它在团体中所处的位置。

2. 百分位数的计算方法

在频数分布表上可以通过内插法计算某个百分位数。由数值小向数值大的方向计算百分位数的公式为

$$P_p=L_p+(p\%n-n_l)\frac{i}{f_p} \tag{2.4}$$

式中，L_p表示百分位数所在组的下限；p表示百分位；n表示总频数；n_l表示小于百分位数所在组下限的频数总和；f_p表示百分位数所在组的频数；i表示组距。

例如，求表2.1中数据的第40百分位数(P_{40})。已知$p=40$，$n=45$，则$40\%\times45=18$，即该组数据的第40百分位数是从小到大排序的数据的第18个数据，由此可以确定第40百分位数在“65～”组。这样，$L_{40}=65$，$n_l=15$，$i=5$，$f_{40}=9$。将以上数据代入公式(2.4)，则

$$P_{40}=L_{40}+(40\%n-n_l)\frac{i}{f_{40}}=65+(40\%\times45-15)\times\frac{5}{9}=66.67$$

(四)中位数的优、缺点

中位数虽然也具备一个良好的集中量所应具备的一些条件，如严密确定、简明易懂、计算简便、受抽样变动的影响较小，但与算术平均数比较起来则相形见绌。例如，中位数不适合代数计算，不能将几个中位数加以综合求出一个总的中位数；受抽样变动的影响虽然较小，但与算术平均数相比则显得相对较大。当然，中位数也有优于算术平均数的地方，那就是很少受极端数值的影响，因为并不是每个数据都参与计算，它是由数据的个数决定的，所以不像算术平均数那样反应灵敏。这正是其价值所在。它一般适用于以下几种情形：一组数据中有极大或极小的极端数值；一组数据中有个别数据不确切、不清楚；数据资料具有等级性质，不能直接相加。

三、众数

(一)众数的概念

众数有理论众数和粗略众数两种定义。理论众数指与频数分布曲线最高点相对应的横坐标的数值。粗略众数指一组数据中出现次数最多的那个数值。众数用 Mo 来表示，也是一种集中量，代表一组数据的集中趋势。

(二)众数的计算方法

粗略众数不需要计算，可以通过直接观察来获得。例如，一组数据 3，2，3，4，5，3，3，2，其中出现次数最多的数值是3(出现了 4 次)，于是 3 就是该组数据的众数，即 $Mo=3$。

在频数分布表中，频数最多组的组中值就是粗略众数。例如，在表 2.1 中，频数最多组是“65～”组，频数为 9，该组的组中值 67.5 就是粗略众数。当相邻两组的频数都是最多的时，两组的分组点就是众数。

理论众数可根据数据的分布形态用积分法求得。这种方法较复杂，应用受限，本书不做介绍。

(三)众数的应用及其优缺点

虽然众数简明易懂，较少受极端数值的影响，但它并不具备一个良好的集中量所应具备的基本条件，它的确定并不严密。第一，当一组数据有两个或多个数值的出现次数都最多，或者频数分布曲线有两个或多个最高点时，则无法确定众数。第二，它随频数分布表上组距的变化而变化。用同一组资料编制频数分布表，若组距不同，那么得到的众数也不相同，即众数极不稳定。第三，它不适合进一步的代数运算，不能由几个众数综合出一个总的众数来。第四，它受抽样变动的影响也较大。

下述情形中常常将众数作为集中量的指标：需要快速而又粗略地找出一组数据的代表值；频数分布中有极端数值；需要利用算术平均数、中位数、众数三者的关系粗略地判断频数分布形态。

四、平均数、中位数与众数三者的关系

当频数分布呈正态时，算术平均数、中位数、众数三者重合为一点，即 $\overline{X}=Md=Mo$，见图 2.1(a)。在这种情况下，集中量只需报告平均数即可。皮尔逊研究

发现：当频数分布呈正偏态时，Md 居中，$\overline{X}$ 与 Md 距离较近，Mo 与 Md 距离较远，$\overline{X}$ 与 Md 的距离约为 $\overline{X}$ 与 Mo 的距离的三分之一，即 $\frac{\overline{X}-Md}{\overline{X}-Mo}\approx\frac{1}{3}$，且 $\overline{X}>Md>Mo$，见图 2.1(b)；当频数分布呈负偏态时，$\overline{X}$ 与 Md 的距离仍约为 $\overline{X}$ 与 Mo 的距离的三分之一，只不过方向相反，即 $\overline{X}<Md<Mo$，见图 2.1(c)。在描述偏态分布时，应该同时报告平均数与中位数，可利用三个集中量的关系近似计算出众数。

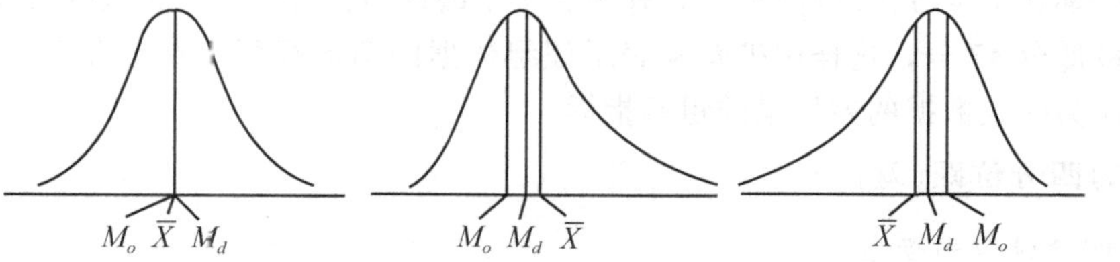

图 2.1　算术平均数、中位数与众数三者在分布中的位置

除了算术平均数、中位数、众数几个常用的集中量外，在特定条件下还需要用到几何平均数、调和平均数、加权平均数。在教育方面，当计算学龄儿童人数增加率、学校经费增加率、教师工资增加率、阅读能力进步率等，就要用到几何平均数；当计算学习平均速度，如阅读速度、解题速度、识字速度等，就要用到调和平均数；当给数据分配不同的权重，如按 4∶6 将期中、期末考试成绩进行整合，按 2∶3∶5 将学生、同行、领导对教师的评价整合等，就要用到加权平均数。

第二节　差异量

对于一组数据的全貌，仅用集中量来描述是不够的。因为集中量只能描述一组数据的平均水平和典型特征，而由于偶然因素的影响，数据还具有变异性，即它们并不都等于同一个数值，而是变化的、离散的。即便两组数据的集中量相同，它们的变异程度往往也会存在差异。例如，甲、乙两班人数都是 45，数学考试成绩的算术平均数都是 72，但甲班的最高分是 97 分，最低分是 47 分，而乙班的最高分是 82 分，最低分是 61 分。由此可以初步判断，两班数学成绩不一样，甲班成绩比较分散、参差不齐，变异性较大；乙班成绩比较集中、整齐，变异性较小。可见，对一组数据除了用集中量描述其集中趋势外，还需要用差异量来描述其离散程度。

表示一组数据变异程度或离散程度的量称为差异量。差异量越大，表示数据分布的范围越广，数据越不整齐；差异量越小，表示数据分布的范围越狭窄，数据越集中、越整齐。常用的差异量有全距、四分位距(差)、百分位差、方差与标准差以及差异系数。

一、全距、四分位距(差)、百分位差

(一)全距

全距是一组数据中的最大值与最小值之差，又称极差。它是表示一组数据波动范围的一个指标，用 R 表示。例如，上例中甲班的全距 $R=97-47=50$，乙班的全距

$R=82-61=21$，说明甲班数学成绩的离散程度更大。如果是频数分布表中的数据，可以通过以下方法求取其全距：计算数据最大一组与最小一组的组中值之差，或者计算数据最大一组上限与最小一组下限之差。例如，表 2.1 中数据的全距 $R=92.5-42.5=50$，或者 $R=95-40=55$。

全距概念清晰、意义明确、计算简单，但它仅由最大值与最小值来求得，不仅信息利用量少、反应不灵敏，而且易受极端数值的影响。例如，假定上例中甲班学生的考试成绩都在平均分 72 分附近，只有两名学生的成绩例外，一个是极高分 97 分，另一个是极低分 47 分，这样用极差来表示该组数据的离散程度显然不合理。因此，全距只能作为一组数据的差异量的粗略指标。

（二）四分位距（差）

1. 四分位数的概念

为了规避全距受极端数值影响这一缺点，可以考虑用一组数据中间 50％的数据的波动范围来表示该组数据的离散程度，这就产生了四分位距（interquartile range）和四分位差（quartile deviation）。

若将从小到大排序的一组数据分成频数相等的四段，第一段与第二段的分界点被称为第一四分位数（第 25 百分位数），第三段与第四段的分界点被称为第三四分位数（第 75 百分位数）。所谓四分位距，就是一组数据的第三四分位数与第一四分位数之间的距离，用 IQR 表示，其公式为

$$IQR=Q_3-Q_1 \tag{2.5}$$

式中，IQR 表示四分位距；Q_3 表示第三四分位数；Q_1 表示第一四分位数。

2. 四分位距的计算方法

（1）原始数据计算法

例如，有这样一组数据：72，79，75，62，90，65，64，89，87，81，83，69，67，70，85，80。这组数据的四分位距的计算方法如下。

首先将原始数据从小到大排好顺序：62，64，65，67，69，70，72，75，79，80，81，83，85，87，89，90。然后根据求中位数的方法求出 $Q_1=68$，$Q_3=84$。最后将数据代入公式（2.5），便得到了该组数据的四分位距：$IQR=Q_3-Q_1=84-68=16$。

（2）频数分布表计算法

先用内插法求出 Q_1 与 Q_3，然后代入公式（2.5）即可。下面介绍由中位数和百分位数的计算公式推导出的 Q_1 与 Q_3 的计算公式。

$$Q_1=L_{Q_1}+\left(\frac{n}{4}-n_l\right)\frac{i}{f_{Q_1}} \tag{2.6a}$$

式中，L_{Q_1} 表示 Q_1 所在组的下限；n 表示总频数；n_l 表示小于 Q_1 所在组下限的频数之和；i 表示组距；f_{Q_1} 表示 Q_1 所在组的频数。

$$Q_3=L_{Q_3}+\left(\frac{3}{4}n-n_l\right)\frac{i}{f_{Q_3}} \tag{2.6b}$$

式中，L_{Q_3} 表示 Q_3 所在组的下限；n 表示总频数；n_l 表示小于 Q_3 所在组下限的频

数之和；i 表示组距；f_{Q_3} 表示 Q_3 所在组的频数。

将表 2.1 中的数据代入公式(2.6a)、公式(2.6b)：

$$Q_1=60+\left(\frac{45}{4}-10\right)\times\frac{5}{5}=61.25$$

$$Q_3=75+\left(\frac{3\times45}{4}-31\right)\times\frac{5}{6}=77.29$$

把计算得到的 Q_1 与 Q_3 代入公式(2.5)，则 $IQR=77.29-61.25=16.04$。

3. 四分位距的应用及其优缺点

四分位距简明易懂、计算简便，较少受极端数值的影响，比全距可靠得多。但它只利用了中间 50%的数据，反应不灵敏，又不适合代数运算，因此其应用也受到了限制。

当一组数据用中位数表示其集中量时，就要用四分位距表示其差异量。因为中位数与四分位距同属于百分体系，所以它们同样适用于有极端数值、有个别数据不确切或不清楚以及数据用等级表示等情形。

与四分位距易混淆的一个差异量是四分位差，用 QD 表示，它是一组数据的第三四分位数与第一四分位数之差的一半，即 $QD=\frac{Q_3-Q_1}{2}$。这意味着，四分位距是四分位差的两倍，即 $IQR=2QD$。它们实际上都是表示一组数据中间部分 50%的数据的离散程度的差异量数。

(三)百分位差

百分位差(percentile deviation)是两个百分位数之差。常用的百分位差有两种：一种是第 90 百分位数与第 10 百分位数之差，用 $P_{90}-P_{10}$ 表示，即以一定顺序排列的一组数据中间部分 80%的数据的跨距；另一种是第 93 百分位数与第 7 百分位数之差，用 $P_{93}-P_7$ 表示，即以一定顺序排列的一组数据中间部分 86%的数据的跨距。

现根据表 2.1 中的数据计算 $P_{90}-P_{10}$：

$$P_{90}=L_{90}+(90\%n-n_l)\frac{i}{f_{90}}=80+(0.90\times45-37)\times\frac{5}{4}=84.38$$

$$P_{10}=L_{10}+(10\%n-n_l)\frac{i}{f_{10}}=50+(0.10\times45-4)\times\frac{5}{3}=50.83$$

$$P_{90}-P_{10}=84.38-50.83=33.55$$

再运用同样的方法计算 $P_{93}-P_7$：

$$P_{93}-P_7=86.42-47.88=38.54$$

百分位差与四分位距(差)都属于百分体系，它们都是通过剔除一组数据两端的部分数据而获得的。

二、方差与标准差

求全距、四分位距(差)、百分位差时并不是全部数据都参与了计算，因此全距、四分位距(差)、百分位差不能说明全部数据的变动情况，它们的反应不灵敏。要想测量一组数据的离散程度，自然需要计算每个数据偏离中心的程度。若以算术平均数为中心，计算每个数据与算术平均数之差(称作离均差)，然后求离均差的算术平均数，可得到平均离均差，即 $\dfrac{\sum(X-\overline{X})}{n}$。

例如，某学习小组的5名学生在某测验中的分数为78分、65分、82分、91分、69分。如果要计算该组数据的平均离均差，就要先计算平均数：$\overline{X}=77$。各个数据的离均差分别为1，−12，5，14，−8，显然 $\sum(X-\overline{X})=0$，因此平均离均差为0。由于算术平均数是一组数据的平衡点，所以就任何一组数据而言，其离均差之和、离均差的平均数都是0。由此可见，平均离均差不能作为判断数据离散程度的特征量。

解决离均差有正、有负，离均差之和为0这一问题的一种方法是取离均差的绝对值，即去掉正、负号，使所有离均差均为正值，再求各离均差绝对值之和的算术平均数，这样便获得了一个新的特征量——平均差(mean deviation)。平均差就是一组数据中每个数据的离均差绝对值的算术平均数，用公式表示为

$$MD=\frac{\sum|X-\overline{X}|}{n} \tag{2.7}$$

式中，MD 表示平均差；$\sum|X-\overline{X}|$ 表示离均差绝对值之和；n 表示总频数。

例如，在上例中5名学生测验分数的离均差绝对值分别为1，12，5，14，8，其平均差为

$$MD=\frac{1+12+5+14+8}{5}=8$$

在求平均差时，使用绝对值的目的在于将负值转化为正值，以解决离均差之和为0的问题。但是，因为求平均差时使用了绝对值，所以它不适合做进一步的代数运算。

(一)方差与标准差的概念

将离均差的负值转化为正值，同时解决离均差之和为0的问题的另一种方法是将离均差平方，然后求其算术平均数，这样便得到了一个新的差异量——方差。

方差就是一组数据中每个数据的离均差平方的算术平均数，用公式表示为

$$\sigma_X^2=\frac{\sum(X-\overline{X})^2}{n} \tag{2.8}$$

式中，σ_X^2 表示方差；$\sum(X-\overline{X})^2$ 表示离均差的平方和；n 表示频数。

把方差开平方就得到了标准差。标准差是一组数据中每个数据的离均差平方的算术平均数的平方根，用公式表示为

$$\sigma_X=\sqrt{\frac{\sum(X-\overline{X})^2}{n}} \tag{2.9}$$

式中，σ_X 表示标准差。

方差和标准差都是非常重要的差异量指标。由于计算方差时每个数据的离均差都有正有负，所以需要将离均差平方，使之变成正值，但是数据的单位同时也被平方了，为了使差异量的单位与原始数据的单位一致，又需要开平方。

例如，已知 5 名男童的体重分别为 41 kg、39 kg、37 kg、35 kg、38 kg。利用公式(2.8)、公式(2.9)计算 5 名男童体重的方差与标准差时，先要计算出算术平均数($\overline{X}=38$)，然后将数据代入上述两个公式，计算得

$$\sigma_X^2=\frac{(41-38)^2+(39-38)^2+(37-38)^2+(35-38)^2+(38-38)^2}{5}=4$$

$$\sigma_X=\sqrt{4}=2$$

(二)方差与标准差的计算方法

用上述定义公式可以计算方差与标准差，但计算时要先求算术平均数和离均差，过程烦琐，结果不够精确。特别是当算术平均数含小数且是近似小数时，离均差也会含小数且不够精确，平方后小数位数更多且更不精确，因此常用以下两种方法进行计算。

1. *原始数据计算法*

将定义公式加以整理，可以不必求离均差，直接用原始数据计算方差与标准差，公式为

$$\sigma_X^2=\frac{\sum X^2-\left(\sum X\right)^2/n}{n} \tag{2.10}$$

$$\sigma_X=\sqrt{\frac{\sum X^2-\left(\sum X\right)^2/n}{n}} \tag{2.11}$$

式中，X 表示原始数据；X^2 表示原始数据的平方；n 表示频数。

用原始数据计算法计算，得到 5 名男童体重的方差与标准差分别为

$$\sigma_X^2=\frac{(41^2+39^2+37^2+35^2+38^2)-(41+39+37+35+38)^2/5}{5}=4$$

$$\sigma_X=\sqrt{4}=2$$

这一结果与用公式(2.8)、公式(2.9)计算得到的结果相同。若有出入，也是小数位数取舍造成的，此时应该以原始数据计算法的结果为准。

2. *频数分布表计算法*

若已将原始数据归入分组频数分布表，而且原始数据又不在手边，这时可以用组中值近似计算。计算公式为

$$\sigma_X^2=\frac{\sum fX^2-\left(\sum fX\right)^2/n}{n} \tag{2.12}$$

$$\sigma_X=\sqrt{\frac{\sum fX^2-\left(\sum fX\right)^2/n}{n}} \tag{2.13}$$

式中，X 表示各组的组中值；f 表示各组的频数；n 表示总频数。

现以表 2.1 中的数据为例，说明用频数分布表计算法计算方差与标准差的步骤。

首先，计算组中值与频数之积并求其总和，$\sum fX=3087.5$。

其次，计算组中值平方与频数之积并求其总和，$\sum fX^2=218431.25$。

最后，把 $\sum fX$ ，$\sum fX^2$，n 代入公式(2.12)、公式(2.13)：

$$\sigma_X^2=\frac{218431.25-3087.5^2/45}{45}=146.54$$

$$\sigma_X=\sqrt{146.54}=12.11$$

(三)方差与标准差的优缺点及其应用

方差与标准差具备一个良好的差异量应具备的条件：①反应灵敏，随任何一个数据的变化而变化；②严密、确定，同一组数据的方差与标准差是一个确定的值；③计算简单；④适合代数运算，不仅在求方差与标准差的过程中可以进行代数运算，而且可以将几个方差或标准差综合成一个总的方差或总的标准差；⑤受抽样变动的影响小，用样本数据推断总体差异量时，方差与标准差是最好的估计量。它们在规避极端数值的影响方面大大优于全距；在考虑到全部离均差方面，优于四分位距(差)；在避免绝对值方面，优于平均差。

方差与标准差也存在缺点：不太容易理解；易受极端数值的影响；有个别数值模糊不清时，无法计算。

与其他差异量指标相比，方差与标准差的应用最为广泛，最直接的用途是描述一组数据的离散程度。方差在统计推断中常常会用到，特别是方差分析的基本原理，就利用了方差的可加性。当一组数据的集中量用算术平均数表示时，差异量要用标准差来表示。除此之外，在计算其他统计量，如差异系数、相关系数、标准分数时，也都需要用到标准差。

(四)各种差异量的数值关系

当总频数相当大且频数分布呈正态时，全距、四分位差、平均差、标准差的数值存在如下关系。

①全距大致等于 6 个标准差、7.5 个平均差、9 个四分位差。

②中位数上、下各一个四分位差之间包含了 50%的总频数。

③算术平均数上、下各一个标准差之间包含了 68.26%的总频数，算术平均数上、下各两个标准差之间包含了 95.45%的总频数，算术平均数上、下各三个标准差之间包含了 99.73%的总频数。

差异量与集中量常常结合起来，表示一组数据的分布特征。集中量是一组数据的代表值，其代表性如何则取决于差异量。差异量越大，集中量的代表性越差；差异量越小，集中量的代表性越好。当差异量与集中量共同表示数据的分布特征时，要注意两者的“匹配”：当集中量是中位数时，最好选择全距、四分位距(差)等差异量与之配合；当集中量是算术平均数时，其最佳“匹配”差异量是标准差。

三、差异系数

（一）差异系数的概念

全距、四分位距（差）、百分位差、标准差是与原观察值有相同单位的名数，被称为绝对差异量。一般情况下，这些差异量可用来比较两组数据的离散程度，但当遇到以下两种情况时，这些差异量就不能直接应用了。一是两组数据的测量单位不同。例如，身高的测量单位是“厘米”，体重的测量单位是“千克”。二是两组数据的测量单位相同，但算术平均数的差异很大。例如，虽然幼儿园小班小朋友和大学生的体重的测量单位都是“千克”，但这两个群体的体重的平均水平相差悬殊，因此这两组数据的差异量也不能直接进行比较。在以上两种情况下必须用相对差异量，即用差异系数来进行比较。

差异系数是标准差与其算术平均数的百分比，用公式表示为

$$CV=\frac{\sigma_X}{\overline{X}}\times 100\% \tag{2.14}$$

式中，CV 表示差异系数；σ_X 表示标准差；$\overline{X}$ 表示算术平均数。

由上式可知，差异系数以平均数为单位，视标准差占算术平均数的百分比来衡量差异的程度，是一个没有单位的相对数。差异系数越大，表明离散程度越大；差异系数越小，表明离散程度越小。

（二）差异系数的应用

1. 比较不同单位数据的离散程度

例如，某校高一年级男生立定跳远的平均成绩为 1.95 米，标准差为 0.17 米，50 米跑的平均成绩为 8.49 秒，标准差为 0.51 秒。问该校男生立定跳远成绩与 50 米跑成绩的离散程度哪个更大？

将有关数据代入公式(2.14)，则

$$CV_{立定跳远}=\frac{0.17}{1.95}\times 100\%=8.72\%$$

$$CV_{50米跑}=\frac{0.51}{8.49}\times 100\%=6.01\%$$

$CV_{立定跳远}>CV_{50米跑}$，可见该校男生立定跳远成绩的离散程度更大。

2. 比较单位相同而算术平均数相差极大的两组数据的离散程度

例如，某市小学三年级女生立定跳远的平均成绩为 1.48 米，标准差为 0.11 米，高中三年级女生立定跳远的平均成绩为 1.86 米，标准差为 0.15 米。问该市小学三年级女生与高中三年级女生立定跳远成绩的离散程度哪个更大？

将有关数据代入公式(2.14)，则

$$CV_{小学}=\frac{0.11}{1.48}\times 100\%=7.43\%$$

$$CV_{高中}=\frac{0.15}{1.86}\times 100\%=8.06\%$$

$CV_{高中}>CV_{小学}$，可见该市高中三年级女生立定跳远成绩的离散程度更大。

第三节　偏态量与峰态量

偏态量与峰态量也是用来描述数据分布特征的统计量。在考察数据是否呈正态分布时，恰好可以用偏态量与峰态量来做比较性度量。

一、偏态量

偏态量是描述一组数据偏离完全对称程度的一种特征量，一般利用动差来计算。

动差是力学中测量力的旋转趋势的指标。旋转趋势的大小随力点与原点距离的变化而变化。动差就是力与该距离的乘积。统计学用此概念表示频数分布的离散程度，即把各个数值作为力，把各个数值与原点(数据的平均数)之差作为距离，这样计算出来的动差称为中心动差。常见的中心动差有以下四级。

一级动差：$\mu_1=\dfrac{\sum(X-\overline{X})}{n}=0$，或 $\mu_1=\dfrac{\sum f(X-\overline{X})}{n}=0$。

二级动差：$\mu_2=\dfrac{\sum(X-\overline{X})^2}{n}=\sigma_X^2$，或 $\mu_2=\dfrac{\sum f(X-\overline{X})^2}{n}=\sigma_X^2$。

三级动差：$\mu_3=\dfrac{\sum(X-\overline{X})^3}{n}$，或 $\mu_3=\dfrac{\sum f(X-\overline{X})^3}{n}$。

四级动差：$\mu_4=\dfrac{\sum(X-\overline{X})^4}{n}$，或 $\mu_4=\dfrac{\sum f(X-\overline{X})^4}{n}$。

其中，一级动差就是平均离均差，二级动差就是方差。此外，三级动差可被用来计算频数分布的偏态系数。若用原始数据计算偏态系数，公式为

$$\alpha_3=\frac{\dfrac{\sum(X-\overline{X})^3}{n}}{\sigma_X^3} \tag{2.15}$$

式中，α_3 表示偏态系数；X 表示原始数据；$\overline{X}$ 表示算术平均数；σ_X 表示标准差。

若用频数分布表中的数据计算偏态系数，公式为

$$\alpha_3=\frac{\dfrac{\sum f(X-\overline{X})^3}{n}}{\sigma_X^3} \tag{2.16}$$

式中，X 表示各组组中值；f 表示各组频数。

当 $\alpha_3=0$ 时，频数分布呈正态；当 $\alpha_3>0$ 时，频数分布呈正偏态；当 $\alpha_3<0$ 时，频数分布呈负偏态。

只有 $n>200$ 时，计算出来的偏态系数才比较可靠。为了计算简便，现仅以少量数据为例，介绍如何用原始数据计算偏态系数。例如，用三级动差计算表 2.2 中 12 个数据的偏态系数。

表 2.2　以平均数为原点的四种动差计算表

序号	X	$X-\overline{X}$	$(X-\overline{X})^2$	$(X-\overline{X})^3$	$(X-\overline{X})^4$
1	60	−16.75	280.56	−4699.42	78715.32
2	62	−14.75	217.56	−3209.05	47333.44
3	65	−11.75	138.06	−1622.23	19061.25
4	68	−8.75	76.56	−669.92	5861.82
5	72	−4.75	22.56	−107.17	509.07
6	74	−2.75	7.56	−20.80	57.19
7	79	2.25	5.06	11.39	25.63
8	80	3.25	10.56	34.33	111.57
9	86	9.25	85.56	791.45	7320.94
10	88	11.25	126.56	1423.83	16018.07
11	93	16.25	264.06	4291.02	69729.00
12	94	17.25	297.56	5132.95	88543.44
$\sum$	921	0	1532.22	1356.38	333286.74

根据表 2.2，12 个数据的平均数与标准差分别为

$$\overline{X}=\frac{\sum X}{n}=\frac{921}{12}=76.75$$

$$\sigma_X=\sqrt{\frac{\sum(X-\overline{X})^2}{n}}=\sqrt{\frac{1532.22}{12}}=11.30$$

将相关数据代入公式(2.15)，则用三级动差计算的偏态系数为

$$\alpha_3=\frac{1356.38/12}{11.30^3}=0.078$$

$\alpha_3=0.078$，表明数据分布呈正偏态。

二、峰态量

峰态量是描述一组数据高狭、低阔分布形态的一种特征量。对一个频数分布而言，算术平均数附近的频数比例越大，分布形态越高狭，见图 2.2(a)；算术平均数附近的频数比例越小，分布形态越低阔，见图 2.2(b)。

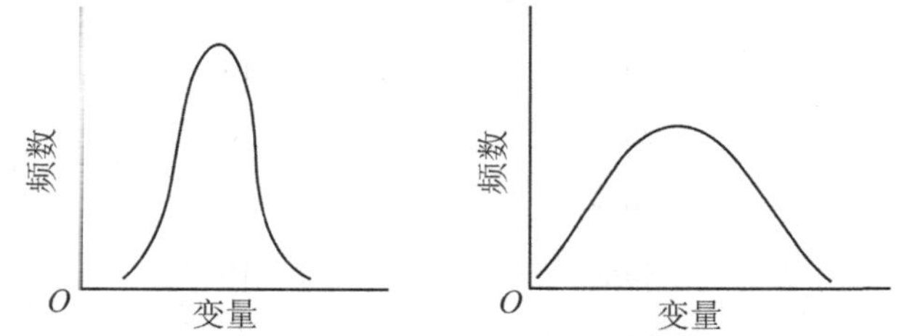

(a) 高狭峰　(b) 低阔峰

图 2.2　频数分布的峰态

四级动差可被用来计算频数分布的峰态系数。若用原始数据计算峰态系数，公式为

$$\alpha_4 = \frac{\frac{\sum (X-\overline{X})^4}{n}}{\sigma_X^4} - 3 \tag{2.17}$$

式中，α_4 表示峰态系数；X 表示原始数据；$\overline{X}$ 表示算术平均数；σ_X 表示标准差。

若用频数分布表中的数据计算峰态系数，公式为

$$\alpha_4 = \frac{\frac{\sum f(X-\overline{X})^4}{n}}{\sigma_X^4} - 3 \tag{2.18}$$

式中，X 表示各组组中值；f 表示各组频数。

当 $\alpha_4=0$ 时，数据分布呈正峰态；当 $\alpha_4>0$ 时，数据分布呈高狭峰；当 $\alpha_4<0$ 时，数据分布呈低阔峰。

只有 $n>1000$ 时，计算出来的峰态系数才比较可靠。为了计算简便，现仅以少量数据为例，介绍如何用原始数据计算峰态系数。例如，表 2.2 中 12 个数据的标准差为 11.30，将有关数据代入公式(2.17)，则用四级动差计算的峰态系数为

$$\alpha_4 = \frac{333286.74/12}{11.30^4} - 3 = -1.30$$

$\alpha_4<0$，表明数据分布呈低阔峰。

练习题

1. 什么是集中量与差异量？

2. 算术平均数与中位数作为集中量各有哪些优、缺点？

3. 在什么情况下要运用差异系数来比较两组数据的离散程度？

4. 计算数据 85，70，64，82，59，82，66，73 的算术平均数。

5. 求下列两组数据的中位数。

(1)85，78，63，70，83，62，74，68，72。

(2)65，89，75，78，83，77，81，71，86，67。

6. 计算下列 100 名学生测验分数的算术平均数。

分组区间	频数
90～	2
85～	3
80～	15
75～	30
70～	23
65～	10
60～	8

续表

分组区间	频数
55～	5
50～	4
总和	100

7. 自小到大地求第 6 题中数据的中位数。
8. 求以下资料的 P_{90}，P_{70}，P_{30}，P_{10}。

分组区间	频数
92～	3
89～	8
86～	14
83～	18
80～	26
77～	19
74～	15
71～	9
68～	4
65～	2
总和	118

9. 求数据 79，77，81，83，75，69，70，86，73 的全距和四分位距。
10. 求第 6 题中数据的全距和四分位差。
11. 求第 8 题中数据的方差和标准差。
12. 某校一年级学生的平均身高为 112.6 cm，标准差为 6.4 cm，平均体重为 25.2 kg，标准差为 3.8 kg，试比较该校一年级学生体重与身高的离散程度。
13. 用动差计算数据 68，59，46，52，36，39，30，34 的偏态系数和峰态系数。

第三章 概率及其分布

通过编表、绘图，计算集中量、差异量、偏态量与峰态量等，可以对实际收集到的数据进行整理和描述。但是，科学研究的目的不仅限于对已经掌握的数据进行描述，更重要的是利用这些数据的信息，对数据所属总体的某种特征，做出具有一定可靠性的推断。概率分布理论就是说明这种可靠推断的依据。

概率是随机事件发生的可能性大小的一种度量。自然界与社会生活中存在着各种随机现象。例如，抛一枚硬币，可能正面朝上，也可能正面朝下；掷一枚骰子，可能出现点数 1，也可能出现另外五种情况中的任何一种；买一张彩票，可能中奖，也可能不中奖；明天的天气，可能下雨，也可能不下雨。上述现象具有三个共同的特性：第一，一次试验有多种可能结果，所有可能结果是已知的；第二，在试验之前不能预料哪一种结果会出现；第三，在相同的条件下可以重复试验。具有这样三个特性的现象就是随机现象。随机现象的每一种结果被称作随机事件。这些随机事件在一次试验中可能出现，也可能不出现，而在大量重复试验中，它们的出现却具有一定的规律性。例如，抛一枚硬币，正面朝上被称为随机事件 A，反面朝上称为随机事件 B。只抛一次时，随机事件 A 可能出现，也可能不出现，但如果抛多次，随机事件 A 的出现就会具有某种规律性，即它出现的可能性接近二分之一。表示随机现象各种结果的变量被称为随机变量，统计处理的变量就是这些随机变量，如学生的身高、体重、性别、智商、考试成绩，教师的年龄、教龄、工资、学历，等等。随机变量的规律性通过其概率及其分布来表示。

第一节 概率的一般概念

一、概率的定义

由于获得概率的方法不同，因此概率有两种定义方式，即后验概率与先验概率。

(一)后验概率的定义

如果你买了 100 张彩票，只有 2 张中奖了，你会认为中奖的概率为 2/100，即 0.02；去年在某医院出生的 1200 名婴儿中，男婴有 612 名，你会认为该医院男婴出生的概率为 612/1200，即 0.51。这些例子都是通过大量随机试验，用相应随机事件出现的频率来估计随机事件概率的。

随机事件 A 在 n 次重复试验中出现 m 次，m 与 n 的比值就是随机事件 A 出现的频率，即相对频数，用公式表示为

$$W_{(A)}=\frac{m}{n} \tag{3.1}$$

随着试验次数 n 的无限增加，随机事件 A 出现的频率稳定于一个常数 P。这个常数就是随机事件 A 的概率的近似值，用公式表示为

$$P_{(A)} \approx \frac{m}{n} \tag{3.2}$$

把随机事件 A 在大量重复试验中出现的稳定频率作为随机事件 A 的概率的估计值，这样获得的概率被称为后验概率。例如，抛一枚质地均匀的硬币，随着抛硬币次数的不断增加，随机事件 A(正面朝上)出现的频率就在 0.5 附近摆动，抛的次数越多，摆动范围越小，频率越接近 0.5。许多统计学家所做的抛硬币的重复试验就证实了这一点(表 3.1)。于是，0.5 就是正面朝上这一随机事件 A 的概率的近似值或估计值。

表 3.1 抛硬币试验的结果

试验者	抛硬币次数	正面朝上次数	正面朝上概率
德·摩根	2048	1061	0.5181
蒲丰	4040	2048	0.5069
皮尔逊	12000	6019	0.5016
皮尔逊	24000	12012	0.5005

这种概率是用随机事件 A 出现的频率来估计，通过实际观察和收集数据获得的，故被称为后验概率、经验概率，或统计概率。

(二)先验概率的定义

即使没有学过概率的人，多半也能计算出某些事件的概率。例如，抛一枚硬币，正面朝上的概率是 1/2；掷一枚骰子，出现任何一种情况的概率都是 1/6；从去掉 2 张副牌(大王和小王)的 52 张扑克中随意抽取一张，是黑桃的概率为 13/52，即 1/4。这些例子都是通过事先知道的某些假设来获得随机事件的概率的。

这些事先知道的假设就是古典概率模型，简称古典概型。古典概率模型要满足两个条件：第一，试验的所有可能结果是有限的；第二，每一种结果出现的可能性相等。若所有可能结果的总数为 n，随机事件 A 包括 m 个可能结果，则随机事件 A 的概率为

$$P_{(A)} = \frac{m}{n} \tag{3.3}$$

例如，将一枚硬币抛两次，观察正面朝上(记为正)、反面朝上(记为反)出现的情况，则所有可能结果有四种——正正、正反、反正、反反，即 $n=4$。若将一次正面朝上记为事件 A，则事件 A 包括两种可能结果——正反、反正，即 $m=2$。这样，抛硬币两次，恰有一次正面朝上的概率 $P_{(A)}=\frac{m}{n}=\frac{2}{4}=0.5$。

再如，某班有 45 名学生，其中男生 20 人，女生 25 人，从中随机抽取学生，所有可能结果的总数为 45，即 $n=45$，每个学生被抽到的可能性相等，都是 1/45。若将女生被抽到记作事件 A，则事件 A 包括 25 种可能结果，即 $m=25$。这样，随机抽

取的一名学生是女生的概率 $P_{(A)}=\frac{m}{n}=\frac{25}{45}=\frac{5}{9}$。

这种概率是在实际观察和收集数据之前，根据某种理论假设获得的，故被称为先验概率或理论概率。

二、概率的性质

①任何随机事件 A 的概率都是 0 与 1 之间的正数，即 $0\leqslant P_{(A)}\leqslant 1$。

②不可能事件的概率等于 0，即 $P_{(V)}=0$。例如，掷一枚骰子，出现 7 点的概率为 0。

③必然事件的概率等于 1，即 $P_{(U)}=1$。例如，掷两枚骰子，点数之和小于 13 的概率为 1。

三、概率的加法原理与乘法原理

(一)概率的加法原理

在一次试验中不可能同时出现的事件称为互不相容事件。两个互不相容事件之和的概率等于这两个事件的概率之和，用公式表示为

$$P_{(A+B)}=P_{(A)}+P_{(B)} \tag{3.4}$$

例如，掷一枚骰子，出现 1 点与出现 2 点是两个互不相容的事件，每个事件出现的概率都是$\frac{1}{6}$，那么掷一枚骰子出现 1 点或 2 点的概率为$\frac{1}{6}+\frac{1}{6}$，即$\frac{1}{3}$。

有限个互不相容事件之和的概率等于这些事件的概率之和，用公式表示为

$$P_{(A_1+A_2+\cdots+A_n)}=P_{(A_1)}+P_{(A_2)}+\cdots+P_{(A_n)} \tag{3.5}$$

例如，掷一枚骰子，点数小于 5 的概率为$\frac{4}{6}$，即$\frac{2}{3}$。

(二)概率的乘法原理

若事件 A 的概率不影响事件 B 的概率，那么这两个事件被称为独立事件。两个独立事件之积的概率等于这两个事件的概率之积，用公式表示为

$$P_{(A\cdot B)}=P_{(A)}P_{(B)} \tag{3.6}$$

例如，掷两枚骰子，两枚骰子出现的点数彼此独立，则两枚骰子出现的点数都是 1 的概率为$\frac{1}{6}\times\frac{1}{6}$，即$\frac{1}{36}$。

有限个独立事件之积的概率等于这些事件的概率之积，用公式表示为

$$P_{(A_1\cdot A_2\cdot\cdots\cdot A_n)}=P_{(A_1)}P_{(A_2)}\cdots P_{(A_n)} \tag{3.7}$$

例如，掷三枚骰子，三枚骰子出现的点数彼此独立，则三枚骰子出现的点数都是 1 的概率为$\frac{1}{6}\times\frac{1}{6}\times\frac{1}{6}$，即$\frac{1}{216}$。

第二节　正态分布

随机变量取一切可能值或范围的概率情况被称为概率分布。由于随机变量有间断型随机变量与连续型随机变量之分，所以概率分布也可分为间断型随机变量的概率分

布与连续型随机变量的概率分布。本节介绍的正态分布属于连续型随机变量的概率分布，第三节介绍的二项分布则属于间断型随机变量的概率分布。

一、正态分布的特征

正态分布是一种最常见、应用最广的连续型随机变量的概率分布。教育研究中有许多现象都呈正态分布，如学生的身高、体重、智商、成绩等。

(一)正态分布曲线函数

正态分布曲线函数又称正态分布的密度函数，其表达式为

$$Y=\frac{1}{\sigma\sqrt{2\pi}}e^{-\frac{(X-\mu)^2}{2\sigma^2}} \tag{3.8}$$

式中，Y 表示变量 X 的高度或纵坐标，即变量 X 的概率密度；X 表示连续型随机变量；μ 表示此分布的平均数；σ 表示此分布的标准差；π 表示圆周率，约为 3.14159；e 表示自然对数的底，约为 2.71828。

在公式(3.8)中，π，e 是常量，将 π，e 代入公式后，实际上只剩下了 X，μ，σ 三个变量，其中 X 是随机变量，因此正态分布曲线的形态实际上取决于 μ 和 σ。例如，两个标准差相同的正态分布曲线的形态相同，平均数大的中心位置靠右，平均数小的中心位置靠左，如图 3.1(a)所示。两个平均数相同的正态分布，标准差大的形态低阔，标准差小的形态高狭，如图 3.1(b)所示。

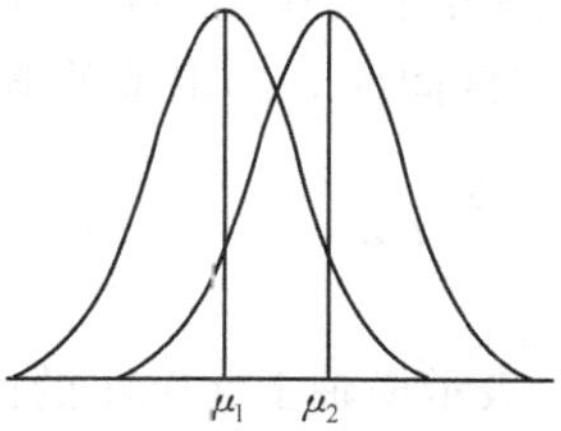

(a) 标准差相同，平均数不同

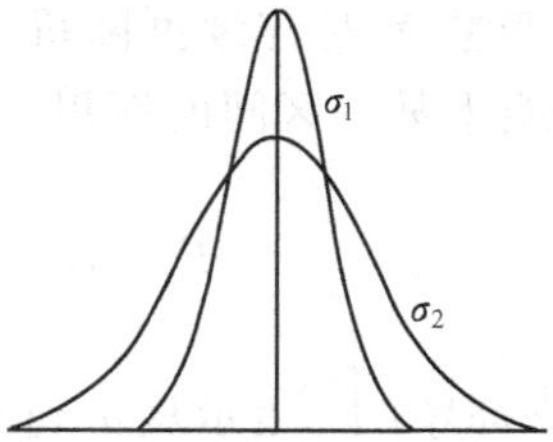

(b) 标准差不同，平均数相同

图 3.1 不同形态的正态分布曲线

如果把横轴的记分由原始分数 X 改为标准分数 $Z\left(Z=\frac{X-\mu}{\sigma}\right)$，即把零点沿横轴移到 μ 点并以 σ 为单位，那么就可以把不同形态的正态分布都转换成平均数为 0、标准差为 1 的正态分布，即标准正态分布。通常我们所说的正态分布就是标准正态分布，其密度函数为

$$Y=\frac{1}{\sqrt{2\pi}}e^{-\frac{Z^2}{2}} \tag{3.9}$$

各 Z 值对应的概率密度(Y)值，可以通过查表直接获得。以 Z 为横轴，Y 为纵轴，就可以画出标准正态分布曲线(图 3.2)。

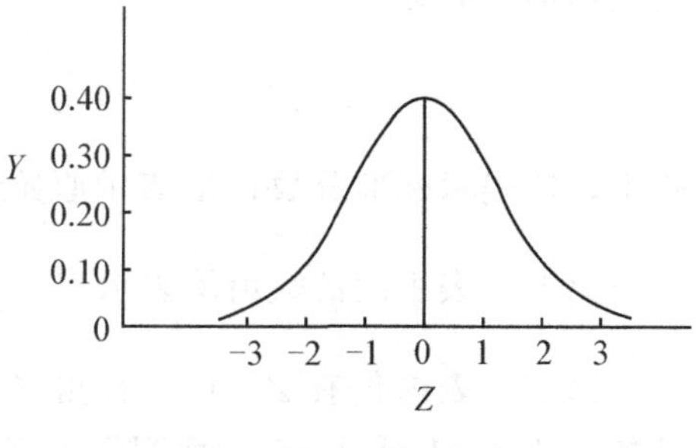

图 3.2 标准正态分布曲线

(二)标准正态分布曲线的特点

标准正态分布曲线有以下特点。

第一，曲线在 $Z=0$(对应于 $\overline{X}=Md=Mo$)处为最高点。因为函数中 e 的指数为负数，所以 Z 的绝对值越小，Y 值越大；$Z=0$ 时，Y 值最大，即 $Y=1/\sqrt{2\pi}=0.39894$。

第二，曲线以 $Z=0$ 处为中心，两侧对称。因为无论 Z 值是正或是负，平方后，Y 值都相等。

第三，曲线从最高点向左、右缓慢下降，无限延伸，但永不与基线相交。因为 Z 的绝对值越大，Y 值越小，Z 的绝对值无限增大时，Y 值非常接近基线，但 Y 值永远不等于 0。

第四，标准正态分布的平均数为 0，标准差为 1。在基线上，$-3\leqslant Z\leqslant 3$，6 个标准差对应的曲线下的面积几乎占了总面积的 99.73%。

第五，曲线从最高点向左、右延伸时，在正、负 1 个标准差之内，既向下又向内弯，从正、负 1 个标准差开始，既向下又向外弯，即正、负 1 个标准差处是正态分布的两个拐点。

二、正态分布表的编制与使用

(一)正态分布表的编制

正态曲线与基线之间某一区间的面积，相当于能在该区间找到个体的概率。正态分布中的随机变量 X 是连续型随机变量，依据正态分布的密度函数，运用积分的方法可以求出曲线下某一区间的面积。随机变量 X 在区间(a，b)取值的概率为

$$P_{(a<X<b)}=\int_a^b \frac{1}{\sigma\sqrt{2\pi}}\mathrm{e}^{-\frac{(X-\mu)^2}{2\sigma^2}}dx \tag{3.10}$$

式中，$\int$ 为积分符号；$\int_a^b$ 表示从 a 到 b 的积分；dx 表示横轴上无限小的区间。

利用公式(3.10)可以求出正态曲线下任何区间的面积，但需要计算定积分，比较麻烦。统计学家为我们编制了正态分布表(附表 1)，利用该表可以查到标准正态曲线下的面积与纵线高度。

正态分布表的编制考虑了以下几个因素。

第一，表内仅列有标准正态曲线下的面积，因此查表之前应先将原始变量 X 转换成标准分数 Z：

$$Z=\frac{X-\overline{X}}{\sigma_X} \tag{3.11}$$

式中，Z 表示标准分数；X 表示原始分数；$\overline{X}$ 表示平均数；σ_X 表示标准差。

第二，表中间的数值均表示 $Z=0$ 至某个 Z 值的面积，即 $\int_0^Z \frac{1}{\sqrt{2\pi}}\mathrm{e}^{-\frac{Z^2}{2}}dz$ 。

第三，表内仅有 $Z=0$ 到右侧 Z 值的面积，因为正态曲线在 $Z=0$ 处左右对称。例如，$Z=-1$ 至 $Z=1$ 的面积等于 $Z=0$ 至 $Z=1$ 面积的 2 倍。

正态分布表(附表 1)包括三列：第一列为 Z 值；第二列 Y 值，表示 Z 值的纵线

高度，是 Z 值的概率密度；第三列表示某一 Z 值到 $Z=0$ 的面积(概率 P)。

(二)正态分布表的使用

1. 已知 Z 值求 P 值

利用附表 1，已知 Z 值求 P 值，即已知标准分数求面积，有以下三种情况。

(1)求 $Z=0$ 与某一 Z 值之间的面积

例如，$Z=0$ 与 $Z=1$ 之间的面积为 0.34134，见图 3.3(a)。

(2)求两个 Z 值之间的面积

例如，$Z=-1$ 与 $Z=1$ 之间的面积为 $0.34134+0.34134=0.68268$，见图 3.3(a)。又如，$Z=1$ 与 $Z=2$ 之间的面积为 $Z=0$ 与 $Z=2$ 之间的面积(0.47725)减去 $Z=0$ 与 $Z=1$ 之间的面积(0.34134)，即 $0.47725-0.34134=0.13591$，见图 3.3(b)。在求两个 Z 值之间的面积时，若两个 Z 值符号相反，则它们之间的面积等于两个 Z 值分别与 $Z=0$ 之间的面积之和；若两个 Z 值符号相同，则它们之间的面积等于两个 Z 值分别与 $Z=0$ 之间的面积之差。

(3)求某一 Z 值以上或以下的面积

例如，$Z=1$ 以上的面积为 $Z=0$ 与 $Z=\infty$ 之间的面积(0.5)减去 $Z=0$ 与 $Z=1$ 之间的面积(0.34134)，即 $0.5-0.34134=0.15866$；$Z=1$ 以下的面积为 $Z=-\infty$ 与 $Z=0$ 之间的面积(0.5)加上 $Z=0$ 与 $Z=1$ 之间的面积(0.34134)，即 $0.5+0.34134=0.84134$，见图 3.3(c)。

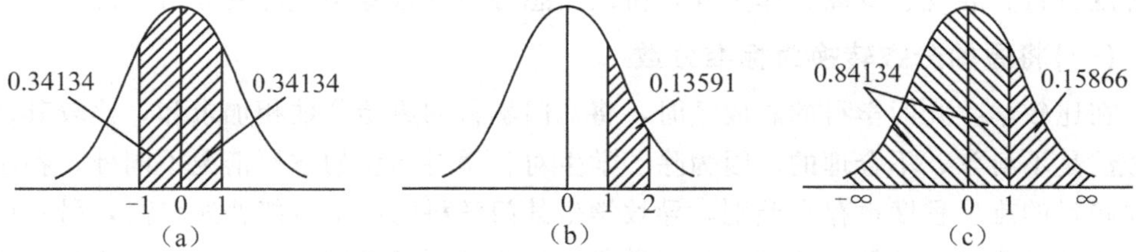

图 3.3　标准正态分布曲线下某一区间的面积

2. 已知 P 值求 Z 值

利用附表 1，已知 P 值求 Z 值，即已知面积(概率)求标准分数，也有三种情况。

(1)求 $Z=0$ 以上或以下某一面积对应的 Z 值

例如，已知 $Z=0$ 以上的面积是 0.35，可以直接在 P 值一列找到与 0.35 最为接近的值，即 0.35083，对应的 $Z=1.04$。已知 $Z=0$ 以下的面积求 Z 值的方法与前面所述相同，只不过 Z 值为负。

(2)求正态曲线左侧或右侧某一面积对应的 Z 值

例如，已知正态曲线左侧 0.05 的面积，寻找对应的 Z 值时，需要用 0.5 减 0.05，等于 0.45，然后在 P 值一列找到 0.45 对应的 Z 值，$Z=1.64$，因为已知 $Z=0$ 以下的面积，故 $Z=-1.64$。用同样方法也可以寻找到曲线右侧某一面积对应的 Z 值，但符号为正。

(3)求正态曲线下中间部分某一面积对应的 Z 值

例如，已知中间部分 0.99 的面积求左、右 Z 值时，先要将 0.99 除以 2，等于 0.495，然后在 P 值一列找到 0.495 对应的 Z 值，$Z=2.58$，则左侧的 $Z=-2.58$，右侧的 $Z=2.58$。

3. 已知 Z 值或 P 值求 Y 值

Y 值，即正态曲线的纵线高度，是横轴上某一 Z 值的概率密度。利用附表 1，可以通过 Z 值或 P 值求得 Y 值。

(1)已知 Z 值求 Y 值

例如，已知 $Z=1.58$，求其对应的 Y 值。首先在 Z 值一列找到 1.58，则其对应的 $Y=0.11450$。注意，正态分布是对称分布，$Z=-1.58$ 对应的 Y 值也是 0.11450。

(2)已知 P 值求 Y 值

例如，求正态曲线右侧 0.20 的面积对应的 Y 值时，首先将 0.5 减 0.20，得到 0.30，然后在 P 值一列找到与 0.30 最接近的面积，即 0.29955，则对应的 Y 值为 0.28034。又如，已知正态曲线下中间部分的面积为 0.80，在求左、右侧 Y 值时，将 0.80 除以 2，等于 0.40，然后在 P 值一列找到与 0.40 最接近的面积，即 0.39973，则对应的左、右侧 Y 值均为 0.17585。

三、正态分布在教育领域的应用

由于教育领域存在着大量呈正态分布的现象，如学生的能力水平、学业成绩、社会态度、行为表现、身高、体重等，所以正态分布在教育领域应用非常广泛。

(一)将原始分数转换为标准分数

在比较学生几门学科的总成绩时，将几门学科的原始分数相加求和，比较其总分的做法是不科学、不合理的。因为除了学生对各学科知识的掌握情况不同外，各学科试卷题目的难易程度也存在差别，导致学生某门学科的成绩可能普遍较高，另一门学科的成绩可能普遍较低。这时，两门学科的分值并不具可比性，即同样是 1 分，在分数偏高的学科中其价值较小，在分数偏低的学科中其价值较大。由于缺乏相等的单位，因此各学科的原始分数既不能相互比较，也不能简单相加。若各学科的原始分数呈正态分布或总体呈正态分布，则可以将各学科的原始分数转换成标准分数，先求各学科标准分数的总和，再比较其大小。

例如，甲、乙两名学生期末考试语文、数学、英语三门学科原始分数的总和是乙生优于甲生(表 3.2)。现将甲、乙两生各学科的原始分数用公式(3.11)转换成标准分数，则甲生的英语标准分数 $Z_{\text{甲生英语}}=\frac{63-67}{9}=-0.44$，乙生的数学标准分数 $Z_{\text{乙生数学}}=\frac{79-74}{10}=0.50$。其他各学科的标准分数见表 3.2 的第 5 列。三门学科标准分数的总和是甲生优于乙生($1.91>1.31$)，与原始分数的比较结果相反。

表 3.2 甲、乙两名学生三门学科成绩的标准分数

考试科目	原始分数		团体的平均数	团体的标准差	标准分数		在团体中的地位（该分数以下的人数比率）	
	甲	乙			甲	乙	甲	乙
语文	59	51	50	4	2.25	0.25	98.778%	59.871%
数学	75	79	74	10	0.10	0.50	53.983%	69.146%
英语	63	72	67	9	−0.44	0.56	32.997%	71.226%
总和	197	202			1.91	1.31		
总平均					0.64	0.44	73.891%	67.003%

运用标准分数进行比较，有以下优点。

第一，各学科标准分数的单位是绝对等价的，因此可以将每个学生各学科的标准分数相加，比较其总分优劣。这是因为标准分数以标准差为单位来度量每个分数与平均分的离差，无论平均分和标准差多么不同，一经转换成标准分数，就会统一变成平均数为 0、标准差等于 1 的标准形式。

第二，标准分数的数值大小与正负，可以反映某一考分在团体中的相对位置。例如，利用正态分布表，可以知道甲生的英语标准分数 $Z=-0.44$ 之下有 32.997%的学生，这是因为 $Z=-0.44$ 与 $Z=0$ 之间的面积是 0.17003，$Z=-\infty$ 与 $Z=0$ 之间的面积是 0.5，则 $Z=-\infty$ 与 $Z=-0.44$ 之间的面积是 $0.5-0.17003=0.32997$。同样知道在乙生的数学标准分数 $Z=0.5$ 之下有 69.146%的学生，这是因为 $Z=0.5$ 与 $Z=0$ 之间的面积是 0.19146，$Z=-\infty$ 与 $Z=0$ 之间的面积是 0.5，则 $Z=-\infty$ 与 $Z=0.50$ 之间的面积是 $0.5+0.19146=0.69146$。甲、乙两生各学科的成绩在团体中的位置见表 3.2 的第 6 列。标准分数正是通过比较每个分数在团体中的位置来比较其优劣的，故被称为相对分数。

这里应注意的是，在求甲、乙两生三门学科总成绩在团体中的位置时，不能直接用三门学科标准分数的总和($Z_{甲}=1.91$，$Z_{乙}=1.31$)直接查表，而必须用三门学科标准分数的平均数($\overline{Z}_{甲}=1.91/3=0.64$，$\overline{Z}_{乙}=1.31/3=0.44$)去查表。

(二)确定录取分数线

在选拔性或竞赛性考试中，录取或授奖的人数或比率往往是事先确定的。若考分呈正态分布，那么在根据考试结果确定录取或授奖的分数线时，可将录取或授奖的人数比率看作正态分布中分数线右侧，即上端的面积，由此找到与其对应的标准分数，然后将公式(3.11)转换成 $X=Z\sigma_X+\overline{X}$，这样就可以由 Z 值求出原始分数 X 了。

例如，某市拟对参加高中数学竞赛的 1500 名考生中的前 300 名予以奖励。已知考试成绩呈正态分布，平均分是 72 分，标准差是 12 分，问奖励分数线为多少？

首先将奖励的比率 $300/1500=0.2$ 作为正态分布上端的面积，然后根据 $0.5-0.2=0.3$ 查附表 1，在 P 值一列找到与 0.3 最接近的 P 值，即 0.29955，其对应的 Z

值为 0.84，则 $X=0.84\times12+72=82.08$。因此，奖励分数线为 82.08 分。

(三)确定特定分数段的学生人数

学生成绩统计与评价常常要了解某一分数段的人数及其比率。如果学生成绩呈正态分布，就能够通过将原始分数转化为标准分数，查找对应分数段的面积(该分数段学生人数比率)，来确定该分数段的学生人数。

例如，某校高中一年级 856 名学生的英语期末考试成绩呈正态分布，平均分为 72 分，标准差为 10.8 分。试问从理论上讲，得 60～80 分的学生有多少人？

首先用公式(3.11)将该分数段两分界点的原始分数转换为标准分数：$Z_1=\frac{60-72}{10.8}=-1.11$，$Z_2=\frac{80-72}{10.8}=0.74$。然后查附表 1，$Z=-1.11$ 与 $Z=0$ 之间的面积为 0.36650，$Z=0$ 与 $Z=0.74$ 之间的面积为 0.27035，则 $Z=-1.11$ 与 $Z=0.74$ 之间的面积为 $0.36650+0.27035=0.63685$。最后将总人数乘 0.63685，即 $856\times0.63685\approx545$。因此，从理论上讲，得 60～80 分的学生有 545 人。

(四)等级评定等距化

若学生的某种能力呈正态分布，要将学生的能力分成几个等级，且使各等级等距，应如何确定各等级的人数？应依据正态分布理论确定各等级的人数。首先将正态分布基线上 $Z=-3$ 与 $Z=3$ 之间 6 个标准差的距离分成相等的几份(因为 $Z=-3$ 与 $Z=3$ 之间的面积已达 0.9973，一般认为可包括全部学生)，做到 Z 分数等距；然后利用附表 1 求出每份对应的面积(以此作为各等级人数百分比)；最后乘学生的总人数，这样便得到了各等级的人数。

例如，1000 名学生的某种能力呈正态分布，拟将其分成甲、乙、丙、丁、戊五个等级。试问各等级应为多少人，才能使分组做到等距？

首先将正态分布基线上 6 个标准差的距离五等分，即 $6/5=1.2$。根据正态分布的对称性，丙是中间等级，应在 $Z=0$ 两侧各占一半，即丙等级的范围为 $Z=-0.6$ 至 $Z=0.6$；以此为参照，乙等级的范围为 $Z=0.6$ 至 $Z=1.8$，甲等级的范围为 $Z=1.8$ 以上，丁等级的范围为 $Z=-0.6$ 至 $Z=-1.8$，戊等级的范围为 $Z=-1.8$ 以下，如图 3.4 所示。

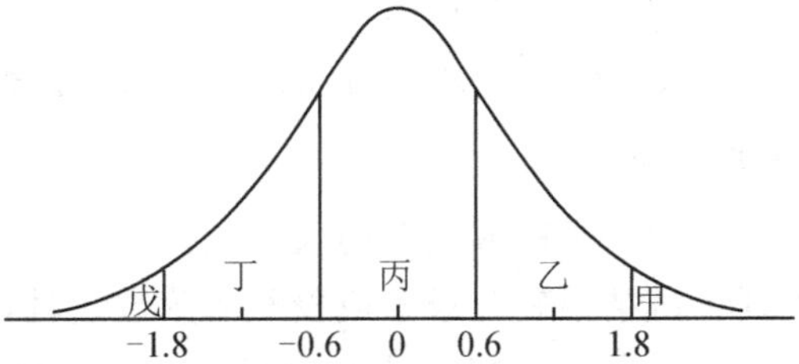

图 3.4 利用正态分布确定各等级的范围

然后根据各等级的两个 Z 值分界点查附表 1，寻找相应的面积，并计算出各等级的面积。以甲等级为例，甲等级的分界点 $Z=1.8$，查附表 1 得到 $Z=0$ 与 $Z=1.8$ 之间的面积为 0.46407，这样 $Z=1.8$ 以上的面积为 $0.5-0.46407=0.03593$。

最后乘学生的总人数 1000，就可以得到各等级的人数了，即甲等级的人数为

1000×0.03593=35.93≈36。其他各等级人数的计算方法相同，具体结果见表 3.3。

表 3.3　利用正态分布确定各等级人数计算表

等级	分布范围	面积	人数分布	应占人数
甲	$Z=1.8$ 以上	0.50000−0.46407	35.93	36
乙	$Z=0.6$ 至 $Z=1.8$	0.46407−0.22575	238.32	238
丙	$Z=-0.6$ 于 $Z=0.6$	0.22575−0.22575	451.50	452
丁	$Z=-1.8$ 至 $Z=-0.6$	0.46407−0.22575	238.32	238
戊	$Z=-1.8$ 以下	0.50000−0.46407	35.93	36

(五)品质评定数量化

在教育工作中，教师常常要对学生的表现性作业进行评价，如对语文作文、数学测量、科学实验、体育活动、美术作品、音乐表现等运用等级法进行评定。这些评定往往受评定者自身主观因素的影响。对于同一个表现性作业，不同的评定者往往会给出不同的评定结果。由于不同评定者的评价标准不同，所以不同评定者所给的相同等级往往具有不同的意义。如果运用正态分布原理将等级分数转化为等距分数，就可以把各个评定者对同一个被评者的评定结果综合起来，并且可以把不同被评者的成绩进行比较。例如，王、赵两位老师用 A，B，C，D，E 五个等级分别对 52 名学生的美术作品进行评定。对于学生甲的美术作品，王老师评定为 A，赵老师评定为 C；而对于学生乙的美术作品，两位老师都评定为 B。哪名学生的美术作品的成绩更好？

要把两名学生的美术作品的成绩进行比较，就要先把两位老师评定的等级转换为等距分数，再将两个等距分数进行平均，作为对一名学生的评定结果。其基本思想是将两位老师评定的各等级人数百分比分别作为正态曲线下的面积，再以平分每块面积的 Z 值(中位数)为各等级的等距分数。

现以王老师对 52 名学生的美术作品的评定为例(表 3.4)，说明具体步骤。

表 3.4　两位老师的评定等级的标准分数

评定等级	王老师					赵老师				
	n	面积	本组 1/2 面积与本组以下面积之和	本组面积的平分点至 $Z=0$ 的面积	中位数	n	面积	本组 1/2 面积与本组以下面积之和	本组面积的平分点至 $Z=0$ 的面积	中位数
A	12	0.23077	0.88462	0.38462	1.20	6	0.11539	0.94231	0.44231	1.57
B	23	0.44231	0.54808	0.04808	0.12	15	0.28846	0.74038	0.24038	0.64
C	8	0.15384	0.25000	0.25000	−0.67	14	0.26923	0.46154	0.03846	−0.10
D	7	0.13462	0.10577	0.39423	−1.25	12	0.23077	0.21154	0.28846	−0.81
E	2	0.03846	0.01923	0.48077	−2.07	5	0.09615	0.04808	0.45192	−1.66

①计算王老师评定的各等级人数百分比。A 等级人数百分比：12/52=0.23077，其他各等级人数百分比见表 3.4 的第 3 列。将这些人数百分比作为正态曲线下的面

积(图 3.5)。

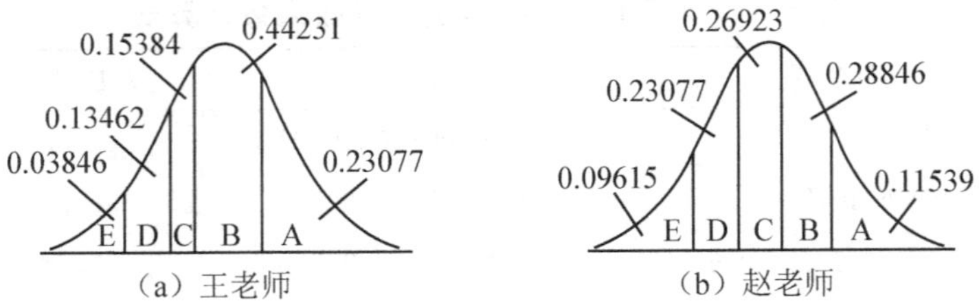

图 3.5 两位老师评定的各等级人数百分比

②计算本组 1/2 面积与本组以下面积之和。例如，D 等级的本组 1/2 面积(0.13462/2 = 0.06731)与本组以下面积(0.03846)之和为 0.06731 + 0.03846 = 0.10577。其他各组见表 3.4 的第 4 列。

③计算本组面积的平分点至 $Z=0$ 的面积，即表 3.4 中的第 4 列的各组数值与 0.5 之差。若第 4 列的数值大于 0.5，则减去 0.5；若小于 0.5，则用 0.5 减之。例如，A 等级本组面积的平分点至 $Z=0$ 的面积为 0.88462－0.5＝0.38462，D 等级本组面积的平分点至 $Z=0$ 的面积为 0.5－0.10577＝0.39423。其他各组见表 3.4 的第 5 列。

④求平分各组面积的中位数。根据各组面积的平分点至 $Z=0$ 的面积，查正态曲线下的面积(附表 1)，找到对应的 Z 值。Z 值的符号由本组 1/2 面积与本组以下面积之和(表 3.4 的第 4 列)来决定，大于 0.5 者符号为正，小于 0.5 者符号为负。例如，A 等级的 Z 值为 1.20，由于本组 1/2 面积与本组以下面积之和为 0.88462，故 Z 值符号为正。又如，D 等级的 Z 值为 1.25，由于本组 1/2 面积与本组以下面积之和为 0.10577，故 Z 值符号为负。带有符号的 Z 值就是平分每块面积的中位数，也就是所评等级的等距化分数。

根据上述步骤，将王、赵两位老师评定的等级转化为等距分数后，再计算两位老师的等距分数的平均数，用以表示每个学生美术作品的成绩。例如，学生甲的等距分数的平均数为(1.20－0.10)/2＝0.55，学生乙的等距分数的平均数为(0.12＋0.64)/2＝0.38。两学生相比，学生甲的美术作品的成绩优于学生乙的。因为在正态分布中，学生甲的 $Z=0.55$ 以下的面积为 0.70884，大于学生乙的 $Z=0.32$ 以下的面积 0.62552。

第三节 二项分布

一、二项试验

二项分布来自二项试验。满足以下条件的试验被称为二项试验。

第一，一次试验只有两种可能结果，即成功(某事件出现)和失败(某事件不出现)。

第二，各次试验相互独立，即各次试验不相互影响。

第三，各次试验中成功的概率相等，失败的概率也相等。

例如，抛硬币的试验就属于二项试验：每抛一次只有两种结果，要么正面朝上，要么正面朝下；前一次抛正面朝上与否，与后一次抛正面朝上与否没有关系；每次抛正面朝上的概率都是0.5，反面朝上的概率也都是0.5。另外，发射的导弹是否命中目标、进入商场的顾客是否购买某产品、出生的婴儿是否是男婴、某种药物是否能治愈某种疾病等都可看作二项试验。在教育考试中，若学生对选择题的回答全凭猜测，也可以将其看作二项试验。

二、二项分布函数

二项分布是二项试验结果的概率分布。具体地说，二项分布是用 n 次方的二项展开式，来表达在 n 次二项试验中成功事件出现不同次数($X=0, 1, 2, \cdots, n$)的概率分布。

现用一个例子来说明为什么二项分布可以用 n 次方的二项展开式来表达。例如，一个学生全凭猜测做3道是非题，设每道题做对的概率为 $p\left(p=\frac{1}{2}\right)$，做错的概率为 $q\left(q=1-p=1-\frac{1}{2}=\frac{1}{2}\right)$。每道题只有做对或做错两种可能结果。做3道题共有8种可能结果(图3.6)。

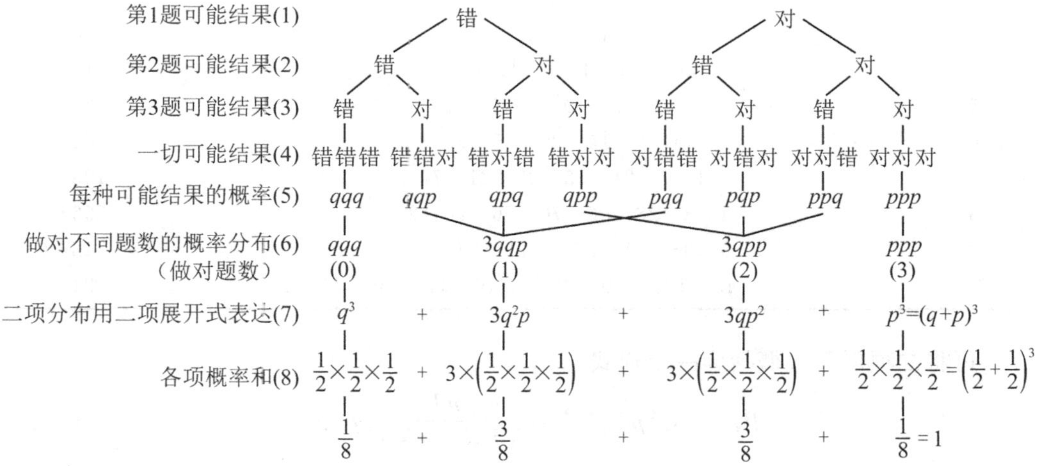

图3.6　一名学生在做3道是非题时做对不同题数的概率分布

每道题做对与做错是相互独立的，因此，根据概率的乘法原理，每种可能结果的概率都等于每道题做对与做错的不同组合的概率的乘积。例如，3道题都做错的概率为 $q\times qq=\frac{1}{2}\times\frac{1}{2}\times\frac{1}{2}=\frac{1}{8}$，3道题都做对的概率为 $p\times pp=\frac{1}{2}\times\frac{1}{2}\times\frac{1}{2}=\frac{1}{8}$。另外，这8种结果是互不相容的，因为在一次作业中只能出现其中的一种结果。做对哪道题也是没有区别的，它们的概率都是 $\frac{1}{2}$。因此，根据概率的加法原理，可以将做错2道题、做对1道题三种结果的概率 qqp，qpq，pqq 合并为 $3q^2p$，将做对2道题、做错1道题三种结果的概率 qpp，pqp，ppq 合并为 $3qp^2$。这样，就可以根据做对题目的组合数 $C_3^0=1$，$C_3^1=3$，$C_3^2=3$，$C_3^3=1$，将8种可能结果的概率合并为4类，即 q^3，$3q^2p$，$3qp^2$，p^3。可见，一名学生全凭猜测做3道是非题，做对不同题数的概率分布可用三次二项式$(p+q)^3$的展开式来表达。

这里把做1道题看作做1次试验，把做3道题看作做3次试验，即$n=3$，把做对1道题看作成功事件出现了1次，那么在n次试验中，成功事件出现不同次数的概率可以用$(p+q)^n$的展开式来表达。二项展开式的要点如下。

①项数：展开式中共有$n+1$项。

②方次：p的方次，从0到n，为升幂；q的方次，从n到0，为降幂。每项p与q的方次之和等于n。

③系数：各项系数是成功事件出现次数的组合数，即C_n^0，C_n^1，…，C_n^n。从两端起，等距项的系数相等；当项数为奇数时(n为偶数)，中间一项的系数最大；当项数是偶数时(n为奇数)，中间两项的系数相等且最大。

二项展开式的各项系数也可以用杨辉三角简洁地求出(表3.5)。

表3.5　杨辉三角

n	二项展开式n次方的各项系数	总和
1	1　1	2
2	1　2　1	4
3	1　3　3　1	8
4	1　4　6　4　1	16
5	1　5　10　10　5　1	32
6	1　6　15　20　15　6　1	64
7	1　7　21　35　35　21　7　1	128
8	1　8　28　56　70　56　28　8　1	256
9	1　9　36　84　126　126　84　36　9　1	512
10	1　10　45　120　210　252　210　120　45　10　1	1024

可将二项展开式概括为一个通式：

$$P_{(X)}=C_n^X p^X q^{n-X}=\frac{n!}{X!\ (n-X)!}p^X q^{n-X} \tag{3.12}$$

式中，$X=0$，1，2，…，n。

这就是二项分布函数。运用这一函数可直接求出成功事件正好出现X次的概率。例如，某篮球运动员定点投篮命中率是0.8。试问该运动员投篮10次，正好投中8次的概率是多少？至少投中8次的概率是多少？

将$n=10$，$p=0.8$，$q=1-p=1-0.8=0.2$，将$X=8$代入公式(3.12)，则投篮10次正好投中8次的概率为

$$P_{(8)}=C_{10}^8 p^8 q^2=\frac{10\times9\times8\times7\times6\times5\times4\times3}{8\times7\times6\times5\times4\times3\times2\times1}\times0.8^8\times0.2^2=0.3020$$

至少投中8次的概率等于投中8次、9次和10次的概率之和：

$$\begin{aligned}P_{(8)}+P_{(9)}+P_{(10)}&=C_{10}^8 p^8 q^2+C_{10}^9 p^9 q^1+C_{10}^{10} p^{10} q^0\\&=0.3020+0.2684+0.1074=0.6778\end{aligned}$$

三、二项分布图

假如某学生做10道是非题，每道题做对的概率$p=0.5$，做错的概率$q=0.5$，

则该学生做对不同题数的概率分布见表 3.6。

表 3.6　某学生做对不同题数的概率分布表

做对题数	出现方式数目	概率	累积概率
0	1	0.001	0.001
1	10	0.010	0.011
2	45	0.044	0.055
3	120	0.117	0.172
4	210	0.205	0.377
5	252	0.246	0.623
6	210	0.205	0.828
7	120	0.117	0.945
8	45	0.044	0.989
9	10	0.010	0.999
10	1	0.001	1.000

以做对题数为 X，相应的概率为 Y，绘制直方图或多边图，可得到二项分布图，如图 3.7 所示。

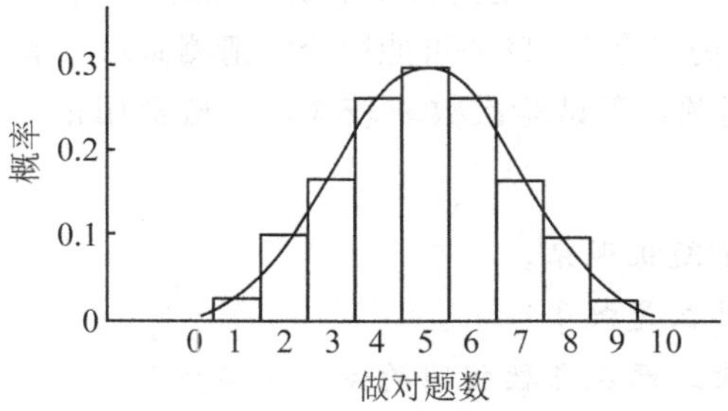

图 3.7　某学生做对不同题数的概率分布图

从二项分布图可以看出，当 $p=q$ 时，无论 n 多大，二项分布都呈对称形态。当 n 很大时，二项分布接近于正态分布。当二项分布无限大时，正态分布是二项分布的极限，这在数学上已经得到证明。从图 3.7 中可以想象，在分布总宽度不变的情况下，随着 n 逐步增大，二项分布直方图的阶梯逐渐缩小，直到合并成一个光滑的曲线。当 $p\neq q$ 且 n 相当小时，图形呈偏态，$p<q$ 与 $p>q$ 的偏斜方向相反。当 $p<q$ 且 $np\geqslant 5$ 或 $p>q$ 且 $nq\geqslant 5$ 时，二项分布就可近似看作正态分布，二项分布的概率可用正态分布的概率作为近似值。

四、二项分布的平均数与标准差

当 $p<q$ 且 $np\geqslant 5$ 或 $p>q$ 且 $nq\geqslant 5$ 时，二项分布接近于正态分布。这时，在 n 次二项试验中，成功事件出现次数 X 的平均数为

$$\mu=np \tag{3.13}$$

标准差为：

$$\sigma=\sqrt{npq} \tag{3.14}$$

式中，n 为试验次数；p 为成功事件出现的概率；$q=1-p$。

例如，若学生对 40 道四选一的选择题进行猜测。试问从理论上讲，猜对题数的平均数与标准差是多少？

已知 $n=40$，$p=\frac{1}{4}$，$q=\frac{3}{4}$，计算得 $np=40\times1/4=10$。$np>5$，二项分布接近于正态分布，则猜对题数的平均数 $\mu=np=40\times\frac{1}{4}=10$，标准差 $\sigma=\sqrt{npq}=\sqrt{40\times\frac{1}{4}\times\frac{3}{4}}=\sqrt{7.5}\approx2.74$。

五、二项分布的应用

二项分布在教育领域主要用来判断试验结果的机遇性与真实性的界限。例如，有 10 道是非题，那么考生做对几题才能判定他是真会而不是全凭猜测？

先假定考生全凭猜测答题，已知 $n=10$，$p=0.5$，$q=0.5$。根据做对不同题数的概率(表 3.6)，考生猜对 9 道与 10 道题的概率之和为 $0.010+0.001=0.011$。这个概率很小，几乎不可能发生。而一旦发生，就可以从反面推论该考生是真会而不是全凭猜测，即考生至少做对 9 道题才能判定他是真会而不是全凭猜测。但是，下此结论也仍然存在犯错误的可能，即考生仍然有 1.1%的可能性全凭猜测做对 9 道或 10 道题。

属于二项分布的问题，若试验次数 n 较大，一般都用正态分布来近似处理。

练习题

1. 举例说明什么是随机现象。
2. 什么是频率？什么是概率？
3. 一枚骰子掷两次，两次点数相同的概率是多少？
4. 一个小组有 8 人，从中选择 1 人当组长，若每人被选中的机会均等，则选择李华和王群当组长的概率有多大？若选三次，每次都选择李华的概率有多大？
5. 举例说明什么是二项试验。写出二项分布函数。
6. 什么是正态分布？标准正态分布曲线有什么特点？
7. 求在正态分布曲线下下列各区间的面积。

(1)$Z=0$ 至 $Z=1.5$。

(2)$Z=0$ 至 $Z=-0.8$。

(3)$Z=0.6$ 至 $Z=2.2$。

(4)$Z=-0.6$ 至 $Z=-2.2$。

(5)$Z=-0.6$ 至 $Z=2.2$。

(6)$Z=-0.5$ 至 $Z=\infty$。

8. 某市高中二年级学生的物理、化学、生物三门学科的成绩呈正态分布。试用标准分比较甲、乙两名学生三门学科的总成绩，并说明他们的各学科成绩和总平均成绩在团体中的位置。

考试科目	团体平均分	团体标准差	学生甲成绩	学生乙成绩
物理	71	12	82	70
化学	74	8	78	70
生物	80	6	68	88

9. 某校对3000名学生进行英语测试，拟对300名高分学生进行奖励。已知考试的平均分数为68.4分，标准差为11.2分。问划界的分数线是多少？

10. 某县4500名高中三年级学生的语文考试成绩接近正态分布，其平均分数为96分，标准差为16.2分。问得90～120分的应有多少人？

11. 1200名学生的某种能力呈正态分布，拟将这些学生分成A，B，C，D四个等级。问各等级应有多少人，才能使分组做到等距？

12. 三名教师对50名学生的手工作业进行等级评定，结果如下表所示。已知甲、乙、丙三名教师给小惠的作业评定的等级分别为优、优、及格，给小松的作业评定的等级分别为优、良、良。试将三名教师的等级评定转化为数量化分数，并求出小惠与小松平均等级的数量化分数。

等级	各教师所评各等级的人数		
	教师甲	教师乙	教师丙
优	12	6	2
良	24	12	20
及格	8	22	20
待及格	6	10	8

13. 一项测验有20个题目，每个题目有4个选项，其中只有一个选项是正确答案。若一名考生全凭猜测，问该考生：

(1)平均能猜对多少个题目？

(2)猜对题目的标准差是多少？

(3)猜对10个题目的概率是多少？

14. 一项测验有10个题目，每个题目有4个选项，其中只有一个选项是正确答案。若考生要有95%的把握说是真会而不是全凭猜测，则该考生至少应答对多少个题目？

15. 2019年12月3日巴黎时间上午9点，经济合作与发展组织在巴黎总部发表了2018年国际学生评估项目(PISA2018)测试结果。在参与测试的79个国家(地区)中，由中国北京、上海、江苏、浙江组成的四省市联盟在测试中以阅读555分、数学591分、科学590分包揽了三科第一。参与测试的经济合作与发展组织成员国作为一个整体，三科成绩均为正态分布，平均数500分，标准差100分。若一名学生的阅读555分、数学591分、科学590分，其三科成绩在参与测试的经济合作与发展组织成员国中分别处于什么位置？

第四章　抽样分布及总体平均数的推断

在教育研究中，我们需要描述的是研究对象的全体数据，但是在实际工作中，大多得不到全体数据。有时候虽然可以得到全体数据，但出于时间、人力、物力等方面的考虑而不想使用。这时就希望从全体数据中抽取一部分作为代表，通过对部分数据的研究而达到认识全体数据的目的，这就是由样本推断总体的问题。联系样本与总体的媒介是抽样分布，因此，抽样与抽样分布的理论是推断统计的基础。

第一节　抽样的基本概念与方法

一、基本概念

(一)总体与样本

总体是具有某种共同特征的一类事物的全体，总体中的每个基本单元被称为个体。例如，我们想了解某市 2020 年高三学生的高考成绩，那么总体就是该市 2020 年所有高三学生的高考成绩，而该市 2020 年每一名高三学生的高考成绩就是个体。

总体可以分为有限总体与无限总体。包含个体数目有限的总体，被称为有限总体。在上例中，某市 2020 年高三学生高考成绩就是一个有限总体，因为该市当年参加高考的高三学生人数是有限的。包含个体数目无限的总体，被称为无限总体。例如，我们研究新生儿的身长，这就是一个无限总体，因为它包括所有新生儿的身长。

样本是从总体中抽取的一部分个体构成的集合。例如，从某市 2020 年参加高考的高三学生中抽取 100 名学生，这 100 名学生的高考成绩就构成了一个样本。

总体包含的个体数目被称为总体规模，一般用 N 表示；样本包含的个体数目被称为样本容量，一般用 n 表示。

(二)统计量与参数

样本的数字特征被称为样本统计量，简称统计量，如样本平均数、样本标准差、样本相关系数等。总体的数字特征称为总体参数，简称参数，如总体平均数、总体标准差、总体相关系数等。

推断统计包含一项重要的内容，就是用样本的数字特征推断相应的总体的数字特征，即用样本统计量推断相应的总体参数。例如，用样本平均数推断总体平均数，用样本标准差推断总体标准差，用样本相关系数推断总体相关系数，等等。

二、抽样方法

为了使推断统计可靠，就要使样本对总体具有较好的代表性。研究发现，样本对总体的代表性主要受三个因素影响。第一，总体的离散程度：一个总体的离散程度越大，样本对总体的代表性就越差，反之则反。第二，样本容量的大小：样本容量越大，抽取的样本对总体的代表性就越好，反之则反。第三，抽样方法：用不同抽样方法抽取的样本对总体的代表性不一。随机抽样是一种比较好的统计抽样方法，它不仅能保证样本对总体有较强的代表性，还能够用统计方法估计出样本相对于总体的误差大小。教育统计学所介绍的抽样方法就是随机抽样。

随机抽样根据具体抽样方式的不同，又可以分为以下四类。

(一)单纯随机抽样

如果总体中每个个体被抽到的机会均等，并且任何个体被抽到的机会是独立的，这样的抽样方法就称单纯随机抽样。

常用的单纯随机抽样法有抽签法与随机数字表法。

抽签法是先将总体中的每个个体都编上号码，然后将每个号码写在签上并将签充分混合，最后从中抽取 n 个签，则与签上号码相对应的 n 个个体就组成了容量为 n 的样本。

随机数字表是由统计学家根据随机化原则编制的一种数字表(此表太大，考虑到篇幅有限，本书只选取了该表前面的部分数字，见附表 12)。随机数字表的使用很方便，可以从表中任意一个数字开始向任何一个方向摘录数字。例如，若从 200 人的总体中随机抽取 20 人，则先将这 200 人从 001 至 200 编上号码，然后指定开始数字和摘录数字的行进方向。假定从附表 12 的第 10 行第 1 列的数字 5 开始，按从左向右、从上到下的顺序摘录 3 位数字，则摘录的数字有 576，086，324，409，472，796，等等。数字大于 200 未满 400 者减去 200，数字大于 400 未满 600 者减去 400，以此类推，使每个数字都不大于 200，即号码为 176，086，124，009，072，196 等的个体就组成了需要的样本。随机数字表法是一种传统、便捷的随机抽样方法。就目前的技术来说，可以不使用随机数字表，而是用计算器直接生成随机数字或在计算机上随机抽取。

为保证抽样的独立性，对有限总体要采用放回抽样法，即抽取一个个体登记其号码后放回总体中，再随机抽取下一个个体，登记其号码后再放回总体中，重复 n 次就可以得到一个容量为 n 的样本。对于无限总体，由于将个体放回与不放回并未改变总体的成分，所以抽样时并不要求采用放回抽样法。在教育研究中放回抽样往往难以实现，因此，即使是有限总体，只要总体规模在 500 以上，而且总体的规模是样本容量的 10～20 倍，也可视其接近无限总体，不要求采用放回抽样法。

(二)机械抽样

将总体内的所有个体按一定顺序编号，然后按固定的间隔取样，这种抽样方法被称为机械抽样，也被称为等距抽样或系统抽样。这里的抽样间隔根据总体规模与样本容量而定，即抽样间隔＝总体规模/样本容量。抽样时先确定一个起点号码，然后按固定的抽样间隔抽取一个号码，就可以获得所需的样本。例如，为了解某校 5000 名毕业生的择业意向，拟抽取 200 人的样本进行调查。经计算，抽样间隔为 5000/200＝25。将总体从 0001 到 5000 编上号码，再随机确定入样的起点号码。假如起点号码为 2378，以此号码为参照，向前、向后每隔 25 个号码抽取一个个体，则号码为 3，…，2328，2353，2378，2403，2428，…，4975 的个体就构成了所需的样本。

(三)分层抽样

按与研究内容有关的因素先将总体分成若干部分(每一部分称作一层)，然后在各部分中采用单纯随机抽样或机械抽样获得入样个体，这样的抽样方法被称为分层抽样。

如果一个总体的规模比较大，所抽取的样本容量较小，并且总体的内部结构又比较复杂，各部分(层)的个体之间差异比较大，那么在这种情况下，采用单纯随机抽样会使有些部分的个体入样较多，有些部分的个体入样较少，甚至一些部分因个体数目少而没有个体入样。为保证样本对总体的代表性，宜用分层抽样。

例如，上例为了解某校5000名毕业生的择业意向，拟抽取200人进行调查。可先根据一定标准将5000名毕业生分成文科(2400人)、理科(1600人)，体育(750人)、艺术(250人)四部分，即四层，然后在各部分用单纯随机抽样或机械抽样的方法各抽取1/25(200/5000＝1/25)，即从文科中抽取96(2400×1/25＝96)人，从理科中抽取64(1600×1/25＝64)人，从体育中抽取30人(750×1/25＝30)人，从艺术中抽取10(250×1/25＝10)人，这样就组成了一个200(96＋64＋30＋10＝200)人的样本。

(四)整群抽样

从总体中抽取研究对象，不是以个体为单位的，而是以“群”为单位的，一旦抽中某个群，则该群所有个体都入样，这样的抽样方法被称作整群抽样。例如，上述5000名毕业生的择业意向调查可以以“宿舍”为单位抽样，一旦抽中某宿舍，该宿舍的所有学生全部入样。如果每个宿舍有8名毕业生，这样只要抽取25个宿舍就可以获得所需的样本了。

为了增强样本对总体的代表性，弥补整群抽样的不均匀性，可将整群抽样与分层抽样结合起来。例如，要了解某市某年高考语文的成绩，可按一定标准把全市所有中学分成几部分，如可以分成市级重点中学、县级重点中学、普通中学三类，根据样本容量与总体规模的比率，从三类学校中抽取若干学校，组成整群样本。

三、样本容量

样本容量多大为宜，是一个复杂的问题。样本容量过小，抽样误差较大，样本对总体的代表性较差；样本容量过大，浪费人力、物力与时间。一般来说，教育调查的样本容量应大一些，教育实验可以小一些；总体中个体离散程度大的，样本容量应大一些，总体中个体离散程度小的，样本容量可小一些；实验条件控制较差的，样本容量应大一些，实验条件控制较好的，样本容量可小一些；指标之间差异小的，样本容量应大一些，指标之间差异大的，样本容量可小一些；相关程度低的，样本容量应大一些，相关程度高的，样本容量可小一些。

确定样本容量的基本原则是，在尽量节省人力、物力、时间等的条件下，确保用样本推断总体达到预定的可靠性及准确性。统计学有具体的计算公式，能够基于不同的抽样方法，根据预定的可靠性与准确性的要求以及总体离散程度的大小，估计出符合要求的样本容量。

第二节　抽样分布

一、抽样分布的概念

要认识抽样分布，就要区分三种不同性质的分布：总体分布、样本分布与抽样分布。总体分布指总体内个体数值的频数分布。样本分布指样本内个体数值的频数分布。抽样分布指某种样本统计量的概率分布。

例如，将某县 3000 名学生的高考语文分数作为总体，这 3000 个分数的频数分布就是总体分布；若从中随机抽取 100 个分数作为样本，这 100 个分数的频数分布就是样本分布。如果将这 100 个分数加以平均后还回总体中去，再随机抽取 100 个分数并计算其平均数，这样反复抽取，就可以获得 $n=100$ 的一切可能的样本平均数。若将这一切可能的样本平均数进行频数分布，就形成了一个实验性平均数抽样分布。如果计算每次抽取的 100 个分数的标准差，就可以获得 $n=100$ 的一切可能的样本标准差。若将这一切可能的样本标准差进行频数分布，就形成了一个实验性标准差抽样分布。

又如，将该县 3000 名学生的高考语文与高考英语分数作为总体，随机抽取 50 名学生的语文与英语分数，计算这两个分数的相关系数，并将数据还回总体中去，再随机抽取 50 名学生的语文与英语分数并计算其相关系数。这样反复抽取，所获得的 $n=50$ 的一切可能的样本相关系数的频数分布，就形成了一个实验性相关系数抽样分布。

实验性抽样分布是为了便于理解。实际上抽样分布是一个理论的概率分布，它是推断统计的理论基础。

二、平均数抽样分布的几个定理

①从总体中随机抽取的容量为 n 的一切可能的样本平均数的平均数，等于总体平均数，用公式表示为

$$\mu_{\overline{X}}=\mu \tag{4.1}$$

式中，$\overline{X}$ 表示样本平均数；$\mu_{\overline{X}}$ 表示样本平均数的平均数；μ 表示总体平均数。

②容量为 n 的样本平均数在抽样分布上的标准差，等于总体标准差除以 n 的平方根，用公式表示为

$$\sigma_{\overline{X}}=\frac{\sigma}{\sqrt{n}} \tag{4.2}$$

式中，$\sigma_{\overline{X}}$ 表示样本平均数的标准差；σ 表示总体标准差；n 表示样本容量。

③从正态总体中随机抽取容量为 n 的一切可能的样本平均数的分布也呈正态分布。

④虽然总体不呈正态分布，但如果样本容量较大，那么反映总体平均数和总体标准差的样本平均数的抽样分布接近于正态分布。

以上四条定理反映了样本平均数抽样分布的形态，反映了一切可能的样本平均数与总体平均数之间的关系，也反映了一切可能的样本平均数的标准差与总体标准差的关系。当总体标准差已知时，平均数抽样分布的标准差与样本容量的平方根成反比，即样本容量越大，平均数抽样分布的标准差越小；当样本容量确定时，平均数抽样分

布的标准差与总体标准差成正比，即总体中个体的离散程度越大，平均数抽样分布的标准差越大。

抽样分布是推断统计的理论依据。但是，在实际工作中不是通过抽取一切可能的样本来求总体参数的，而是通过抽取一个随机样本，根据一定的概率来推断总体参数的。即使抽取一切可能的样本，计算出的某种统计量的值与相应参数的真值也会因为抽样误差的存在而不相同。抽样误差通常用抽样分布上的标准差来表示。某种统计量在抽样分布上的标准差被称为该种统计量的标准误。例如，平均数在抽样分布上的标准差，被称为平均数的标准误；标准差在抽样分布上的标准差，被称为标准差的标准误；相关系数在抽样分布上的标准差，被称为相关系数的标准误。标准误越小，表示样本统计量与总体参数的值越接近，样本对总体越有代表性，用样本统计量推断总体参数的可靠性越大，因此标准误是推断统计可靠性的指标。

三、平均数抽样分布的形态

由前述内容可知，从正态总体中随机抽取容量为 n 的一切可能的样本平均数的抽样分布，是以总体平均数为中心的正态分布。当总体标准差已知时，将样本平均数转化为标准记分，则一切可能的样本平均数的标准记分呈标准正态分布。

$$Z=\frac{\overline{X}-\mu}{\sigma_{\overline{X}}}=\frac{\overline{X}-\mu}{\frac{\sigma}{\sqrt{n}}} \tag{4.3}$$

式中，Z 表示样本平均数的标准记分；$\overline{X}$ 表示样本平均数；μ 表示总体平均数；$\sigma_{\overline{X}}$ 表示样本平均数的标准误；σ 表示总体标准差；n 表示样本容量。

总体标准差 σ 在一般情况下是未知的，需要用样本标准差 σ_X 来估计。数理统计已证明，样本标准差 σ_X 往往低估了总体标准差 σ，因此需要进行贝塞尔(Bessel)校正，用公式表示为

$$S=\sqrt{\frac{n}{n-1}}\sigma_X=\sqrt{\frac{\sum(X-\overline{X})^2}{n-1}} \tag{4.4}$$

式中，S 表示总体标准差的无偏估计量；σ_X 表示样本标准差；n 表示样本容量；X 表示原始数据；$\overline{X}$ 表示样本平均数。

从正态总体中随机抽取容量为 n 的一切可能的样本平均数，总体标准差 σ 未知时需要用总体标准差的无偏估计量 S 来代替，于是平均数的标准误 $\sigma_{\overline{X}}$ 也被 $S_{\overline{X}}$ 代替。这时，一切可能的样本平均数的标准记分呈 t 分布，公式为

$$t=\frac{\overline{X}-\mu}{S_{\overline{X}}}=\frac{\overline{X}-\mu}{\frac{S}{\sqrt{n}}} \tag{4.5}$$

式中，t 表示样本平均数的标准记分；$\overline{X}$ 表示样本平均数；μ 表示总体平均数；$S_{\overline{X}}$ 表示样本平均数的标准误；S 表示总体标准差的无偏估计量；n 表示样本容量 。

最早使用 t 分布的是戈塞特(Gosset)。1908 年，他以“学生”(Student)为笔名在《生物统计学》杂志上发表了论文，论文中提出了 t 分布，这成为数理统计发展史上的一个里程碑。

公式(4.3)与公式(4.5)形态相同，都是平均数的标准记分，不同的是，公式(4.3)中 Z 的计算使用的是总体标准差 σ，而公式(4.5)中 t 的计算使用的是总体标准差的无偏估计量 S。另外，从分布形态上看，t 分布与 Z 分布也存在相似之处：t 分布基线上的 t 值范围为 $-\infty \sim +\infty$；在平均数等于 0 处的左侧 t 值为负，右侧 t 值为正；曲线在平均数等于 0 处最高，向两侧逐渐下降，尾部无限延伸，永不与基线相交，呈单峰对称形。区别之处在于：t 分布的形态随自由度($df=n-1$)的变化而变化，即自由度不同 t 分布的形态也不同，如图 4.1 所示。t 分布的峰狭窄尖峭，尾长而翘得高，基线上的分布范围广。自由度越小，分布范围越大。当自由度逐渐增大时，t 分布逐渐接近正态分布；当自由度趋于无限大时，t 分布与标准正态分布重合。假如 t 分布曲线下平均数两侧共包含 0.95 的面积，由于自由度不同，所以两个临界的 t 值也不同：当 $df=2$ 时，$|t|=4.30$；当 $df=30$ 时，$|t|=2.04$；当 $df=+\infty$时，$|t|=1.96$(表 4.1)。与正态分布的 Z 值相同。

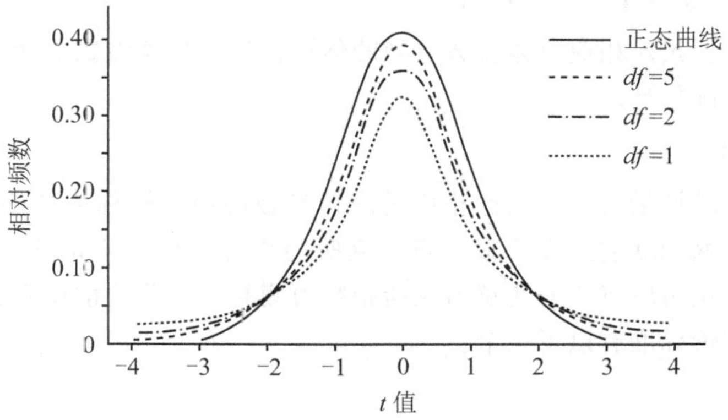

图 4.1　t 分布曲线与正态分布曲线比较图

表 4.1　自由度不同的 t 的临界值

	$df=2$	$df=4$	$df=6$	$df=20$	$df=30$	$df=\infty$
t 值	±4.30	±2.78	±2.45	±2.09	±2.04	±1.96

公式(4.4)的分母 $n-1$ 在统计学中被称为自由度，用 df 表示。自由度是总体参数估计量中变量值独立、自由变化的个数。例如，用样本统计量 σ_X 估计总体参数 σ 时，估计量 $S=\sqrt{\dfrac{\sum(X-\overline{X})^2}{n-1}}$，其中的变量 X 只有 $n-1$ 个可以自由变化，第 n 个数据由于受到 $\sum(X-\overline{X})=0$ 的限制而失去了自由变化的可能，故自由度是 $n-1$。例如，某变量 X 有 4 个数据，其平均数 $\overline{X}=4$，前 3 个可自由变化，如果前 3 个数据为 2，2，5，其离差($X-\overline{X}$)分别为 -2，-2，1，那么第 4 个数据只有等于 7 才能使离差等于 3，才能满足 $\sum(X-\overline{X})=0$ 的要求，所以变量 X 中只有 3 个可自由变化，故 $df=3$。

自由度产生于利用样本统计量估计总体参数之时。自由度的个数等于样本容量减去限制因子的个数。当利用样本统计量 σ_X 估计总体参数 σ 时，受到 $\sum(X-\overline{X})=0$ 一个因子的限制，故自由度等于样本容量减去 1，即 $df=n-1$。计算自由度的另一种方法是看总体参数估计量中运用了几个样本统计量，其自由度就等于样本容量减去几。例如，总体参数估计量 $S=\sqrt{\dfrac{\sum(X-\overline{X})^2}{n-1}}$ 中运用了一个样本统计量 $\overline{X}$，故自由度为 $n-1$。但自由度并不总是 $n-1$，它随限制因子个数的变化而变化。在总体相关系数的推断中，有的自由度是 $n-2$，有的自由度是 $n-3$，等等。

第三节　总体平均数的估计

根据样本信息对总体参数进行推断有两种不同形式：总体参数估计与假设检验。本节介绍第一种推断形式。

一、总体参数估计的基本原理

根据样本统计量对相应总体参数所做的估计被称为总体参数估计。总体参数估计分为点估计与区间估计。

(一)点估计

用某个样本统计量的值来估计相应的总体参数的值，被称为总体参数的点估计。例如，从某市抽取 200 名 9 岁儿童实施韦克斯勒智力测验，计算得平均分为 103 分，则这 103 分就是全市所有 9 岁儿童韦克斯勒智力测验平均分的估计值。

点估计的评价标准有以下三个。

1. 无偏性

当用某个样本统计量的值估计相应的总体参数值时，总会有偏差，有的大于总体参数，有的小于总体参数。如果一切可能样本统计量的值与总体参数值的偏差的平均数为 0，这种样本统计量就是总体参数的无偏估计量；如果一切可能样本统计量的值与总体参数值的偏差的平均数不等于 0，这种样本统计量就是总体参数的有偏估计量。例如，$\overline{X}$ 就是 μ 的无偏估计量，而 σ_X 就是 σ 的有偏估计量。但是，将 σ_X 乘贝塞尔校正值之后，所得的 S 就变成了 σ 的无偏估计量。

2. 有效性

当总体参数不止有一种无偏估计量时，某种统计量的一切可能样本值的方差小者为有效性高，大者为有效性低。例如，$\overline{X}$，Md，Mo 都是 μ 的无偏估计量，但只有 $\overline{X}$ 的一切可能样本值的方差最小，故 $\overline{X}$ 是有效性最高的 μ 的估计量。

3. 一致性

当样本容量无限增大时，估计量的值应该能够越来越接近它所估计的总体参数值，这种统计量是总体参数的一致性估计量。例如，$\overline{X}$ 就是 μ 的一致性估计量，σ_X 与 S 也都是 σ 的一致性估计量。

一个好的点估计应满足上述三个标准。但无论如何，点估计总以误差存在为前提，而且它不能指出准确估计的概率有多大。区间估计可弥补后一缺陷。

(二)区间估计

以样本统计量的抽样分布为理论依据，按一定概率要求，由样本统计量的值估计总体参数值的所在范围，被称为总体参数的区间估计。现以总体平均数的区间估计为例，说明总体参数的区间估计的基本原理。

从正态总体中随机抽取容量为 n 的一切可能样本平均数的抽样分布，是以总体平均数为中心的正态分布。当 σ 已知时，一切可能样本平均数的标准记分 $Z=\frac{\overline{X}-\mu}{\sigma/\sqrt{n}}$ 呈标准正态分布。若要求以样本平均数对总体平均数的估计达到 95%的可靠性，则令 $Z=\frac{\overline{X}-\mu}{\sigma/\sqrt{n}}$ 在 -1.96 和 1.96 之间变动，其间的面积为 0.95(由附表 1 可知，$Z=0$ 与 $Z=1.96$ 之间的面积为 0.475，则 $Z=-1.96$ 与 $Z=1.96$ 之间的面积为 $0.475\times 2=0.95$)。由 $P(-1.96<Z<1.96)=0.95$ 可得：

$$P\left(-1.96<\frac{\overline{X}-\mu}{\sigma/\sqrt{n}}<1.96\right)=0.95 \tag{4.6}$$

上式经过变形可写成：

$$P\left(\overline{X}-1.96\frac{\sigma}{\sqrt{n}}<\mu<\overline{X}+1.96\frac{\sigma}{\sqrt{n}}\right)=0.95 \tag{4.7}$$

这意味着 μ 在 $\overline{X}$ 上下 1.96 倍的 $\sigma/\sqrt{n}$ 之间出现的概率为 95%，即 μ 有 95%的可能性出现在 $\overline{X}-1.96\sigma/\sqrt{n}$ 与 $\overline{X}+1.96\sigma/\sqrt{n}$ 之间，或者说总体平均数不在这一范围的可能性只有 5%。$(\overline{X}-1.96\sigma/\sqrt{n},\ \overline{X}+1.96\sigma/\sqrt{n})$ 称为平均数对应于 95%的置信区间，$\overline{X}-1.96\sigma/\sqrt{n}$ 为置信下限，$\overline{X}+1.96\sigma/\sqrt{n}$ 为置信上限，95%称作总体平均数落在区间 $(\overline{X}-1.96\sigma/\sqrt{n},\ \overline{X}+1.96\sigma/\sqrt{n})$ 内的置信水平。

由上述总体参数区间估计的基本原理可知，要对总体参数进行区间估计，即要在一定的置信水平上求出总体参数置信区间的上、下限，需注意以下几点：第一，要知道与所估计的总体参数相对应的样本统计量的值与抽样分布；第二，要求出该样本统计量的标准误；第三，要确定在多高的置信水平上对总体参数进行估计，通过查某种理论概率分布表，确定与某置信水平相对应的该分布的横坐标上记分的临界值，才能计算出总体参数的置信区间的上、下限。

对总体参数进行区间估计时，总希望置信区间小一些，而置信水平(估计的可靠度)高一些，但这往往是一个难以两全的问题。以平均数的区间估计为例，当置信水平是 95%时，$Z=1.96$；当置信水平为 99%时，$Z=2.58$(由附表 1 可知，$Z=0$ 与 $Z=2.58$ 之间的面积为 0.495，则 $Z=-2.58$ 与 $Z=2.58$ 之间的面积为 $0.495\times 2=0.99$)。因此，置信水平越高，Z 值越大，置信区间越大。但是在置信水平一定的前提下，可以通过减小数据的离散程度(减小总体标准差)或增加样本容量以减小标准误的方法，达到缩小置信区间的目的。

二、σ 已知条件下总体平均数的区间估计

当 σ 已知，总体呈正态分布，无论 n 有多大，或当 σ 已知，虽总体不呈正态分

布，但 $n>30$，样本平均数的标准记分均呈标准正态分布。总体平均数的置信区间可按正态分布，用已知的 σ 计算。

【例 1】 某小学全体 10 岁女童身高历年来的标准差为 6.25 cm，现从该校随机抽取 27 名 10 岁女童，测得平均身高为 134.2 cm。试估计该校全体 10 岁女童平均身高 95%和 99%的置信区间。

统计学家的研究告诉我们，体重、身高、智商、课程分数等数据总体一般呈正态分布或接近正态分布。目前在实际研究工作中，对于样本所来自的总体是否呈正态分布一般不另做检验，而是把它假定为正态分布或接近正态分布。

假定 27 名 10 岁女童的身高是从正态总体中抽取的随机样本，并已知 $\sigma=6.25$，无论 n 有多大，一切可能样本平均数的标准记分应呈标准正态分布。于是，可用正态分布来估计该校全体 10 岁女童平均身高 95%和 99%的置信区间。

可根据公式(4.7)，计算该校全体 10 岁女童平均身高 95%的置信区间：

$$P\left(134.2-1.96\times\frac{6.25}{\sqrt{27}}<\mu<134.2+1.96\times\frac{6.25}{\sqrt{27}}\right)=0.95$$

$$P(131.84<\mu<136.56)=0.95$$

置信下限为 131.84 cm，置信上限为 136.56 cm。于是，在 95%置信水平上可以说，该校全体 10 岁女童身高的平均数为 131.84～136.56 cm。

查附表 1 可知，与标准正态分布曲线中间部分 99%面积相对应的 Z 值为 ±2.58，即 $P(-2.58<Z<2.58)=0.99$，其中 $Z=\dfrac{\overline{X}-\mu}{\sigma/\sqrt{n}}$，代入数据：

$$P\left(\overline{X}-2.58\frac{\sigma}{\sqrt{n}}<\mu<\overline{X}+2.58\frac{\sigma}{\sqrt{n}}\right)=0.99 \quad (4.8)$$

$$P\left(134.2-2.58\times\frac{6.25}{\sqrt{27}}<\mu<134.2+2.58\times\frac{6.25}{\sqrt{27}}\right)=0.99$$

$$P(131.10<\mu<137.30)=0.99$$

该校全体 10 岁女童平均身高 99%的置信区间为(131.10，137.30)。

三、σ 未知条件下总体平均数的区间估计

当 σ 未知，总体呈正态分布，无论 n 有多大，或者当 σ 未知，总体虽不呈正态分布，但 $n>30$，样本平均数的标准记分均呈 t 分布。总体平均数的置信区间可按 t 分布，用 σ 的估计量 S 计算。

若在 95%置信水平上对总体平均数进行估计，就是使 t 分布上 $t=0$ 两侧的面积为 0.95。令 $t=\dfrac{\overline{X}-\mu}{S_{\overline{X}}}$ 在左右两侧相对应的临界值 $-t_{(df)0.05}$ 和 $t_{(df)0.05}$ 之间变动，于是

$$P\left(-t_{(df)0.05}<\frac{\overline{X}-\mu}{S_{\overline{X}}}<t_{(df)0.05}\right)=0.95$$

经过变形，总体平均数 95%的置信区间为

$$P(\overline{X}-t_{(df)0.05}S_{\overline{X}}<\mu<\overline{X}+t_{(df)0.05}S_{\overline{X}})=0.95 \quad (4.9)$$

即 95%的置信下限为 $\overline{X}-t_{(df)0.05}S_{\overline{X}}$，置信上限为 $\overline{X}+t_{(df)0.05}S_{\overline{X}}$。

同理，总体平均数 99%的置信区间为

$$P(\overline{X}-t_{(df)0.01}S_{\overline{X}}<\mu<\overline{X}+t_{(df)0.01}S_{\overline{X}})=0.99 \quad (4.10)$$

即 99%的置信下限为 $\overline{X}-t_{(df)0.01}S_{\overline{X}}$，置信上限为 $\overline{X}+t_{(df)0.01}S_{\overline{X}}$。

在公式(4.9)与公式(4.10)中，$t_{(df)0.05}$ 与 $t_{(df)0.01}$ 是在某自由度下，某显著性水平的 t 的临界值。所谓显著性水平，就是对总体参数做估计时可能犯错误的概率，用 α 表示。假如在 95%置信水平上对总体参数做估计，则犯错误的概率 $\alpha=1-0.95=0.05$；假如在 99%置信水平上对总体参数做估计，则犯错误的概率 $\alpha=1-0.99=0.01$。

各种自由度的临界值可查 t 值表(附表 2)。t 值表左侧纵列指的是自由度，上端横行 P 值指的是显著性水平，$P(2)$表示将 α 值分置于双侧，$P(1)$表示将 α 值置于单侧。表中的数字是在某自由度下，某显著性水平的 t 的临界值。例如，$df=6$，$P(2)=0.05$，则 $t_{(6)0.05}=2.447$，这表示当自由度为 6，显著性水平为 0.05 时，t 的双侧临界值为 2.447。又如，$df=28$，$P(1)=0.01$，则 $t_{(28)0.01}=2.467$，这表示当自由度为 28，显著性水平为 0.01 时，t 的单侧临界值为 2.467。

(一)小样本的情况

【例 2】 从某校高中一年级随机抽取 11 名学生的计算机期末考试成绩，分别为 92，94，96，66，84，71，45，88，90，67，78。试估计该校高中一年级学生计算机期末考试成绩总体平均数 95%与 99%的置信区间。

假定 11 名学生的计算机期末考试成绩是从正态总体中抽取的随机样本，而 σ 未知，$n=11$，属于小样本。在此抽样条件下，样本平均数的标准记分服从 t 分布。总体平均数的置信区间的上、下限用 σ 的无偏估计量 S 计算。

由本例原始数据计算出 $\overline{X}=79.182$，$S=15.632$，则 $S_{\overline{X}}=S/\sqrt{n}=15.632/\sqrt{11}=4.713$。查 t 值表的 $P(2)$，$t_{(10)0.05}=2.228$，$t_{(10)0.01}=3.169$，由公式(4.9)可得总体平均数 95%的置信区间为

$$P(\overline{X}-t_{(10)0.05}S_{\overline{X}}<\mu<\overline{X}+t_{(10)0.05}S_{\overline{X}})=0.95$$

$$P(79.182-2.228\times4.713<\mu<79.182+2.228\times4.713)=0.95$$

$$P(68.681<\mu<89.683)=0.95$$

该校高中一年级学生计算机期末考试成绩总体平均数 95%的置信区间为(68.681，89.683)。

同理，由公式(4.10)可得总体平均数 99%的置信区间：

$$P(79.18-3.169\times4.713<\mu<79.18+3.169\times4.713)=0.99$$

$$P(64.247<\mu<94.117)=0.99$$

该校高中一年级学生计算机期末考试成绩总体平均数 99%的置信区间为(64.247，94.117)。

(二)大样本的情况

当总体呈正态分布，且 σ 未知时，无论 n 有多大，样本平均数的标准记分均呈 t 分布。若 $n>30$，样本平均数的标准记分接近标准正态分布。在这种抽样条件下对总体平均数进行区间估计时，可用正态分布近似处理。

【例 3】 从某校抽取 62 名八年级男生参加立定跳远测验，计算得平均成绩为 180.59 cm，标准差为 21.88 cm。试估计该校八年级男生立定跳远成绩总体平均数 95%与 99%的置信区间。

假定 62 名八年级男生的立定跳远成绩是从正态总体中抽取的随机样本，而 σ 未知，样本平均数的标准记分服从 t 分布。但是，由于 $n=62$，属于大样本，t 分布接近标准正态分布，故可用正态分布近似处理，公式为

$$P(\overline{X}-1.96S_{\overline{X}}<\mu<\overline{X}+1.96S_{\overline{X}})=0.95 \tag{4.11}$$

已知 $S_{\overline{X}}=S/\sqrt{n}$，根据公式(4.4)，则有 $S_{\overline{X}}=\sqrt{\frac{n}{n-1}}\sigma_X/\sqrt{n}=\frac{\sigma_X}{\sqrt{n-1}}$(由于 n 较大，因此分母中 n 减 1 与不减 1 相差不大，为方便起见，计算时也可以不减 1)。将 $\sigma=21.88$，$n=62$ 代入，则 $S_{\overline{X}}=\frac{21.88}{\sqrt{62-1}}=2.80$。由公式(4.11)可得总体平均数 95%的置信区间为

$$P(180.59-1.96\times2.80<\mu<180.59+1.96\times2.80)=0.95$$
$$P(175.10<\mu<186.08)=0.95$$

该校八年级男生立定跳远成绩总体平均数 95%的置信区间为(175.10，186.08)。

同理，总体平均数 99%的置信区间为：

$$P(\overline{X}-2.58S_{\overline{X}}<\mu<\overline{X}+2.58S_{\overline{X}})=0.99 \tag{4.12}$$
$$P(180.59-2.58\times2.80<\mu<180.59+2.58\times2.80)=0.99$$
$$P(173.37<\mu<187.81)=0.99$$

该校八年级男生立定跳远成绩总体平均数 99%的置信区间为(173.37，187.81)。

第四节 假设检验的基本原理

利用样本信息，根据一定的概率，对总体参数或分布的某一假设做出拒绝或保留的决断，被称为假设检验。现以总体参数的假设检验为例，来简要地说明它的基本原理。

当对某个总体参数进行假设检验时，先从该总体中随机抽取一个样本，计算出样本统计量的值，并根据经验对相应的总体参数提出一个假设的具体值，形成一个假设。这个假设是说，这个样本是从假设的这一参数值的总体中抽取的一个随机样本，即这个样本来自该总体，而样本统计量的值与总体参数值之间的差异是由抽样误差造成的。根据这一假设，可以认为，像这样的一切可能样本统计量的值，应当以总体参数值(假设的)为中心，形成该样本统计量的一个抽样分布。如果这个随机样本统计量的值在其抽样分布上出现的概率较大，就没有理由拒绝这一假设，只好保留该假设，即只得承认样本统计量的值与总体参数值(假设的)的差异是由抽样误差造成的；如果这个随机样本统计量的值在其抽样分布上出现的概率极小，根据小概率事件在一次随机试验中几乎不可能发生的原理，不得不否认这个样本统计量的值来自这个总体参数的假设，同时也不得不承认样本统计量的值与总体参数值(假设的)的差异不是由抽样误差造成的，两者存在着本质差异，故称这个样本统计量的总体参数值与假设的总体

参数值(假设的具体值)存在显著差异。

一、假设

假设检验一般有两个相互对立的假设，即零假设(原假设、虚无假设、解消假设)和备择假设(研究假设、对立假设)。零假设就是关于当前样本所属的总体(或参数值)与假设的总体(或参数值)无区别的假设，零假设往往是研究者根据样本信息期待拒绝的假设，一般用 H_0 表示。备择假设是与零假设相互排斥的假设，是关于当前样本所属的总体(或参数值)与假设的总体(或参数值)有区别的假设，是研究者根据样本信息期待证实的假设，是根据样本信息否定了 H_0 时应该采取的假设，一般用 H_1 表示。

H_0 与 H_1 相互排斥，非此即彼，两个假设中肯定有一个而且只有一个是正确的。如果排除了一个假设，就得肯定另一个假设。假设检验是从 H_0 出发，根据样本信息考察其被拒绝的机会。如果根据样本信息不得不否认 H_0 的真实性，就不得不承认 H_1 假设的真实性，这时就要拒绝 H_0 而接受 H_1；如果根据样本信息不能否认 H_0 的真实性，就只得保留 H_0 而拒绝 H_1。从逻辑推理上看，假设检验采用的是反证法：与其直接证明 H_1 是正确的，不如找到证据排除 H_0，以间接证明 H_1 的真实性。

二、小概率事件

小概率事件就是发生概率很小的事件。样本统计量的值(随机事件)在其抽样分布上出现的概率小于或等于事先规定的水平，这时就表示小概率事件发生了。小概率事件原理认为：在一次随机试验中，小概率事件几乎不可能发生。假设检验正是基于小概率事件原理，对假设做出统计决断的。

在用样本统计量的值推断它的总体参数值时，要注意到在此之前已经对总体参数值提出了一个 H_0，即假设总体参数值等于某一具体值。现在是在假设 H_0 真实的前提下，来考察样本统计量的值在以假设的总体参数值为中心的抽样分布上的概率的。如果概率很大，则只好保留 H_0，不否认此样本来自假设的总体。如果概率很小，小到等于或小于事先规定的水平，这时就认为小概率事件发生了。而当概率足够小时，就可以作为在实际可能性上否定 H_0 的理由。因为根据小概率事件原理，在随机抽样条件下，一次试验抽到与总体参数值有这么大差异的样本的可能性极小，几乎是不可能发生的，于是不得不做出此样本不是来自假设的总体的结论，即不得不做出关于样本统计量所属总体参数值与假设的总体参数值有本质差异的结论。

三、显著性水平

样本统计量的值在以总体参数值为中心的抽样分布上出现的概率，小到什么程度才算小概率事件发生了？这是由研究者对于假设检验的结论所要达到的可靠程度决定的。一般设定以下两种水平：一种是把概率小于或等于 0.05 的事件作为小概率事件；另一种是把概率小于或等于 0.01 的事件作为小概率事件。如果研究者在 0.05(0.01)的水平上对 H_0 进行检验，那么，只要样本统计量的值在抽样分布上出现的概率等于或小于 0.05(0.01)，即样本统计量的值落入了拒绝区域(图 4.2 中的阴影部分)，就认为小概率事件发生了，应该拒绝 H_0。统计学中把拒绝 H_0 的概率值称为显著性水平，也就是小概率事件的概率值，用 $\alpha=0.05$ 或 $\alpha=0.01$ 表示。也可以说，显著性水平是拒绝 H_0 时可能犯错误的概率。显著性水平越高(α 值越小)，越不容易拒绝 H_0，拒绝 H_0 犯错误的可能性越小，推断的可靠性越大；显著性水平越低(α 值越大)，越容易拒绝 H_0，拒绝 H_0 犯错误的可能性越大，推断的可靠性越小。如果在 0.05 显著性水平上拒绝 H_0，则拒绝 H_0 犯错误的可能性有 5%；如果在 0.01 显著性水平上拒绝 H_0，则拒绝 H_0 犯错误的可能性只有 1%。

如果将拒绝性概率分置于理论抽样分布的两侧，则被称为双侧检验，如图 4.2(a)所示。如果将拒绝性概率置于一侧(右侧或左侧)，则被称为单侧检验。图 4.2(b)为右侧检验，图 4.2(c)为左侧检验。至于在什么情况下用哪种检验形式，后面的章节将结合具体问题加以说明。

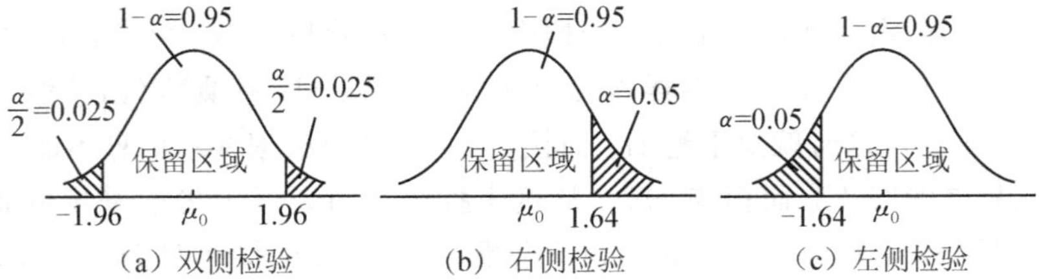

图 4.2 $\alpha=0.05$ 时拒绝区域(阴影部分)的三种不同位置

四、统计决断的两种错误

由于假设检验是根据具有随机性质的样本统计量来推断总体参数的，最终的决断是基于小概率事件的概率值做出的，所以无论做出什么决断，都有犯某种错误的风险。总体参数的假设检验有可能犯以下两种错误。一种是 H_0 属真而被拒绝的错误，即样本统计量的总体参数值正是假设的某一具体值，但是由于样本统计量的值落入了拒绝区域，因此 H_0 遭到拒绝。这类错误被称为“Ⅰ型错误”或“拒真错误”，犯这类错误的可能性的大小是研究者在假设检验之前所确定的甘愿犯“H_0 属真而被拒绝”的错误的概率，即 α 值的大小。若在 0.05 显著性水平上拒绝 H_0，则犯Ⅰ型错误的概率为 5%；若在 0.01 显著性水平上拒绝 H_0，则犯Ⅰ型错误的概率为 1%。由于犯Ⅰ型错误的概率等于 α 值，故这种错误又称 α 错误。另一种错误是 H_0 属伪而被保留的错误，即样本统计量的总体参数值不是假设的某一具体值，但是由于样本统计量的值没有落入拒绝区域，因此只得保留 H_0。这类错误被称作“Ⅱ型错误”或“纳伪错误”。与Ⅰ型错误又被称为 α 错误相对应，Ⅱ型错误又被称为 β 错误，β 就是犯Ⅱ型错误的概率。

在假设检验中，研究者期待拒绝 H_0。当 H_0 属伪而将其判断为真(保留 H_0)，这是一种错误的决断，其概率为 β；当 H_0 属伪而将其判断为伪(拒绝 H_0)，这是一种正确的决断，其概率为 $1-\beta$。$1-\beta$ 在统计学中被称为统计检验力(power of test)，即假设检验中正确拒绝 H_0 的概率，它是反映假设检验可靠性的重要指标。统计检验力与 β 存在一种互补关系：β 越大，统计检验力越低；β 越小，统计检验力越高。

影响 β 大小的因素主要有以下四个。

第一个因素是假设的参数值与真实的参数值的差异。当假设的伪值(H_0 所预设

的参数值 μ_0)与实际的真值(H_1 所预设的参数值 μ)的差异越小，两个分布重叠的区域越大，在同一 α 水平下 β 越大，见图 4.3(a)。当假设的伪值与实际的真值的差异越大，两个分布重叠的区域越小，在同一 α 水平下 β 越小，见图 4.3(b)。这个道理很简单，当假设的参数值离真实的参数值很近，真伪难辨时，人们更可能以伪当真(犯纳伪错误)，正确拒绝 H_0 的概率($1-\beta$)自然就小。

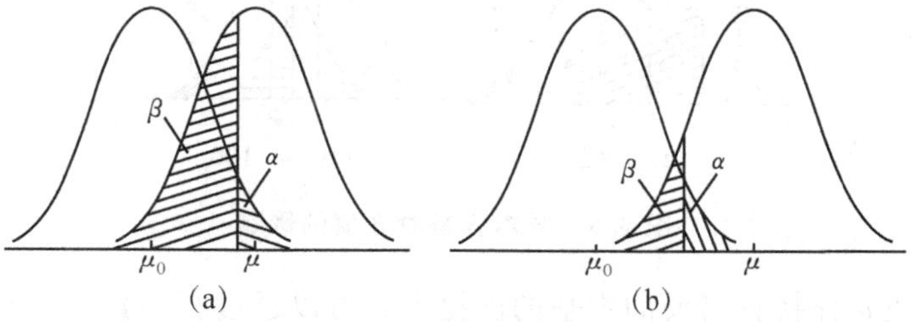

图 4.3 假设的参数值与真实的参数值的差异对 β 值的影响

第二个因素是 α 值的大小。α 错误与 β 错误之间有一种交替的关系：若 α 值增大，即降低显著性水平，则在可以减小不真实假设被保留的概率的同时，却增大了真实假设被拒绝的概率，即减小犯纳伪错误概率的同时增大了犯拒真错误的概率；若 α 值减小，即提高显著性水平，则在可以减小属真假设被拒绝概率的同时，却增大了不真实的假设被保留的概率，即减小犯拒真错误概率的同时增加了犯纳伪错误的概率。在图 4.4 中，以单侧(右侧)检验为例，图 4.4(a)中 α 值较小，则 β 值较大，图 4.4(b)中 α 值较大，则 β 值较小。

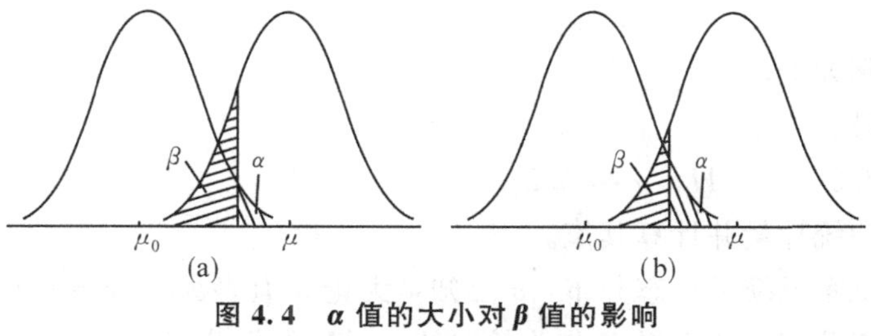

图 4.4 α 值的大小对 β 值的影响

第三个因素是检验的方向性。例如，图 4.5 展示了当真实的参数值小于假设的参数值($\mu<\mu_0$)时，在同一 α 下，将拒绝区域(图 4.5 中的黑色部分)安排在不同位置带来的 β 值的变化。若将拒绝区域放在左侧，β 值最小，见图 4.5(a)；若放在两侧，β 值次之，见图 4.5(b)；若放在右侧，β 值最大，见图 4.5(c)。

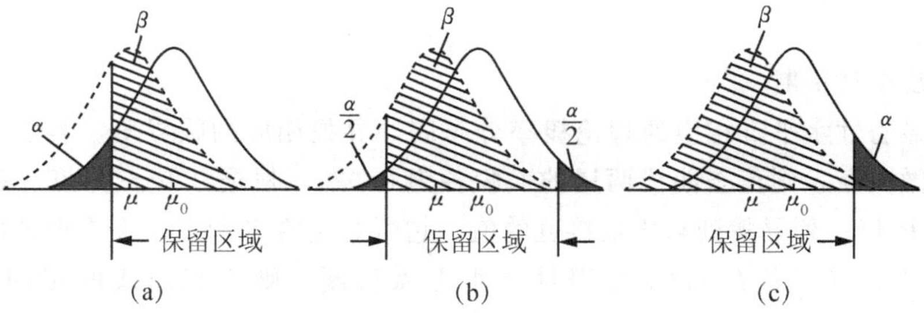

图 4.5 检验的方向性对 β 值的影响

第四个因素是样本容量。样本容量越大，抽样误差越小，即 n 越大，$\sigma/\sqrt{n}$ 越小，抽样分布的形态越高狭陡峭，两侧的面积越小，β 值也就越小。从图 4.6 中来看，比起 $n=25$，当 $n=100$ 时 β 值要小得多。

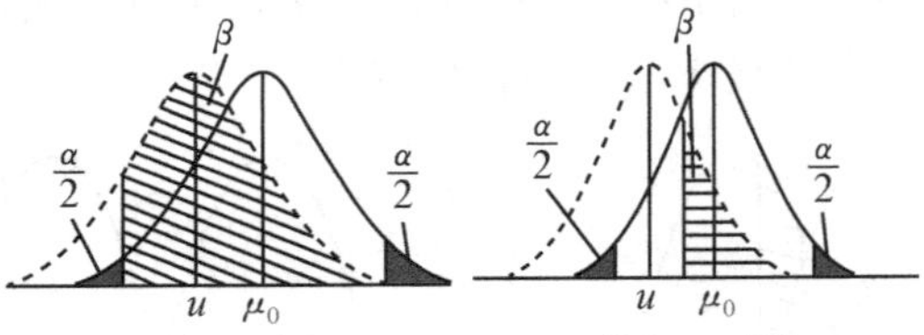

图 4.6 样本容量对 β 值的影响

因此，在使 α 保持在需要的水平的前提下，可以通过利用真实的参数值与假设的参数值的关系合理安排拒绝区域的位置，或通过增大样本容量、减小抽样误差两种方法提高统计检验力。

第五节 总体平均数的显著性检验

一、σ 已知条件下总体平均数的显著性检验

【例 4】 某市八年级学生参加英语统考，已知考试成绩呈正态分布，根据往年经验，这一考试的总平均分为 78.2 分，标准差为 11.8 分。今年统考后随机抽取了 25 份试卷，计算得平均分为 81.4 分。试问该市今年八年级学生的英语统考成绩是否与往年一样？

检验的步骤如下。

①提出假设。

$H_0: \mu=78.2 \qquad H_1: \mu\neq 78.2$

②选择检验统计量并计算其值。

由于英语统考成绩呈正态分布，σ 已知，无论 n 有多大，样本平均数的标准记分均服从标准正态分布，故选择 Z 作为检验统计量，根据公式(4.3)：

$$Z=\frac{\overline{X}-\mu}{\sigma/\sqrt{n}}=\frac{81.4-78.2}{11.8/\sqrt{25}}=1.36$$

③确定检验形式。

因为没有资料说明今年八年级学生的英语统考成绩是高于还是低于往年，故采用双侧检验。

④做出统计决断。

根据显著性水平查相应的理论概率分布表，寻找相应的临界值。若在 0.05 显著性水平上做决断，则正态曲线两尾的面积各为 0.025，根据 0.5－0.025＝0.475，在附表 1 中 P 值一列寻找到与之最接近的值，它所对应的 Z 值就是左右两侧的临界值，即 $Z_{0.05}=\pm 1.96$；若在 0.01 显著性水平上做决断，则正态曲线两尾的面积各为 0.005，根据 0.5－0.005＝0.495，在附表 1 中 P 值一列寻找到与之最接近的值，它

所对应的 Z 值就是左右两侧的临界值，即 $Z_{0.01}=\pm 2.58$。

将实际计算出的检验统计量的值与查表所得的临界值进行比较，再根据决断规则对 H_0 做出拒绝或接受的决断。表 4.2 是双侧 Z 检验统计决断规则表。

如果实际计算出的 $|Z|<Z_{0.05}$，表明样本统计量的值未落入拒绝区域。也就是说，样本平均数在其抽样分布上出现的概率大于事先指定的概率值 0.05(小概率事件没有发生)，即 $P>0.05$，其检验结果是接受 H_0 而拒绝 H_1，意思是样本所属的总体平均数与假设的具体值无显著差异。

如果实际计算出的 $Z_{0.05}\leqslant|Z|<Z_{0.01}$，表明样本统计量的值在 0.05 显著性水平上落入了拒绝区域，而在 0.01 显著性水平上未落入拒绝区域。也就是说，样本平均数在其抽样分布上的概率等于或小于 0.05 而大于 0.01，即 $0.01<P\leqslant 0.05$，其检验结果是在 0.05 显著性水平上拒绝 H_0 而接受 H_1，意思是样本所属的总体平均数与假设的具体值有显著差异，常在实际计算出的 Z 值右上角标注“*”。

如果实际计算出的 $|Z|\geqslant Z_{0.01}$，表明样本统计量的值在 0.01 显著性水平上落入拒绝区域。也就是说，样本平均数在其抽样分布上出现的概率等于或小于 0.01，即 $P\leqslant 0.01$，其检验结果是在 0.01 显著性水平上拒绝 H_0 而接受 H_1，意思是样本所属的总体平均数与假设的具体值有显著差异，常在实际计算出的 Z 值右上角标注“* *”。

表 4.2　双侧 Z 检验统计决断规则

$\|Z\|$ 与临界值的比较	P 值	检验结果
$\|Z\|<Z_{0.05}$	$P>0.05$	接受 H_0 而拒绝 H_1
$Z_{0.05}\leqslant\|Z\|<Z_{0.01}$	$0.01<P\leqslant 0.05$	在 0.05 显著性水平上拒绝 H_0 而接受 H_1
$\|Z\|\geqslant Z_{0.01}$	$P\leqslant 0.01$	在 0.01 显著性水平上拒绝 H_0 而接受 H_1

本例实际计算出的 $|Z|=1.36<Z_{0.05}$，则 $P>0.05$，故接受 H_0 而拒绝 H_1。结论：该市今年八年级学生的英语统考成绩与往年无显著差异。

【例 5】 某市九年级计算机统考平均成绩是 66.7 分，标准差是 12.8 分，该市某校一个计算机特长班的 48 名学生在本次统考中的平均成绩为 71.9 分。问此次统考该班平均成绩是否显著高于全市平均成绩？

检验的步骤如下。

①提出假设。

$H_0:\mu\leqslant 66.7$　　　$H_1:\mu>66.7$

②选择检验统计量并计算其值。

假定计算机特长班 48 名学生的计算机统考成绩是从正态总体中抽取的随机样本，并已知 $\sigma=12.8$，无论 n 有多大，样本平均数的标准记分均服从标准正态分布，故选择 Z 作为检验统计量，根据公式(4.3)：

$$Z=\frac{\overline{X}-\mu}{\sigma/\sqrt{n}}=\frac{71.9-66.7}{12.8/\sqrt{48}}=2.81$$

③确定检验形式。

根据假设的形式应当采用右侧检验。

④做出统计决断。

本例中实际计算出的 $Z=2.81^{**}>2.33=Z_{0.01}$，根据单侧 Z 检验统计决断规则(表 4.3)，则 $P<0.01$，于是在 0.01 显著性水平上拒绝 H_0 而接受 H_1。结论：此次统考该班平均成绩显著高于全市平均成绩。

表 4.3 单侧 Z 检验统计决断规则

$\|Z\|$ 与临界值的比较	P 值	检验结果
$\|Z\|<Z_{0.05}$	$P>0.05$	接受 H_0 而拒绝 H_1
$Z_{0.05}\leqslant\|Z\|<Z_{0.01}$	$0.01<P\leqslant0.05$	在 0.05 显著性水平上拒绝 H_0 而接受 H_1
$\|Z\|\geqslant Z_{0.01}$	$P\leqslant0.01$	在 0.01 显著性水平上拒绝 H_0 而接受 H_1

二、σ 未知条件下总体平均数的显著性检验

(一)小样本的情况

【例 6】 某县小学五年级数学统考平均分为 72.8 分，该县某校 18 名五年级学生此次数学统考平均成绩为 69.1 分，标准差为 11.6 分，问该校五年级学生此次数学统考成绩与全县相比是否有显著差异?

检验的步骤如下。

①提出假设。

$H_0:\mu=72.8$ $\quad\quad$ $H_1:\mu\neq72.8$

②选择检验统计量并计算其值。

假定该校 18 名五年级学生的数学统考成绩是从正态总体中抽取的随机样本，而 σ 未知，$n=18$，属于小样本。在这种抽样条件下，样本平均数的标准记分服从 t 分布，于是选择 t 作为检验统计量，根据公式(4.5)计算检验统计量的值。

在本例中，$S=\sqrt{\frac{n}{n-1}}\sigma_X=\sqrt{\frac{18}{17}}\times11.6=11.936$，代入公式计算得

$$t=\frac{\overline{X}-\mu}{S/\sqrt{n}}=\frac{69.1-72.8}{11.936/\sqrt{18}}=-1.315$$

③确定检验形式。

因为没有资料表明该校五年级学生此次数学统考成绩是高于还是低于全县统考成绩，故采用双侧检验。

④做出统计决断。

根据 $df=n-1=18-1=17$，查附表 2 的 $P(2)$，得 $t_{(17)0.05}=2.110$。实际计算出的 $|t|=1.315<t_{(17)0.05}$，根据 t 检验统计决断规则(表 4.4)，则 $P>0.05$，故接受 H_0 而拒绝 H_1。结论：该校五年级学生此次数学统考成绩与全县相比没有显著差异。

表 4.4　t 检验统计决断规则

$\|t\|$ 与临界值的比较	P 值	检验结果
$\|t\|<t_{(df)0.05}$	$P>0.05$	接受 H_0 而拒绝 H_1
$t_{(df)0.05}\leqslant\|t\|<t_{(df)0.01}$	$0.01<P\leqslant0.05$	在 0.05 显著性水平上拒绝 H_0 而接受 H_1
$\|t\|\geqslant t_{(df)0.01}$	$P\leqslant0.01$	在 0.01 显著性水平上拒绝 H_0 而接受 H_1

(二)大样本的情况

【例 7】 某小学个人卫生的平均得分为 52.8 分，从三年级抽取的 40 名学生的平均得分为 50.1 分，标准差是 7.8 分，问三年级学生的卫生得分是否低于全校平均水平？

检验的步骤如下。

①提出假设。

$H_0:\mu\geqslant52.8$　　　$H_1:\mu<52.8$

②选择检验统计量并计算其值。

假定三年级 40 名学生的卫生得分是从正态总体中抽取的随机样本，而 σ 未知，故样本平均数的标准记分呈 t 分布。但由于 $n=40$，属于大样本，因此 t 分布接近标准正态分布，故可用正态分布近似处理，即 $t=\dfrac{\overline{X}-\mu}{S_{\overline{X}}}\approx Z=\dfrac{\overline{X}-\mu}{\sigma_{\overline{X}}}$，其中 $S_{\overline{X}}=S\sqrt{n}=\sigma_X/\sqrt{n-1}$（由于 n 较大，分母中 n 减 1 与不减 1 相差不多，也可以不减 1），代入数据得

$$Z=\frac{\overline{X}-\mu}{\sigma_X/\sqrt{n}}=\frac{50.1-52.8}{7.8/\sqrt{40}}=-2.19$$

③确定检验形式。

根据假设的形式应该采用左侧检验。

④做出统计决断。

由于 $|Z|=2.19$，$Z_{0.05}<|Z|<Z_{0.01}$，根据单侧 Z 检验统计决断规则(表 4.3)，则 $0.01<P<0.05$，于是在 0.05 显著性水平上拒绝 H_0 而接受 H_1。结论：三年级学生的卫生得分显著低于全校平均水平。

从本章总体平均数的推断中可以看出，总体参数区间估计和假设检验都是对总体参数的推断统计。在条件相同的情况下，它们用的是同一个统计量函数。不同之处在于，区间估计对总体参数并不事先提出一个假设的值，而假设检验对总体参数事先提出一个假设的值，然后根据样本信息考察其被拒绝的机会如何。

练习题

1. 影响样本对总体代表性的主要因素有哪些？
2. 什么是分层抽样？在什么情况下要采用分层抽样？
3. 举例说明什么是总体分布、样本分布与抽样分布。
4. 平均数的标准误与总体标准差、样本容量有什么关系？

5. 平均数抽样分布的形态与哪些因素有关?

6. t 分布与 Z 分布有何异同点?

7. 举例说明什么叫总体参数的无偏估计量、有效性估计量、一致性估计量。

8. 某小学一年级新生体重历年来的标准差为 3.7 kg。现从今年一年级新生中抽取 20 人，测得平均体重为 23.8 kg。试求平均体重的标准误，并估计该校今年一年级新生体重 95%的置信区间。

9. 从某校九年级学生英语测验分数中抽取的 12 个分数为 74，64，65，70，56，79，84，88，75，72，94，81。试求该校九年级学生此次测验总体平均成绩 95%与 99%的置信区间。

10. 从某县八年级数学测验试卷中抽取 66 份试卷，算得平均成绩为 68.9 分，标准差为 12.4 分。求平均成绩的标准误，并估计全县此次数学测验总体平均成绩 99%的置信区间。

11. 试述总体参数显著性检验的基本原理。

12. 什么是零假设与备择假设? 两者有什么关系?

13. 什么是小概率事件原理?

14. 什么叫 α 错误和 β 错误?

15. 什么叫统计检验力? 影响统计检验力的因素有哪些?

16. 某市 10 岁女童的平均身高为 138.87 cm，标准差为 5.63 cm，该市某校 72 名 10 岁女童的平均身高为 140.02 cm。问该校 10 岁女童的身高是否与全市一样?

17. 某县某年数学高考平均分为 94.7 分，标准差为 28.8 分，某校理科实验班 25 名学生这一年的数学高考平均分为 118.4 分。问该校理科实验班的数学高考成绩是否显著高于全县平均水平?

18. 某校高中一年级英语测验的平均分为 75 分，从该校高一(1)班抽取的 12 份试卷的分数为 86，78，72，69，74，95，80，85，71，84，97，66。问该班英语测验的成绩是否与全校一样?

19. 某县九年级计算机操作统一考试的平均分为 78.1 分，该县某中学 120 名九年级学生在此次考试中的平均分为 73.2 分，标准差为 10.4 分。问该校此次考试的成绩是否低于全县平均水平?

第五章　平均数差异的显著性检验

上一章所讲的总体平均数的显著性检验，是根据单个样本平均数来假设与检验总体平均数差异的显著性的。本章介绍根据两个样本的平均数来假设与检验两个相应总体平均数差异的显著性。根据两个样本的关联情况，两个总体平均数差异的显著性检验可分为两类：一类是配对样本平均数差异的显著性检验，另一类是独立样本平均数差异的显著性检验。

以下两种情况的样本属配对样本：一种是只有一组被试，每个被试参加两次测验，贡献两个数据，两次测验的得分各作为一个样本，这种对同一组被试重复测量所获得的两组数据就属于配对样本，如实验设计中的前、后测数据；另一种是根据某些条件相同的原则把被试一一配对，然后将每对被试随机地分入实验组与对照组，给予两组被试不同的实验处理，再用同一个测验对两组进行测试，这种配对设计所获得的两组数据也属于配对样本。对配对样本所来自的总体平均数差异的显著性检验，又称为被试内检验。

如果有两组被试，两组被试没有联系，对每个被试只进行一次测验，那么所获得的这两组数据就属于独立样本。对独立样本所来自的两总体平均数差异的显著性检验，又称为被试间检验。

第一节　配对样本平均数差异的显著性检验

一、配对样本平均数差异显著性检验的基本原理

以同一组被试前、后测设计为例，介绍配对样本平均数差异显著性检验的基本原理。先做出两配对样本所来自的总体平均数无差异的假设，即就总体而言，同一组被试前、后测得分没有差异。每个被试都有一个前测分数和一个后测分数，用后测分数减去前测分数，就得到了一个前、后测分数之差。对于有的被试来说，后测分数等于前测分数，前、后测分数的差数等于零；有的被试后测分数高于前测分数，差数为正值；有的被试后测分数低于前测分数，差数为负值。但就总体而言，正值与负值相互抵消，所有成对数据的差数的平均数为零，即总体差数的平均数为零。现在假设从这个被试总体中随机抽取样本，同样每个被试都有一个前、后测分数之差，可以计算出所抽取样本的成对数据的差数平均数。如果重复上述程序，从总体中抽取成对数据，求后测与前测分数之差，再对差数求平均数，就能够得到这些样本的差数平均数的抽样分布。接下来要考察实际抽取的样本的差数平均数，在这个以总体的差数平均数(等于零)为中心的抽样分布上的概率。如果样本的差数平均数的绝对值较大，大到在其抽样分布上的概率足够小，就可作为在实际可能性上拒绝 H_0 的理由，于是应当拒绝 H_0 而接受 H_1。这意味着样本的差数平均数不来自差数平均数为零的总体，即

就总体而言，前、后测分数存在着本质差异。如果样本的差数平均数的绝对值较小，在其抽样分布上的概率较大，那么只好接受 H_0 而拒绝 H_1。这意味着样本的差数平均数来自差数平均数为零的总体，即就总体而言，前、后测分数没有本质差异，样本的差数平均数不为零是由抽样误差导致的。

由此可见，配对样本平均数差异的显著性检验与单个样本平均数的显著性检验的原理相同，只不过单个样本平均数的显著性检验是对样本平均数是否来自总体平均数为某一具体值进行假设检验（H_0 是样本所来自的总体的平均数等于某一具体值），而配对样本平均数差异的显著性是对样本的差数平均数是否来自总体的差数平均数为零进行假设检验（H_0 是样本所来自的总体的参数的平均数等于 0）。因此，配对样本平均数差异的显著性检验又称作差数平均数的显著性检验。

二、差数平均数抽样分布的形态

与样本平均数的抽样分布形态类似，当差数的总体呈正态分布，差数的总体标准差已知时，一切可能样本的差数平均数也呈正态分布，其标准记分呈标准正态分布，公式为

$$Z=\frac{\overline{D}-\mu_D}{\sigma_{\overline{D}}}=\frac{\overline{D}-\mu_D}{\frac{\sigma_D}{\sqrt{n}}} \tag{5.1}$$

式中，Z 表示样本的差数平均数的标准记分；$\overline{D}$ 表示样本的差数平均数；D 表示差数；$\sigma_{\overline{D}}$ 表示差数平均数的标准误；μ_D 表示总体的差数平均数；σ_D 表示差数的总体标准差；n 表示样本容量。

σ_D 一般是未知的，需要用样本的差数的标准差来估计。因此，配对样本平均数差异的显著性检验几乎用不到公式(5.1)。

当差数的总体呈正态分布，σ_D 未知时，需要用 σ_D 的无偏估计量 S_D 来代替，于是 $\sigma_{\overline{D}}$ 也被 $S_{\overline{D}}$ 代替，这时一切样本的差数平均数的标准记分呈 t 分布，公式为

$$t=\frac{\overline{D}-\mu_D}{S_{\overline{D}}}=\frac{\overline{D}-\mu_D}{\frac{S_D}{\sqrt{n}}} \tag{5.2}$$

式中，t 表示样本的差数平均数的标准记分；$\overline{D}$ 表示样本的差数平均数；μ_D 表示总体的差数平均数；$S_{\overline{D}}$ 表示 $\sigma_{\overline{D}}$ 的标准误；S_D 表示 σ_D 的无偏估计量；n 表示样本容量。

这样，只要在检验之前计算出成对数据的差数，就可以仿效单个样本平均数的显著性检验的方法，来进行配对样本平均数差异的显著性检验了。

三、匹配组平均数差异的显著性检验

【例 1】 为了揭示小学二年级识字教学法的效果是否有显著差异，根据学生的智力水平、努力程度、识字量多少、家庭辅导力量等条件基本相同的原则，将 20 名学生匹配成 10 对，然后将每对学生随机地分入实验组与对照组。实验组施以分散识字教学法，而对照组施以集中识字教学法，后期统一测验结果如表 5.1 第 2、第 3 列所示。问两种教学法的效果是否有显著差异？

每对学生的分数都有一个差数($D=X_1-X_2$)，如表5.1的第4列所示。假如两种识字教学法的效果没有本质差异，则两组测验分数的差数的总体平均数应该等于零。也就是说，两个总体平均数之差应该等于零，而在样本中两组测验分数之差的平均数不等于零，这仅仅是由抽样误差导致的。

表5.1　实验组和对照组的测验分数及其差数

对别	实验组(X_1)	对照组(X_2)	差数($D=X_1-X_2$)
1	93	76	17
2	72	74	−2
3	91	80	11
4	65	52	13
5	81	63	18
6	77	62	15
7	89	82	7
8	84	85	−1
9	73	64	9
10	70	72	−2

检验的步骤如下。

①提出假设。

$H_0:\mu_D=0(\mu_1=\mu_2)$　　　$H_1:\mu_D\neq 0(\mu_1\neq\mu_2)$

②选择检验统计量并计算其值。

假定两种识字教学法的测验分数是从正态总体中随机抽出的配对样本，它们的差数的总体也呈正态分布，而σ_D未知，$n=10$，属小样本，于是样本的差数平均数的标准记分呈t分布，选择t作为检验统计量，应用公式(5.2)计算其值。

根据$\overline{D}=\dfrac{\sum D}{n}$及$S_D=\sqrt{\dfrac{\sum(D-\overline{D})^2}{n-1}}$，求得$\overline{D}=8.5$，$S_D=7.778$。将数据代入公式(5.2)，则$t=\dfrac{8.5-0}{7.778/\sqrt{10}}=3.456$

③确定检验形式。

由于没有资料说明哪种识字教学法的效果更好，故采用双侧检验。

④做出统计决断。

根据$df=n-1=10-1=9$，查t值表(附表2)的$P(2)$，得$t_{(9)0.05}=2.262$，$t_{(9)0.01}=3.250$。实际计算出的$|t|=3.456^{**}>t_{(9)0.01}$，根据$t$检验统计决断规则(表4.4)，则$P<0.01$，故在0.01显著性水平上拒绝$H_0$而接受$H_1$。结论：分散识字教学法与集中识字教学法的效果存在显著差异。

四、同一组被试重复测量的平均数差异的显著性检验

【例2】　对32人进行为期3天的集中射击训练，训练前后的测验分数如表5.2的

第 2 列、第 3 列所示，两者的差数如表 5.2 的第 4 列所示，问 3 天的集中射击训练有无显著效果?

表 5.2　32 人的射击小组训练前后的测验分数与差数

序号	训练前(X_1)	训练后(X_2)	差数($D=X_2-X_1$)
1	40	42	2
2	35	38	3
3	56	53	−3
4	41	49	8
5	21	24	3
6	60	54	−6
7	34	43	9
8	40	51	11
9	64	60	−4
10	39	47	8
11	15	12	−3
12	30	32	2
13	61	65	4
14	58	48	−10
15	52	54	2
16	58	62	4
17	44	50	6
18	26	25	−1
19	59	63	4
20	37	45	8
21	32	39	7
22	53	48	−5
23	56	66	10
24	54	57	3
25	36	20	−16
26	42	60	18
27	44	51	7
28	23	28	5
29	30	34	4
30	68	62	−6

续表

序号	训练前(X_1)	训练后(X_2)	差数($D=X_2-X_1$)
31	60	60	0
32	45	49	4

检验的步骤如下。

①提出假设。

$H_0:\mu_D\leqslant 0(\mu_2\leqslant\mu_1)$　　　　$H_1:\mu_D>0(\mu_2>\mu_1)$

②选择检验统计量并计算其值。

假定训练前后的射击分数是从正态总体中随机抽取的配对样本，它们差数的总体也呈正态分布，而 σ_D 未知，于是样本的差数平均数的标准记分呈 t 分布，但 $n=32$，属大样本，也可以采用 Z 检验近似处理，即 $t=\dfrac{\overline{D}-\mu_D}{S_D/\sqrt{n}}\approx Z$。

根据 $\overline{D}=\dfrac{\sum D}{n}$ 及 $S_D=\sqrt{\dfrac{\sum(D-\overline{D})^2}{n-1}}$，求得 $\overline{D}=2.438$，$S_D=6.705$，则 $Z\approx\dfrac{2.438-0}{6.705/\sqrt{32}}=2.06$。

③确定检验形式。

根据假设的形式采用右侧检验。

④做出统计决断。

本例中实际计算出的 $Z=2.06$，$Z_{0.05}<Z<Z_{0.01}$，根据单侧 Z 检验统计决断规则(表 4.3)，则 $0.01<P<0.05$，故在 0.05 显著性水平上拒绝 H_0 而接受 H_1。结论：3 天的集中射击训练有显著效果。

第二节　独立样本平均数差异的显著性检验

一、独立样本平均数差异显著性检验的基本原理

先做出两独立样本来自总体平均数无差异的 H_0。假定这两个变量分别为 X_1，X_2，其总体平均数分别为 μ_1，μ_2。现在假设每次从总体 X_1 中随机抽取一个容量为 n_1 的样本，从总体 X_2 中随机抽取容量为 n_2 的样本(n_1 与 n_2 可以相等，也可以不相等)，两样本平均数分别为 $\overline{X}_1$ 与 $\overline{X}_2$，这样可以计算出两样本平均数之差($\overline{X}_1-\overline{X}_2$)。重复上述程序，每次都可以得到两样本平均数之差，这些样本平均数之差形成了以总体平均数之差($\mu_1-\mu_2=0$)为中心的抽样分布。接下来要考察实际抽取的样本平均数之差在其抽样分布上的概率。如果两样本平均数之差相当大，大到在其抽样分布上出现的概率足够小，就可获得在实际可能性上拒绝 H_0 的理由，于是应当拒绝 H_0 而接受 H_1。这意味着两样本平均数之差不来自两总体平均数之差为零的总体，即两总体平均数之间确实存在本质差异，两样本平均数之差是由两相应总体平均数之差不同导致的。如果两样本平均数之差较小，在其抽样分布上的概率较大，那么只好接受

H_0 而拒绝 H_1。这意味着两样本平均数之差来自两总体平均数之差为零的总体，即两样本平均数来自平均数相等的总体，两样本平均数之差是由抽样误差导致的。因此，独立样本平均数差异的显著性检验又称作平均数之差的显著性检验。

这里要注意：配对样本平均数差异的显著性检验要先计算每对数据之差(D)，然后求这些差数的平均数($\overline{D}$)；而独立样本平均数差异的显著性检验要先分别计算每个样本的平均数($\overline{X}_1$，$\overline{X}_2$)，然后计算平均数之差($\overline{X}_1-\overline{X}_2$)。

二、平均数之差的抽样分布形态

方差的一个重要性质是当两个变量相互独立时，其和(差)的方差等于各自方差之和。若 X_1，X_2 相互独立，则两者的方差分别为 σ_1^2，σ_2^2。假定从总体 X_1 中随机抽取容量为 n_1 的样本，从总体 X_2 中随机抽取容量为 n_2 的样本，那么两样本平均数 $\overline{X}_1$，$\overline{X}_2$ 也相互独立。根据样本平均数的抽样分布理论，$\overline{X}_1$ 的方差为$\frac{\sigma_1^2}{n_1}$，$\overline{X}_2$ 的方差为$\frac{\sigma_2^2}{n_2}$，因此两样本平均数之差在抽样分布上的方差为 $\sigma_{\overline{X}_1-\overline{X}_2}^2=\frac{\sigma_1^2}{n_1}+\frac{\sigma_2^2}{n_2}$。将两边开平方，则可以得到样本平均数之差在抽样分布上的标准差，即 $\sigma_{\overline{X}_1-\overline{X}_2}=\sqrt{\frac{\sigma_1^2}{n_1}+\frac{\sigma_2^2}{n_2}}$。

当两总体呈正态分布，两总体的方差均已知时，样本平均数之差的抽样分布呈正态分布。这个抽样分布的平均数等于两总体平均数之差，即 $\mu_{\overline{X}_1-\overline{X}_2}=\mu_1-\mu_2$，这个抽样分布的标准差为 $\sigma_{\overline{X}_1-\overline{X}_2}=\sqrt{\frac{\sigma_1^2}{n_1}+\frac{\sigma_2^2}{n_2}}$。这样，样本平均数之差的标准记分呈标准正态分布，公式为

$$Z=\frac{(\overline{X}_1-\overline{X}_2)-(\mu_1-\mu_2)}{\sqrt{\frac{\sigma_1^2}{n_1}+\frac{\sigma_2^2}{n_2}}} \tag{5.3}$$

式中，$\overline{X}_1$，$\overline{X}_2$ 分别表示第一个样本与第二个样本的平均数；μ_1，μ_2 分别表示第一个总体与第二个总体的平均数；σ_1，σ_2 分别表示第一个总体与第二个总体的标准差；n_1，n_2 分别表示第一个样本与第二个样本的容量。

当两总体呈正态分布时，两总体方差未知，两样本为独立小样本(n_1 与 n_2 至少有一个小于 30)，样本平均数之差的标准记分呈 t 分布，公式为

$$t=\frac{(\overline{X}_1-\overline{X}_2)-(\mu_1-\mu_2)}{S_{\overline{X}_1-\overline{X}_2}} \tag{5.4}$$

当两总体标准差未知时，两独立样本平均数之差的标准误 $S_{\overline{X}_1-\overline{X}_2}$ 需要用两总体标准差的无偏估计量 S_1 与 S_2 来联合估计。

我们知道，当两个总体标准差已知时，两个独立样本平均数之差的标准误为 $\sigma_{\overline{X}_1-\overline{X}_2}=\sqrt{\frac{\sigma_1^2}{n_1}+\frac{\sigma_2^2}{n_2}}$。当 $\sigma_1^2=\sigma_2^2$ 时，若两总体方差均为 σ^2，则前式变形为

$$\sigma_{\overline{X}_1-\overline{X}_2}=\sqrt{\sigma^2\left(\frac{1}{n_1}+\frac{1}{n_2}\right)} \tag{5.5}$$

若σ^2未知，两总体方差的无偏估计量S_1^2与S_2^2均可以作为它的无偏估计量，但仅使用其中的一个不够准确，需要通过加权合成的方式将S_1^2与S_2^2联合起来共同估计σ^2，其估计量称为汇合方差(pooled variance)。对S_1^2，S_2^2各自的自由度n_1-1，n_2-1进行加权，则汇合方差为

$$S^2=\frac{S_1^2(n_1-1)+S_2^2(n_2-1)}{(n_1-1)+(n_2-1)} \tag{5.6}$$

于是，独立样本平均数之差的标准误为

$$S_{\overline{X}_1-\overline{X}_2}=\sqrt{\frac{(n_1-1)S_1^2+(n_2-1)S_2^2}{n_1+n_2-2}\left(\frac{1}{n_1}+\frac{1}{n_2}\right)} \tag{5.7}$$

这样，公式(5.4)可写成

$$t=\frac{(\overline{X}_1-\overline{X}_2)-(\mu_1-\mu_2)}{\sqrt{\frac{(n_1-1)S_1^2+(n_2-1)S_2^2}{n_1+n_2-2}\left(\frac{1}{n_1}+\frac{1}{n_2}\right)}} \tag{5.8}$$

式中，$\overline{X}_1$，$\overline{X}_2$分别表示第一个样本与第二个样本的平均数；μ_1，μ_2分别表示第一个总体与第二个总体的平均数；S_1，S_2分别表示第一个总体与第二个总体标准差的无偏估计量；n_1，n_2分别表示第一个样本与第二个样本的容量。

这个t分布的自由度为n_1+n_2-2，即$df=(n_1-1)+(n_2-1)=n_1+n_2-2$。这是因为在汇合方差的估计中用到了两个统计量，受到$\sum(X_1-\overline{X}_1)=0$与$\sum(X_2-\overline{X}_2)=0$两重限制。

这里要注意：总体方差未知的两个独立样本，无论样本容量有多大，平均数之差的标准误都要用上述汇合方差来表示。而汇合方差以两个相应总体的方差相等($\sigma_1^2=\sigma_2^2$)为前提，所以在进行独立样本平均数差异的显著性检验之前，理应先进行两总体方差是否相等的方差齐性检验。如果检验结果是两总体方差不等，则两独立样本平均数之差的标准记分呈t'分布，这会在本节后文中介绍。

当两总体呈正态分布，两总体标准差未知，但两样本为独立大样本(n_1与n_2均大于30)时，可分别用两总体方差的无偏估计量S_1，S_2表示两总体标准差σ_1，σ_2。在这种抽样条件下，两独立样本平均数之差的标准记分接近标准正态分布，公式为

$$Z=\frac{(\overline{X}_1-\overline{X}_2)-(\mu_1-\mu_2)}{\sqrt{\frac{S_1^2}{n_1}+\frac{S_2^2}{n_2}}} \tag{5.9}$$

式中，$\overline{X}_1$，$\overline{X}_2$分别表示第一个样本与第二个样本的平均数；μ_1，μ_2分别表示第一个总体与第二个总体的平均数；S_1，S_2分别表示第一个总体与第二个总体标准差的无偏估计量；n_1，n_2分别表示第一个样本与第二个样本的容量。

由于总体标准差通常未知，故公式(5.3)很少使用。这样，独立样本平均数之差的显著性检验主要有两种情形：一是独立小样本平均数之差的显著性检验，运用公式(5.8)，以t为检验统计量；二是独立大样本平均数之差的显著性检验，应用公式(5.9)，以Z为检验统计量。

三、独立小样本平均数差异的显著性检验

【例 3】 从高中二年级随机抽取两个小组，分别作为实验组和对照组。在化学教学中，实验组采用启发探究教学法，对照组采用传统讲授教学法，后期进行统一测验，结果如表 5.3 所示。问启发探究教学法是否优于传统讲授教学法？

表 5.3 实验组和对照组的测验分数

序号	1	2	3	4	5	6	7	8	9	10
实验组(X_1)	64	58	65	56	58	45	55	63	66	69
对照组(X_2)	60	59	57	41	38	52	46	51	49	

检验的步骤如下。

①提出假设。

H_1：$\mu_1 \leqslant \mu_2(\mu_1-\mu_2 \leqslant 0)$　　　　H_1：$\mu_1 > \mu_2(\mu_1-\mu_2>0)$

②选择检验统计量并计算其值。

假定两组的测验结果是从两个正态总体中随机抽取的独立样本，而两个相应总体的标准差未知，经方差齐性检验，两个总体方差相等(见本章第三节)，两个样本的容量都小于 30，属独立小样本，其样本平均数之差的标准记分呈 t 分布，故选择 t 作为检验统计量，应用公式(5.8)计算其值。经计算，$\overline{X}_1=59.900$，$\overline{X}_2=50.333$，$S_1=6.999$，$S_2=7.714$，则

$$t=\frac{(59.999-50.333)-0}{\sqrt{\dfrac{(10-1)6.999^2+(9-1)7.714^2}{10+9-2}\times\left(\dfrac{1}{10}+\dfrac{1}{9}\right)}}=2.835$$

③确定检验的形式。

根据假设的形式采用右侧检验。

④做出统计决断。

根据 $df=n_1+n_2-2=10+9-2=17$，查 t 值表(附表 2)的 $P(1)$，得 $t_{(17)0.01}=2.567$。实际计算出的 $|t|=2.835^{**}>t_{(17)0.01}$，根据 t 检验统计决断规则(表 4.4)，则 $P<0.01$，故在 0.01 显著性水平上拒绝 H_0 而接受 H_1。结论：启发探究教学法优于传统讲授教学法。

四、独立大样本平均数差异的显著性检验

【例 4】 从两市的九年级随机抽取部分女生测查体重(kg)，测查结果如表 5.4 所示。问两市九年级女生的体重是否有显著差异？

表 5.4 两市九年级女生体重测查结果

市别	人数	样本平均体重	样本标准差
甲市	120	47.87	7.84
乙市	150	49.13	8.45

检验的步骤如下。

①提出假设。

$H_0: \mu_1=\mu_2(\mu_1-\mu_2=0)$ $H_1: \mu_1\neq\mu_2(\mu_1-\mu_2\neq 0)$

②选择检验统计量并计算其值。

假定两市九年级女生体重测查结果是从正态总体中抽取的独立样本，两总体标准差未知，但两样本容量较大(n_1 与 n_2 均大于 30)，属独立大样本，样本平均数之差的标准记分接近标准正态分布，故选择 Z 作为检验统计量，用公式(5.9)计算统计量的值。

将样本标准差乘贝塞尔校正值，可得到两总体标准差的无偏估计量：

$$S_1=\sqrt{\frac{n_1}{n_1-1}}\sigma_{X_1}=\sqrt{\frac{120}{120-1}}\times 7.84=7.87$$

$$S_2=\sqrt{\frac{n_2}{n_2-1}}\sigma_{X_2}=\sqrt{\frac{150}{150-1}}\times 8.45=8.48$$

将数据代入公式(5.9)，计算得

$$Z=\frac{(47.87-49.13)-0}{\sqrt{\frac{7.87^2}{120}+\frac{8.48^2}{150}}}=-1.26$$

由于样本容量较大，样本标准差与总体标准差的无偏估计量相差不大，也可以直接用样本标准差替换总体标准差的无偏估计量，计算检验统计量的值。

③确定检验的形式。

由于没有资料显示两市九年级女生体重的比较情况，故采用双侧检验。

④做出统计决断。

本例中实际计算出的 $|Z|=1.26<Z_{0.05}$，根据双侧 Z 检验统计决断规则(表 4.2)，$P>0.05$，故只得保留 H_0 而拒绝 H_1。结论：两市九年级女生的体重并无显著差异。

五、方差不齐性独立样本平均数差异的显著性检验

当两总体方差未知且不等，两样本属独立小样本时，其样本平均数差异的显著性检验是一个复杂的问题。在这种抽样条件下，样本平均数之差的标准记分既不呈 t 分布，更不能以正态分布近似处理，而是呈与 t 分布接近的 t' 分布。

$$t'=\frac{(\overline{X}_1-\overline{X}_2)-(\mu_1-\mu_2)}{\sqrt{\frac{S_1^2}{n_1}+\frac{S_2^2}{n_2}}} \tag{5.10}$$

t' 的分布只是近似的 t 分布，因而不能将 t 值表中的临界值直接与 t' 的临界值进行比较。t' 的临界值的计算公式为

$$t'_\alpha=\frac{\left(\frac{S_1^2}{n_1}\right)t_{(df_1)\alpha}+\left(\frac{S_2^2}{n_2}\right)t_{(df_2)\alpha}}{\frac{S_1^2}{n_1}+\frac{S_2^2}{n_2}} \tag{5.11}$$

式中，t'_{α} 表示 t' 分布中显著性水平 α 下的临界值；S_1，S_2 分别表示第一个总体与第二个总体标准差的无偏估计量；n_1，n_2 分别表示第一个样本与第二个样本的容量；$t_{(df_1)\alpha}$ 表示 t 分布中显著性水平 α 与第一个样本自由度 df_1 对应的临界值；$t_{(df_2)\alpha}$ 表示 t 分布中显著性水平 α 与第二个样本自由度 df_2 对应的临界值。

【例 5】 18 个走读生(X_1)与 7 个同龄住宿生(X_2)的自学能力得分如下所示。问走读生与住宿生的自学能力是否有显著差异？

X_1：19，24，10，32，6，21，20，26，12，3，25，27，14，22，23，8，11，27。

X_2：33，28，30，34，29，36，33。

检验的步骤如下。

①提出假设。

$H_0:\mu_1=\mu_2(\mu_1-\mu_2=0)$ $\qquad$ $H_1:\mu_1\neq\mu_2(\mu_1-\mu_2\neq 0)$

②选择检验统计量并计算其值。

假定走读生与住宿生的自学能力得分是从正态总体中抽出的独立样本，两总体方差未知，样本容量均小于 30，经方差齐性检验，两总体方差不等(见本章第三节)，故两样本平均数之差的标准记分呈 t' 分布，运用公式(5.10)计算检验统计量的值。

经计算，$\overline{X}_1=18.333$，$\overline{X}_2=31.857$，$S_1=8.381$，$S_2=2.911$，代入公式得

$$t'=\frac{(18.333-31.857)-0}{\sqrt{\frac{8.381^2}{18}+\frac{2.911^2}{7}}}=-5.981$$

③确定检验的形式。

因为没有资料说明走读生与住宿生的自学能力孰优孰劣，故采用双侧检验。

④做出统计决断。

先计算 0.05 显著性水平的 t' 的临界值。根据 $df_1=n_1-1=18-1=17$，$df_2=n_2-1=7-1=6$，查 t 值表(附表 2)的 $P(2)$，得 $t_{(17)0.05}=2.110$，$t_{(6)0.05}=2.447$，将有关数据代入公式(5.11)：

$$t'_{0.05}=\frac{\frac{8.381^2}{18}\times 2.110+\frac{2.911^2}{7}\times 2.447}{\frac{8.381^2}{18}+\frac{2.911^2}{7}}=2.190$$

再计算 0.01 显著性水平的 t' 的临界值。根据 $df_1=n_1-1=18-1=17$，$df_2=n_2-1=7-1=6$，查 t 值表(附表 2)的 $P(2)$，得 $t_{(17)0.01}=2.898$，$t_{(6)0.01}=3.707$，将有关数据代入公式(5.11)：

$$t'_{0.01}=\frac{\frac{8.381^2}{18}\times 2.898+\frac{2.911^2}{7}\times 3.707}{\frac{8.381^2}{18}+\frac{2.911^2}{7}}=3.090$$

实际计算出的 $|t'|=5.981^{**}>t'_{0.01}$，根据 t' 检验统计决断规则(表 5.5)，则 $P<0.01$，故在 0.01 显著性水平上拒绝 H_0 而接受 H_1。结论：走读生与住宿生的自学能力有显著差异。

表 5.5　t'检验统计决断规则

$\vert t'\vert$与临界值的比较	P 值	检验结果
$\vert t'\vert < t'_{0.05}$	$P>0.05$	接受 H_0 而拒绝 H_1
$t'_{0.05} \leqslant \vert t'\vert < t'_{0.01}$	$0.01<P\leqslant 0.05$	在 0.05 显著性水平上拒绝 H_0 而接受 H_1
$\vert t'\vert \geqslant t'_{0.01}$	$P\leqslant 0.01$	在 0.01 显著性水平上拒绝 H_0 而接受 H_1

对 t'的检验既可以通过校正临界值，也可以通过校正自由度来实现。在校正自由度的情况下，t'将近似服从自由度为df 的t分布，这样就可以直接查t值表，根据t检验统计决断规则(表 4.4)得出检验结论了。对自由度的校正分两步，计算公式如下：

$$k=\frac{\frac{S_1^2}{n_1}}{\frac{S_1^2}{n_1}+\frac{S_2^2}{n_2}} \tag{5.12}$$

$$df=\frac{1}{\frac{k^2}{n_1}+\frac{(1-k)^2}{n_2}}(df\ \text{取整数}) \tag{5.13}$$

将本例有关数据代入公式(5.12)、公式(5.13)，则：

$$k=\frac{\frac{8.381^2}{18}}{\frac{8.381^2}{18}+\frac{2.911^2}{7}}=0.763$$

$$df=\frac{1}{\frac{0.763^2}{18}+\frac{(1-0.763)^2}{7}}=24.773$$

将校正的自由度取整数，即 $df=25$，查 t 值表(附表 2)的 $P(2)$，得 $t_{(25)0.05}=2.060$，$t_{(25)0.01}=2.787$。实际计算出的$|t'|=5.981^{**}>t_{(25)0.01}$，根据$t$ 检验统计决断规则(表 4.4)，则 $P<0.01$，故在 0.01 显著性水平上拒绝 H_0 而接受 H_1。得出的结论与通过校正临界值得出的结论一致。

第三节　方差齐性检验

教育研究中不仅常常要对两样本平均数的差异进行显著性检验，以判断两总体水平的高低，还常常要对两样本方差的差异进行显著性检验，以判断两总体离散程度的大小。另外，在考察两独立样本平均数之差的显著性时，若两总体方差未知，则两总体方差相等与不等，其样本平均数之差的抽样分布形态不同。只有在对总体方差做了差异的显著性检验之后，才能选择合适的检验统计量进行独立样本平均数之差的显著性检验。

对两个总体的方差是否有显著差异所进行的检验被称为方差齐性(相等)检验。

关于两总体方差齐性检验，也必须先确认样本是独立样本还是配对样本，然后才能选择合适的检验统计量。要考察两个独立样本来自的总体的方差是否齐性，需进行 F 检验；要考察两个配对样本来自的总体的方差是否齐性，需进行 t 检验。

一、F 分布

若从两方差相等的正态总体中随机抽取两个独立样本，以此为基础，分别求出两个相应总体的方差的估计值，那么这两个总体方差的估计值之比被称为 F 比值，即 $F=S_1^2/S_2^2$。F 比值的抽样分布被称为 F 分布。

例如，从两个正态总体中随机抽取 $n_1=9$，$n_2=6$ 的两个独立样本，求出两个总体方差的估计值(F 比值)后，把这两个样本数据还回总体中，再从中随机抽取 $n_1=9$，$n_2=6$ 的两个独立样本，又可以求出一个 F 比值。重复这一程序，这样，一切可能样本的 F 比值的频数分布就形成了一个实验性 F 比值的抽样分布，其中 $df_1=n_1-1=9-1=8$，$df_2=n_2-1=6-1=5$。

F 分布是一个正偏态分布，F 分布曲线随分子与分母的自由度的不同而不同(图 5.1)。

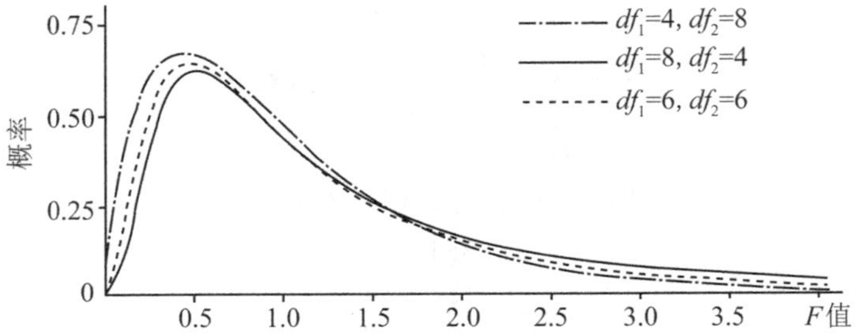

图 5.1 F 分布示意图

各种自由度组合所形成的理论 F 比值可查 F 值表(附表 3)获得。附表 3(1)、附表 3(2)表示 0.05 显著性水平的 F 值，而附表 3(3)、附表 3(4)表示 0.01 显著性水平的 F 值。若上例 df_1 是分子的自由度，df_2 是分母的自由度，则 $df_{分子}=8$，$df_{分母}=5$，0.05 显著性水平的理论 F 值就是附表 3(1)第 8 列第 5 行的 F 值，可表示为 $F_{(8,5)0.05}=4.82$，0.01 显著性水平的理论 F 值就是附表 3(3)第 8 列第 5 行的 F 值，可表示为 $F_{(8,5)0.01}=10.3$。

对 H_0：$\sigma_1^2=\sigma_2^2$ 进行检验理应采用双侧检验，拒绝区域应位于 F 分布的两端，但由于 F 分布是非对称分布的，双侧检验十分麻烦，所以一些统计学家提出，在计算样本的 F 值时，要将总体方差估计值中较大的作为分子，较小的作为分母，以使计算出来的 F 值总是等于或大于 1，这样就可以将拒绝区域置于右侧进行单侧检验了。本教材中的 F 值表只列出了右侧临界值。

F 值的计算公式为

$$F=\frac{S_{大}^2}{S_{小}^2} \tag{5.14}$$

二、两独立样本的方差齐性检验

【例 6】 在本章第二节的【例 3】中，实验组和对照组测验分数的总体方差是否齐性?

检验的步骤如下。

①提出假设。

$H_0:\sigma_1^2=\sigma_2^2$　　　$H_1:\sigma_1^2\neq\sigma_2^2$

②选择检验统计量并计算其值。

假定实验组与对照组的测验分数是从正态总体中随机抽取的两个独立样本，那么两个相应总体方差估计值的比值的抽样分布呈 F 分布，于是选择 F 作为检验统计量。

根据样本数据，计算出总体标准差的估计量：$S_1=6.999$，$S_2=7.714$。将值较大的作为分子，较小的作为分母，代入公式(5.14)，则 $F=\frac{7.714^2}{6.999^2}=1.21$。

③做出统计决断。

根据 $df_{分子}=n_2-1=9-1=8$，$df_{分母}=n_1-1=10-1=9$，查附表 3(1)，得 $F_{(8,9)0.05}=3.23$。实际计算出的 $F=1.21<F_{(8,9)0.05}$，根据 F 检验统计决断规则(表 5.6)，$P>0.05$，故只得接受 H_0 而拒绝 H_1。结论：实验组和对照组测验分数的总体方差齐性。

表 5.6　*F* 检验统计决断规则

F 值与临界值的比较	P 值	检验结果
$F<F_{(df_{分子},df_{分母})0.05}$	$P>0.05$	接受 H_0 而拒绝 H_1
$F_{(df_{分子},df_{分母})0.05}<F\leqslant F_{(df_{分子},df_{分母})0.01}$	$0.01<P\leqslant0.05$	在 0.05 显著性水平上拒绝 H_0 而接受 H_1
$F\geqslant F_{(df_{分子},df_{分母})0.01}$	$P\leqslant0.01$	在 0.01 显著性水平上拒绝 H_0 而接受 H_1

【例 7】　在本章第二节的【例 5】中，走读生与住宿生自学能力得分的总体方差是否齐性？

检验的步骤如下。

①提出假设。

$H_0:\sigma_1^2=\sigma_2^2$　　$H_1:\sigma_1^2\neq\sigma_2^2$

②选择检验统计量并计算其值。

假定两组自学能力得分是从正态总体中抽取的两个独立样本，那么两个相应总体方差估计值的比值呈 F 分布，故选择 F 作为检验统计量。

根据样本数据，计算出总体标准差的无偏估计量：$S_1=8.381$，$S_2=2.911$。将数据代入公式(5.12)，则 $F=\frac{8.381^2}{2.911^2}=8.29$。

③做出统计决断。

根据 $df_{分子}=n_1-1=18-1=17$，$df_{分母}=n_2-1=7-1=6$，查 F 值表[附表 3(1)与附表 3(3)]，得 $F_{(17,6)0.05}=3.91$，$F_{(17,6)0.01}=7.49$。实际计算出的 $F=8.29^{**}>F_{(17,6)0.01}$，根据 F 检验统计决断规则(表 5.6)，则 $P<0.01$，故在 0.01 显著性水平上拒绝 H_0 而接受 H_1。结论：走读生与住宿生自学能力得分的总体方差不等。

三、两个配对样本的方差齐性检验

对两个配对样本的总体方差进行齐性检验，需要采用 t 检验，检验统计量计算公式为：

$$t=\frac{(\sigma_{X_1}^2-\sigma_{X_2}^2)-(\sigma_1^2-\sigma_2^2)}{\sqrt{\frac{4\sigma_{X_1}^2\sigma_{X_2}^2(1-r^2)}{n-2}}} \tag{5.15}$$

式中，$\sigma_{X_1}^2$，$\sigma_{X_2}^2$ 分别表示两个样本方差；σ_1^2，σ_2^2 分别表示两个总体方差；r 表示两样本的相关系数(见第八章)；n 表示样本容量。

【例 8】 某实验采用匹配组设计，抽取一个 $n=24$ 的配对样本，实验组采用 A 方法，对照组采用 B 方法，后期进行统一测验，结果如下：实验组样本标准差 $\sigma_{X_1}=12.8$，对照组样本标准差 $\sigma_{X_2}=10.3$，$r=0.44$。问两种方法的测验得分的总体方差是否齐性？

检验的步骤如下。

①提出假设。

$H_0:\sigma_1^2=\sigma_2^2$　　$H_1:\sigma_1^2\neq\sigma_2^2$

②选择检验统计量并计算其值。

实验组与对照组测验分数可以看作从正态总体中抽取的两个配对样本，其总体方差的齐性检验应该采用 t 检验。将有关数据代入公式(5.15)：

$$t=\frac{(12.8^2-10.3^2)-0}{\sqrt{\frac{4\times12.8^2\times10.3^2(1-0.44^2)}{24-2}}}=1.144$$

③确定检验形式。

由于没有资料说明实验组与对照组的方差谁大谁小，故采用双侧检验。

④做出统计决断。

根据 $df=n-2=24-2=22$，查 t 值表(附表 2)的 $P(2)$，得 $t_{(22)0.05}=2.074$。实际计算出的 $|t|=1.144<t_{(22)0.05}$，根据 t 检验统计决断规则(表 4.6)，则 $P>0.05$，故只得接受 H_0 而拒绝 H_1。结论：两种方法的测验得分的总体方差齐性。

练习题

1. 一个 $n=12$ 的配对样本，实验组与对照组分别被施以两种教学方法，后期测验结果如下所示。试比较两种教学方法的效果是否有显著差异。

配对	1	2	3	4	5	6	7	8	9	10	11	12
实验组(X_2)	79	75	75	71	78	74	79	74	76	85	82	88
对照组(X_1)	73	73	72	71	70	72	74	76	75	72	70	74

2. 某校 8 名自由体操队员训练前后两次得分如下所示。问训练课是否有显著效果？

序号	1	2	3	4	5	6	7	8
训练前(X_1)	16	14	18	20	15	14	17	21
训练后(X_2)	20	14	16	21	19	15	15	19

3. 从高中一年级随机抽取两个班，分别作为实验组和对照组。在语文教学中，实验组采用讲授与讨论结合法，对照组采用讲授法，后期进行统一测验，结果如下表所示。问讲授与讨论结合法是否优于讲授法？

组别	平均分($\overline{X}$)	标准差(σ_X)	人数
讲授法	73.8	12.4	45
讲授与讨论结合法	78.7	11.5	49

4. 从甲、乙两校随机抽取部分学生参加数学考试，结果如下所示。问两校学生的数学考试成绩是否存在显著差异？(先进行方差齐性检验)

校别	平均分($\overline{X}$)	标准差(σ_X)	人数
甲	68.3	7.1	12
乙	66.1	6.9	14

5. 某次地理测验5名男同学的得分是70，72，69，67，71，11名女同学的得分是46，89，91，56，80，84，51，99，42，64，48。问男同学和女同学的地理测验成绩是否有显著差异？(先进行方差齐性检验)

6. 从某校随机抽取50名学生参加计算机纸笔测验与操作测验，纸笔测验成绩的标准差为11.2，操作测验成绩的标准差为12.8，相关系数为0.59。问计算机纸笔测验与操作测验的成绩是否同样整齐？

第六章　方差分析

上一章学习的平均数差异的显著性检验比较的是两个样本代表的总体平均数之间的差异性。但实际研究中常常遇到将多个样本代表的总体平均数进行比较的问题。如果仍逐对进行平均数差异的显著性检验，就会使检验的效率降低。例如，要比较四组平均数，如果逐对进行平均数的比较，需要进行 C_4^2 次，即 6 次平均数差异的显著性检验。若每次都在 0.95 置信水平上检验，那么 6 次检验的可靠度将降低为 0.95^6，即 0.735。换句话说，若每次检验均在 0.05 显著性水平上进行，在一次检验中犯Ⅰ型错误的概率为 0.05，那么 6 次检验犯Ⅰ型错误的概率将增加到 $1-0.95^6$，即 0.265。方差分析正是基于这一问题提出的一种统计技术，它可以同时进行多个样本平均数差异的显著性检验。

第一节　方差分析的基本原理

一、方差分析的逻辑

我们先来回顾一下两独立样本平均数差异的显著性检验。无论运用公式(5.3)进行 Z 检验，还是运用公式(5.8)进行 t 检验，检验统计量公式中的分子都是两个样本的平均数之差，它度量的是两个样本之间的差异；分母中都包括了两个样本的标准差，实际上度量的是两个样本内部的差异。平均数差异的显著性检验正是通过对两样本之间的差异与两样本内部差异的比值的分析来推断两总体平均数之间的差异性。方差分析遵循同样的逻辑，它也是通过对多个样本之间的差异与多个样本内部差异的比值的分析来推断多个总体平均数之间的差异性。现用一个例子来说明方差分析的逻辑。

例如，从小学一、三、五年级随机各抽取 4 名学生，向他们呈现一组词汇，然后将他们识记词汇的分数绘制成图。这个图可能是图 6.1(a)的情况，也可能是图 6.1(b)的情况。将图 6.1(a)与图 6.1(b)加以比较，可以看出图 6.1(b)中三个小组平均数的差异更加明显。这是因为图 6.1(b)中三个小组的平均数差异较大，各个小组内部的分数差异较小。如果把各组平均数之间的差异称为组间差异，把各个小组内部的差异称为组内差异，那么当组间差异相对越大，组内差异就相对越小。确切地说，组间差异与组内差异的比值越大，则各组平均数的差异就越明显。这样就可以通过对组间差异与组内差异的比值的分析，来推断几个相应的总体平均数的差异。

二、以 F 检验来推断几个平均数差异的显著性

组间差异用组间方差($MS_{组间}$)表示，组内差异用组内方差($MS_{组内}$)表示。组间差异代表实验者操纵的实验因素的影响，组内差异代表由随机指派的被试而造成的随机误差，这样组间与组内方差相互独立，故可以采用 F 检验来考察组间与组内方差是否相等。若组间与组内方差相等，即 F 比值等于或接近 1，表明各组平均数无显著差

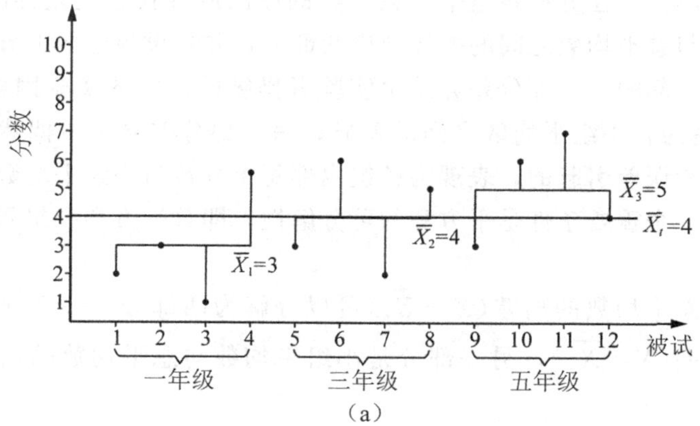

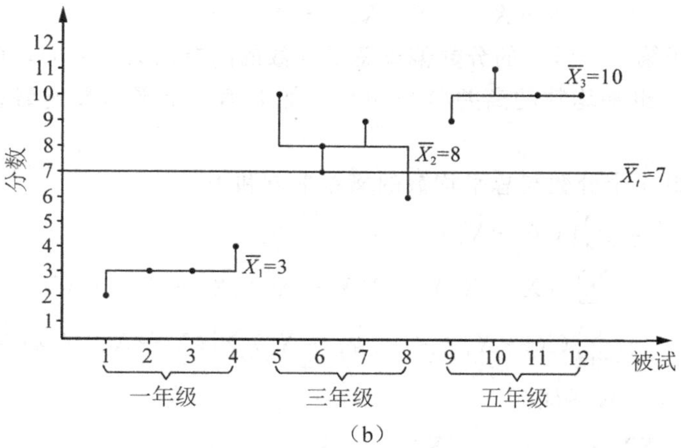

图 6.1　不同年级学生的词汇识记结果

异。若 F 比值很大，大到超过 F 分布上某个显著性水平的临界值，则应拒绝组间差异与组内差异无显著差异的 H_0，而接受组间差异与组内差异有显著差异的 H_1，这时只能做出各组平均数之间存在显著差异的结论。这一结论是说，分组所依据的因素对实验结果有重要影响，或者说，实验者所操纵的实验因素的作用较大。

组间方差等于组间平方和($SS_{组间}$)除以组间自由度($df_{组间}$)，公式为

$$MS_{组间}=\frac{SS_{组间}}{df_{组间}} \tag{6.1}$$

组内方差等于组内平方和($SS_{组内}$)除以组内自由度($df_{组内}$)，公式为

$$MS_{组内}=\frac{SS_{组内}}{df_{组内}} \tag{6.2}$$

于是，组间方差与组内方差的比为

$$F=\frac{MS_{组间}}{MS_{组内}} \tag{6.3}$$

下面分别介绍组间平方和、组内平方和及自由度的计算方法。

(一)总平方和可以分解为组间平方和及组内平方和

以表 6.1 来说，三组不同年级的学生识记同一组词汇，由于受多种因素的影响，

学生的分数参差不齐。在分析各组平均数差异的原因或寻找影响差异的主要因素时，可以将每个分数与总平均数之间的差异分成两部分，并且设想这两部分差异主要是由两类不同的因素引起的。一部分差异是由实验者操纵的已知的实验因素（三个不同年级）引起的，表现为各小组平均数之间的差异；另一部分差异是由偶然因素，如被试的个别差异或实验误差引起的，表现为各组内部每个分数与小组平均数之间的差异。

方差分析的一个重要条件是平方和的可分解性，即总平方和＝组间平方和＋组内平方和。

每个分数与总平均数的离差$(X-\overline{X}_t)$可以分解为两部分：一部分是这个分数与小组平均数的离差$(X-\overline{X}_j)$，另一部分是小组平均数与总平均数的离差$(\overline{X}_j-\overline{X}_t)$。公式为

$$X-\overline{X}_t=(X-\overline{X}_j)+(\overline{X}_j-\overline{X}_t)。$$

例如，三年级第一个学生的分数偏离总平均数的离差（10－7＝3），就等于这个学生的分数偏离第二组平均数的离差（10－8＝2）加上第二组平均数偏离总平均数的离差（8－7＝1）。

这样，某小组 n 个分数与总平均数的离差平方和为

$$\begin{aligned}\sum(X-\overline{X}_t)^2&=\sum[(X-\overline{X}_j)+(\overline{X}_j-\overline{X}_t)]^2\\&=\sum[(X-\overline{X}_j)^2+2(X-\overline{X}_j)(\overline{X}_j-\overline{X}_t)+(\overline{X}_j-\overline{X}_t)^2]\\&=\sum(X-\overline{X}_j)^2+2(\overline{X}_j-\overline{X}_t)\sum(X-\overline{X}_j)+n(\overline{X}_j-\overline{X}_t)^2\end{aligned}$$

由于 $\sum(X-\overline{X}_j)=0$，所以

$$\sum(X-\overline{X}_t)^2=\sum(X-\overline{X}_j)^2+n(\overline{X}_j-\overline{X}_t)^2$$

这是一个小组平方和的分解情况。若有 k 个小组，各个小组均有 n 个数据，则 k 个小组的离差平方和为

$$\sum\sum(X-\overline{X}_t)^2=\sum\sum(X-\overline{X}_j)^2+n\sum(\overline{X}_j-\overline{X}_t)^2$$

式中，$\sum\sum(X-\overline{X}_t)^2$ 为总平方和；$\sum\sum(X-\overline{X}_j)^2$ 为组内平方和；$n\sum(\overline{X}_j-\overline{X}_t)^2$ 为组间平方和。

表 6.1 演示了图 6.2 中数据平方和的分解过程。从表中可知，总平方和为 118，组内平方和为 14，组间平方和为 104，118＝14＋104，恰好验证了总平方和等于组内平方和与组间平方和之和的原理。

表 6.1　图 6.1(b)中数据平方和的分解

年级	X	组内平方和	组间平方和	总平方和
一年级	2	$(2-3)^2=1$	$(3-7)^2=16$	$(2-7)^2=25$
	3	$(3-3)^2=0$	$(3-7)^2=16$	$(3-7)^2=16$
	3	$(3-3)^2=0$	$(3-7)^2=16$	$(3-7)^2=16$
	4	$(4-3)^2=1$	$(3-7)^2=16$	$(4-7)^2=9$
	小计	$\sum(X-\overline{X}_1)^2=2$	$n(\overline{X}_1-\overline{X}_t)^2=64$	$\sum(X-\overline{X}_t)^2=66$

续表

年级	X	组内平方和	组间平方和	总平方和
三年级	10	$(10-8)^2=4$	$(8-7)^2=1$	$(10-7)^2=9$
	7	$(7-8)^2=1$	$(8-7)^2=1$	$(7-7)^2=0$
	9	$(9-8)^2=1$	$(8-7)^2=1$	$(9-7)^2=4$
	6	$(6-8)^2=4$	$(8-7)^2=1$	$(6-7)^2=1$
	小计	$\sum(X-\overline{X}_2)^2=10$	$n(X_2-X_t)^2=4$	$\sum(X-\overline{X}_t)^2=14$
五年级	9	$(9-10)^2=1$	$(10-7)^2=9$	$(9-7)^2=4$
	11	$(11-10)^2=1$	$(10-7)^2=9$	$(11-7)^2=16$
	10	$(10-10)^2=0$	$(10-7)^2=9$	$(10-7)^2=9$
	10	$(10-10)^2=0$	$(10-7)^2=9$	$(10-7)^2=9$
	小计	$\sum(X-\overline{X}_3)^2=2$	$n(\overline{X}_3-\overline{X}_t)^2=36$	$\sum(X-\overline{X}_t)^2=38$
总计		$\sum\sum(X-\overline{X}_j)=14$	$n\sum(\overline{X}_j-\overline{X}_t)^2=104$	$\sum\sum(X-\overline{X}_t)^2=118$

(二)总自由度可分解为组间自由度与组内自由度

组间自由度：$df_{组间}=k-1$。组内自由度：$df_{组内}=(n_1-1)+(n_2-1)+\cdots+(n_k-1)=n_1+n_2+\cdots+n_k-k$。当各组样本容量均为 n 时，$df_{组内}=k(n-1)$。

与平方和具有可分解性一样，总自由度也可以分解为组间自由度与组内自由度，即总自由度等于组间自由度加组内自由度，即 $df_{总}=df_{组间}+df_{组内}$。当各组样本容量不等时，$df_{总}=(n_1+n_2+\cdots+n_k)-1$。当各组样本容量相等时，$df_{总}=nk-1$。

在本例中，$df_{组间}=3-1=2$，$df_{组内}=3\times(4-1)=9$，$df_{总}=3\times4-1=11$，$11=2+9$，恰好验证了上述关系。

(三)组间方差与组内方差的 *F* 比值

组间方差：$MS_{组间}=\dfrac{SS_{组间}}{df_{组间}}$。组内方差：$MS_{组内}=\dfrac{SS_{组内}}{df_{组内}}$。组间方差与组内方差的 F 比值：$F=\dfrac{MS_{组间}}{MS_{组内}}$。

在本例中，$MS_{组间}=\dfrac{104}{2}=52$，$MS_{组内}=\dfrac{14}{9}=1.556$，$F=\dfrac{52}{1.556}=33.42$。

如果要考察本例中三组的平均数差异是否显著，则以组间方差的自由度为分子自由度($df_{分子}=2$)，以组内方差的自由度为分母自由度($df_{分母}=9$)，查 F 值表[附表 3(1)和附表 3(3)]，得 $F_{(2,9)0.05}=4.26$，$F_{(2,9)0.01}=8.02$。实际计算出的 $F=33.42^{**}>F_{(2,9)0.01}$，根据 F 检验统计决断规则(表 5.6)，则 $P<0.01$，表明各组平均数之间有显著差异，或者说，小学生的年级对词汇的识记有影响。

三、方差分析中的几个概念

方差分析是实验设计的重要内容。实验中的自变量称为因素。只有一个自变量的实验称为单因素实验，有两个或两个以上自变量的实验称为多因素实验。一个因素的不同情况称为因素的“水平”，包括量差与质别两类情况，按各个水平条件进行的重复实验称为各种“处理”。例如，为了比较三种不同教学方法的效果是否具有显著区别，将 30 名学生随机分成三组，每组 10 人，对每组学生分别施以 A，B，C 三种不同的教学方法。因为教学方法是实验中唯一的自变量，故该实验为单因素实验设计。A，B，C 三种具体的教学方法是教学方法这一单一因素的三个不同水平。对每组的 10 名学生分别进行三种不同的处理。假如要研究两种教材及三种教学方法对学生学习成绩的影响，该实验则是两因素实验。一个因素是教材，有两个水平；另一个因素是教学方法，有三个水平。这个实验称为 2×3 的实验设计，共有 6 种处理。若一个实验为 2×2×2 的实验设计，则表示该实验有三个因素，每个因素有两个水平，共有 8 种处理。

用方差分析法检验某个因素对因变量的作用，称为单因素方差分析，检验几个因素对因变量的作用，称为多因素方差分析。

与平均数差异的显著性检验一样，根据多组样本数据之间的关联情况，方差分析也分为独立样本的方差分析与配对样本的方差分析。

若把被试分成若干组，每组只接受一种实验处理，有几种实验处理，被试就相应分成几组，即不同的被试接受不同水平的实验处理，这样所获得的各实验组数据属独立样本。用方差分析法对多个独立样本平均数差异的显著性进行检验，称为完全随机设计的方差分析，也称被试间因素方差分析。

以下两种情况的样本属配对样本。一种是只有一组被试，每个被试接受自变量所有水平的实验处理，由于被试接受实验处理后都要进行测量，所以每次测量都获得一组数据，这种同一组被试重复测量所获得的多组数据就属于配对样本。用方差分析法对这样的多个配对样本平均数差异的显著性进行检验，称为重复测量设计的方差分析。另一种是根据某些条件相同的原则，把被试进行配对，并逐一分配到不同的实验处理中，条件相同的被试属于一个“区组”，这种区组设计所获得的多组数据也属于配对样本。用方差分析法对这样的多个配对样本平均数差异的显著性进行检验，称为随机区组设计的方差分析。配对样本的方差分析也称被试内因素方差分析。

第二节　独立样本的方差分析

独立样本的方差分析或完全随机设计的方差分析又可以分为各组样本容量相等与各组样本容量不等两种情况。

一、各组样本容量相等的情况

【例 1】 某研究者要研究 A，B，C 三种教学方法对学生数学成绩的影响，在某年级随机抽取 21 名学生，再将其随机分成三组，每组 7 名学生，分别施以不同的教学方法，实验周期为一学年，实验结束后进行统一测验，结果如表 6.2 所示。试问三种教学方法对学生数学成绩的影响是否相同？

表 6.2　三组学生数学成绩的平方和计算表

序号	X_A	X_B	X_C	
1	15	18	15	
2	15	14	10	
3	13	15	11	
4	12	13	8	
5	18	14	10	
6	18	13	11	
7	17	12	7	
n	7	7	7	$\sum n = nk = 21$
$\sum X$	108	99	72	$\sum\sum X = 279$
$\overline{X}$	15.43	14.14	10.29	
$\sum X^2$	1700	1423	780	$\sum\sum X^2 = 3903$
$\frac{(\sum X)^2}{n}$	1666.29	1400.14	740.57	$\sum\frac{(\sum X)^2}{n} = 3807$

检验的步骤如下。

①提出假设。

$H_0: \mu_A = \mu_B = \mu_C$

H_1：至少有两个总体平均数不等

②选择检验统计量并计算其值。

假定三组测验分数是从三个相应的正态总体中抽取的独立样本，故可以用组间方差与组内方差的 F 比值来检验三个总体平均数差异的显著性。

下面介绍求 F 比值的步骤。

第一步，计算平方和。在实际应用方差分析时，为简化步骤，获得精确的结果，一般不用离差而用原始数据直接计算平方和。根据平方和的计算公式 $SS = \sum(X - \overline{X})^2 = \sum X^2 - \frac{(\sum X)^2}{n}$，可以推演出三种用原始数据表示的平方和——组间平方和($SS_{组间}$)、组内平方和($SS_{组内}$)和总平方和($SS_{总}$)。

$$SS_{组间} = n\sum(\overline{X}_j - \overline{X}_t)^2 = \sum\frac{(\sum X)^2}{n} - \frac{(\sum\sum X)^2}{nk} \tag{6.4}$$

$$SS_{组内} = \sum\sum(X - \overline{X}_j)^2 = \sum\sum X^2 - \sum\frac{(\sum X)^2}{n} \tag{6.5}$$

$$SS_{总} = \sum\sum(X - \overline{X}_t)^2$$
$$= \sum\sum X^2 - \frac{(\sum\sum X)^2}{nk} \quad (6.6)$$

为了求公式(6.4)、公式(6.5)中的三个关键数 $\sum\sum X$，$\sum\sum X^2$ 和 $\sum\frac{(\sum X)^2}{n}$，可列出表 6.2 的下半部分。其左侧是每个小组的 $\sum X$，$\sum X^2$ 和 $\frac{(\sum X)^2}{n}$，右侧为各组的总和，如本例中三组的总和 $\sum\sum X = 108+99+72 = 279$。

将表 6.2 中的数据代入公式(6.4)、公式(6.5)、公式(6.6)，计算各平方和：

$$SS_{组间} = 3807 - \frac{279^2}{21} = 100.29$$
$$SS_{组内} = 3903 - 3807 = 96.00$$
$$SS_{总} = 3903 - \frac{279^2}{21} = 196.29$$

第二步，计算自由度。

$$df_{组间} = k - 1 = 3 - 1 = 2$$
$$df_{组内} = k(n-1) = 3\times(7-1) = 18$$
$$df_{总} = nk - 1 = 7\times3 - 1 = 20$$

第三步，计算方差。

$$MS_{组间} = \frac{SS_{组间}}{df_{组内}} = \frac{100.29}{2} = 50.15$$
$$MS_{组内} = \frac{SS_{组内}}{df_{组内}} = \frac{96.00}{18} = 5.33$$

第四步，计算 F 比值。

$$F = \frac{MS_{组间}}{MS_{组内}} = \frac{50.15}{5.33} = 9.41$$

③做出统计决断。

根据 $df_{分子} = df_{组间} = 2$，$df_{分母} = df_{组内} = 18$，查 F 值表[附表 3(1)、附表 3(3)]，得 $F_{(2,18)0.05} = 3.55$，$F_{(2,18)0.01} = 6.01$。实际计算出的 $F = 9.41^{**} > F_{(2,18)0.01}$，根据 F 检验统计决断规则(表 5.6)，则 $P < 0.01$，故在 0.01 显著性水平上拒绝 H_0 而接受 H_1。结论：三种教学方法中至少有两种教学方法对学生数学成绩的影响存在显著差异。

为了便于表述和分析，一般要列出方差分析表(表 6.3)。若检验结果为接受 H_0，则应写明“不显著”，或写出 $F_{(df_{分子},df_{分母})0.05}$ 的临界值；若检验结果为在 0.05 显著性水平上拒绝 H_0 而接受 H_1，则在计算出的 F 值右上角标注“*”；若检验结果为在 0.01 显著性水平上拒绝 H_0 而接受 H_1，则在计算出的 F 值右上角标注“**”。

表 6.3 三组学生数学成绩方差分析表

差异来源	平方和(SS)	自由度(df)	方差(MS)	F
组间差异	100.29	2	55.15	9.41**
组内差异	96.00	18	5.33	
总差异	196.29	20		

二、各组样本容量不等的情况

【例 2】 从某校同一年级随机抽取 19 名学生，随机分成四组。在两个星期内，四组学生均用 120 分钟复习同一组英语单词：A 组每逢星期一复习 60 分钟，B 组每逢星期一、星期三各复习 30 分钟，C 组每逢星期二、星期四、星期六各复习 20 分钟，D 组星期一至星期六每天复习 10 分钟。两个月后再进行统一测验，结果如表 6.4 的上半部分所示。问四种复习方法的效果有无显著差异？

表 6.4 四组学生英语单词测验成绩的平方和计算表

序号	X_A	X_B	X_C	X_D	
1	24	29	30	27	
2	26	25	28	31	
3	20	21	32	32	
4	28	27	30	33	
5		28	26		
6		30			
n	4	6	5	4	$19=\sum n$
$\sum X$	98	160	146	123	$527=\sum\sum X$
$\overline{X}$	24.5	26.67	29.2	30.75	
$\sum X^2$	2436	4320	4284	3803	$14843=\sum\sum X^2$
$\frac{(\sum X)^2}{n}$	2401	4266.67	4263.2	3782.25	$14713.12=\sum\frac{(\sum X)^2}{n}$

检验的步骤如下。

①提出假设。

$H_0: \mu_A=\mu_B=\mu_C=\mu_D$

H_1：至少有两个总体平均数不等

②选择检验统计量并计算其值。

假定四组测验分数是从四个正态总体中随机抽取的四个独立样本，故可以用方差分析的 F 比值来检验四个总体平均数差异的显著性。

第一步，计算平方和。当样本容量不等时，组内平方和的计算公式不变，需要将

公式(6.4)、公式(6.6)中的总样本容量 nk 转换成 $\sum n$，则组间平方和与总平方和的计算公式为

$$SS_{组间}=\sum\frac{(\sum X)^2}{n}-\frac{(\sum\sum X)^2}{\sum n} \tag{6.7}$$

$$SS_{总}=\sum\sum X^2-\frac{(\sum\sum X)^2}{\sum n} \tag{6.8}$$

将表 6.4 中的数据代入公式(6.7)、公式(6.5)、公式(6.8)，计算各平方和：

$$SS_{组间}=14713.12-\frac{527^2}{19}=95.80$$

$$SS_{组内}=14843-14713.12=129.88$$

$$SS_{总}=14843-\frac{527^2}{19}=225.68$$

第二步，计算自由度。

$$df_{组间}=k-1=4-1=3$$

$$df_{组内}=n_A+n_B+n_C+n_D-k=4+6+5+4-4=15$$

$$df_{总}=n_A+n_B+n_C+n_D-1=4+6+5+4-1=18$$

第三步，计算方差。

$$MS_{组间}=\frac{SS_{组间}}{df_{组间}}=\frac{95.80}{3}=31.93$$

$$MS_{组内}=\frac{SS_{组内}}{df_{组内}}=\frac{129.88}{15}=8.66$$

第四步，计算 F 比值。

$$F=\frac{MS_{组间}}{MS_{组内}}=\frac{31.93}{8.66}=3.69$$

③做出统计决断。

根据 $df_{分子}=df_{组间}=3$，$df_{分母}=df_{组内}=15$，查 F 值表[附表 3(1)、附表 3(3)]，得 $F_{(3,15)0.05}=3.29$，$F_{(3,15)0.01}=5.42$。实际计算出的 $F=3.69^*$，$F_{(3,15)0.05}<F<F_{(3,15)0.01}$，根据 F 检验统计决断规则(表 5.6)，则 $0.01<P<0.05$，故在 0.05 显著性上拒绝 H_0 而接受 H_1。结论：在英语单词的四种复习方法中，至少有两种方法的效果存在显著差异。

④列出方差分析表(表 6.5)。

表 6.5 四组学生英语单词测验成绩的方差分析表

差异来源	平方和(SS)	自由度(df)	方差(MS)	F
组间差异	95.80	3	31.94	3.69^*
组内差异	129.88	15	8.66	
总差异	225.68	18		

当组间与组内的 F 检验结果有显著差异时，还需要进行逐对平均数差异的显著性检验与方差齐性检验（见本章第四节与第五节）。

第三节　配对样本的方差分析

一、随机区组设计的方差分析

【例 3】 某研究者要研究 A，B，C 三种英语单词识记方法对学生英语成绩的影响。考虑到学生先前的英语成绩的影响，在某年级抽取 18 名学生，根据以往的英语成绩将学生分成 6 个区组，每个区组内的 3 名学生先前英语成绩基本相同。将每个区组的 3 名学生随机分配，分别教授不同的英语单词识记方法，实验周期为一学年，实验结束后进行统一测验，结果如表 6.6 所示。问三种英语单词识记方法对学生英语成绩的影响是否有显著差异？

表 6.6　使用三种英语单词识记方法的学生的英语成绩平方和计算表

序号	X_A	X_B	X_C	$\sum R$	$(\sum R)^2$
1	30	36	30	96	9216
2	31	29	19	79	6241
3	26	30	21	77	5929
4	23	27	16	66	4256
5	37	28	20	85	7225
6	36	27	21	84	7056
$\sum X$	183	177	127	$\sum\sum X=\sum\sum R=487$	40023
$\sum X^2$	5731	5279	2799	$\sum\sum X^2=13809$	
n	6	6	6	$nk=18$	
$\frac{(\sum X)^2}{n}$	5581.50	5221.50	2688.17	$\sum\frac{(\sum X)^2}{n}=13491.17$	

检验的步骤如下。

①提出假设。

$H_0: \mu_A=\mu_B=\mu_C$

H_1：至少有两个总体平均数不等

②选择检验统计量并计算其值。

假定三组英语成绩是从三个相应的正态总体中抽取的配对样本，因此可将区组的个别差异从组内差异中分离出来，余下残差，于是可以用组间方差与残差方差的 F 比值来检验使用三种英语单词识记方法的学生的英语成绩差异的显著性。

首先，计算平方和。由于组内平方和可分解为区组平方和与残差平方和，即 $SS_{组内}=SS_{区组}+SS_{残差}$，所以总平方和可以分解为组间平方和、区组平方和与残差平

方和，即 $SS_{总}=SS_{组间}+SS_{区组}+SS_{残差}$。其中，区组平方和的计算公式为

$$SS_{区组}=\sum\frac{\left(\sum R\right)^2}{k}-\frac{\left(\sum\sum R\right)^2}{nk} \tag{6.9}$$

式中，R 表示某区组在某种处理上的分数；$\sum R$ 表示某区组在各种处理上的分数总和；$\sum\sum R$ 表示各区组在各种处理上的分数总和；n 表示区组数；k 表示处理数。

将表 6.6 中的数据代入公式(6.6)、公式(6.4)、公式(6.9)，计算各平方和：

$$SS_{总}=13809-\frac{487^2}{18}=632.94$$

$$SS_{组间}=13491.17-\frac{487^2}{18}=315.11$$

$$SS_{区组}=\frac{40023}{3}-\frac{487^2}{18}=164.94$$

根据 $SS_{总}=SS_{组间}+SS_{区组}+SS_{残差}$，则

$$SS_{残差}=SS_{总}-SS_{组间}-SS_{区组}=632.94-315.11-164.94=152.89$$

其次，计算自由度。

$$df_{总}=nk-1=6\times3-1=17$$

$$df_{组间}=k-1=3-1=2$$

$$df_{区组}=n-1=6-1=5$$

$$df_{残差}=df_{总}-df_{组间}-df_{区组}=17-2-5=10$$

再次，计算方差。

$$MS_{组间}=\frac{SS_{组间}}{df_{组间}}=\frac{315.11}{2}=157.56$$

$$MS_{区组}=\frac{SS_{区组}}{df_{区组}} \tag{6.10}$$

$$=\frac{164.94}{5}=32.99$$

$$MS_{残差}=\frac{SS_{残差}}{df_{残差}} \tag{6.11}$$

$$=\frac{152.89}{10}=15.29$$

最后，计算 F 值。

$$F=\frac{MS_{组间}}{MS_{残差}} \tag{6.12}$$

$$=\frac{157.56}{15.29}=10.30$$

③做出统计决断。

根据 $df_{分子}=df_{组间}=2$，$df_{分母}=df_{残差}=10$，查 F 值表，得 $F_{(2,10)0.05}=4.10$，$F_{(2,10)0.01}=7.56$。实际计算出的 $F=10.30^{**}>F_{(2,10)0.01}$，根据 F 检验统计决断规则(表 5.6)，则 $P<0.01$，故在 0.01 显著性上拒绝 H_0 而接受 H_1。结论：在三种英

语单词识记方法中，至少有两种方法对学生英语成绩的影响有显著差异。

随机区组设计的方差分析一般不对区组差异的显著性进行 F 检验，因为区组间的差异是否显著，对于各种实验处理的平均数是否有显著差异毫无意义。但是，若要考察区组设计是否必要，或者考虑区组的划分是否恰当，则可以对区组的差异进行显著性检验。若区组差异显著，表明区组设计是必要的，或者表明区组的划分是恰当的，因为这种设计将区组差异从组内差异中分离出来，减小了实验误差。若区组差异不显著，表明各区组的被试本来没有差异，没有必要设计区组，或表明区组的划分不恰当，没有把区组间的差异区分出来。

区组差异的显著性检验的步骤如下。

第一步，提出假设。

$H_0: \mu_{区组1} = \mu_{区组2} = \cdots = \mu_{区组6}$

H_1：至少有两个区组的总体平均数不等

第二步，计算检验统计量的 F 比值。

$$F = \frac{MS_{区组}}{MS_{残差}} \tag{6.13}$$

$$= \frac{32.99}{15.29} = 2.16$$

第三步，做出统计决断。根据 $df_{分子} = df_{区组} = 5$，$df_{分母} = df_{残差} = 10$，查 F 值表，得 $F_{(5,10)0.05} = 3.33$。实际计算出的 $F = 2.16 < F_{(5,10)0.05}$，根据 F 检验统计决断规则(表 5.6)，则 $P > 0.05$，故只得接受 H_0 而拒绝 H_1。结论：6 个区组的总体平均数无显著差异，表明区组设计没有必要，或区组设计不恰当。

第四步，列出方差分析表(表 6.7)。

表 6.7　使用三种英语单词识记方法的学生的英语成绩方差分析表

差异来源	平方和(SS)	自由度(df)	方差(MS)	F
组间差异	315.11	2	157.56	10.30*
区组差异	164.94	5	32.99	2.16
残差	152.89	10	15.29	
总差异	632.94	17		

根据统计学家的研究，随机区组设计可以从组内差异中分离出区组差异，减小实验误差，因此它比完全随机设计更容易显现出实验的差异，有更大的统计检验力。

二、重复测量设计的方差分析

【例 4】 某研究者要研究文章的生词密度对学生阅读理解的影响，选择了 6 名被试，每名被试阅读 4 篇生词密度不同的文章，并进行阅读理解测验，结果如表 6.8 的上半部分所示。问被试的四种生词密度文章的阅读理解成绩是否存在差异？

表 6.8　6 名被试四次重复测量数据平方和计算表

序号	X_A	X_B	X_C	X_D	$\sum R$	$(\sum R)^2$
1	12	12	18	15	57	3249
2	8	9	16	16	49	2401
3	4	6	13	14	37	1369
4	7	10	10	24	51	2601
5	9	14	12	25	60	3600
6	6	10	13	24	53	2809
$\sum X$	183	177		127	$307=\sum\sum X=\sum\sum R$	16029
$\sum X^2$	5731	5279		2799	$4663=\sum\sum X^2$	
n	6	6	6	6	$24=nk$	
$\frac{(\sum X)^2}{n}$	352.67	620.17	1120.67	2320.67	$4414.18=\sum\frac{(\sum X)^2}{n}$	
$\overline{X}$	7.67	10.17	13.67	19.67		

①提出假设。

$H_0: \mu_A = \mu_B = \mu_C = \mu_D$

H_1：至少有两个总体平均数存在差异

②选择检验统计量并计算其值。

假定四组阅读理解成绩是从四个相应总体中抽取的配对样本。同一组被试重复测量的方差分析与区组设计的方差分析类似，只不过把同一区组的被试用同一被试替代，同一被试接受自变量所有水平的实验处理，这样被试之间的差异可从组内差异中分离出来，余下残差，于是可以用组间方差与残差方差的 F 比值来检验被试的四种不同生词密度文章阅读理解成绩的差异显著性。

重复测量设计的平方和、自由度、方差和 F 比值的计算与区组设计相同，只不过用被试来置换区组。

首先，计算平方和。由于组内平方和可分解为被试平方和与残差平方和，即 $SS_{组内}=SS_{被试}+SS_{残差}$，所以总平方和可以分解为组间平方和、被试平方和与误差平方和，即 $SS_{总}=SS_{组间}+SS_{被试}+SS_{残差}$。

将表 6.8 中的数据代入公式(6.6)、公式(6.4)，计算各平方和：

$$SS_{总}=4663-\frac{307^2}{24}=735.96$$

$$SS_{组间}=4414.18-\frac{307^2}{24}=487.14$$

被试平方和的计算公式为

$$SS_{被试}=\sum\frac{(\sum R)^2}{k}-\frac{(\sum\sum R)^2}{nk} \tag{6.14}$$

式中，R 表示某一被试在某种处理上的分数；$\sum R$ 表示某一被试在各种处理上的分数总和；$\sum\sum R$ 表示所有被试在各种处理上的分数总和；n 表示被试数；k 表示处理数。

代入数据，得

$$SS_{被试}=\frac{16029}{4}-\frac{307^2}{24}=80.21$$

根据 $SS_{总}=SS_{组间}+SS_{被试}+SS_{残差}$，则

$$SS_{残差}=SS_{总}-SS_{组间}-SS_{被试}=735.96-487.14-80.21=168.61$$

其次，计算自由度。

$$df_{总}=nk-1=6\times4-1=23$$
$$df_{组间}=k-1=4-1=3$$
$$df_{被试}=n-1=6-1=5$$
$$df_{残差}=df_{总}-df_{组间}-df_{被试}=23-3-5=15$$

再次，计算方差。

$$MS_{组间}=\frac{SS_{组间}}{df_{组间}}=\frac{487.14}{3}=162.38$$

$$MS_{被试}=\frac{SS_{被试}}{df_{被试}}=\frac{80.21}{5}=16.04 \tag{6.15}$$

$$MS_{残差}=\frac{SS_{残差}}{df_{残差}}=\frac{168.61}{15}=11.24$$

最后，计算 F 值。

$$F=\frac{MS_{组间}}{MS_{残差}}=\frac{162.38}{11.24}=14.45$$

③做出统计决断。

根据 $df_{分子}=df_{组间}=3$，$df_{分母}=df_{残差}=15$，查 F 值表，得 $F_{(3,15)0.05}=3.29$，$F_{(3,15)0.01}=5.42$。实际计算出的 $F=14.45^{**}>F_{(3,15)0.01}$，根据 F 检验统计决断规则(表 5.6)，则 $P<0.01$，故在 0.01 显著性上拒绝 H_0 而接受 H_1。结论：在四种生词密度文章中至少有两种其阅读理解成绩有显著差异。

重复测量设计的方差分析只要分离出被试差异即可，一般不对被试差异的显著性进行 F 检验，因为被试间的差异是否显著对于各种实验处理的平均数是否有显著性差异毫无意义。

④列出方差分析表(表 6.9)。

表 6.9　6 名被试四次重复测量方差分析表

差异来源	平方和(SS)	自由度(df)	方差(MS)	F
组间差异	487.14	3	162.38	14.45^{**}

续表

差异来源	平方和(SS)	自由度(df)	方差(MS)	F
被试差异	80.21	5	16.04	2.16
残差	168.61	15	11.24	
总差异	735.96	23		

第四节 逐对平均数差异的显著性检验

方差分析是对多组平均数差异进行的综合性分析。若方差分析的 F 检验的结果是保留 H_0，即多组平均数之间无显著差异，则分析工作就此结束；若方差分析的 F 检验的结果是拒绝 H_0，即多组平均数中至少有两组之间存在显著差异，则还需要做事后检验，即通过逐对平均数检验来进一步查明哪对平均数之间存在差异，哪对平均数之间不存在差异。

对多组平均数之间的差异进行逐对比较的方法很多，本书只介绍最为常用的纽曼-科伊尔斯(Newman-Keuls)提出的 q 检验法，又称 SNK 法。

一、独立样本逐对平均数的比较

独立样本逐对平均数差异的比较也分为各组样本容量相等与各组样本容量不等两种情况。

(一)各组样本容量相等的情况

各组样本容量相等时，检验统计量为

$$q=\frac{\overline{X}_1-\overline{X}_2}{\sqrt{\frac{MS_{组内}}{n}}} \tag{6.16}$$

式中，$\overline{X}_1$ 和 $\overline{X}_2$ 表示各组的样本平均数；$MS_{组内}$ 表示组内方差；n 表示各组的样本容量。

例如，在本章第二节的【例 1】中，对 A，B，C 三种数学教学方法对学生数学成绩影响的 F 检验的结果表明，至少两组平均数之间存在显著差异。现用 q 检验来比较各对平均数差异的显著性。

在该例中，$MS_{组内}=5.33$，将各组有关数据代入公式(6.16)，求每对平均数之差的 q 值。例如，A，C 两组的 q 值为

$$q=\frac{\overline{X}_A-\overline{X}_C}{\sqrt{\frac{MS_{组内}}{n}}}=\frac{15.43-10.29}{\sqrt{\frac{5.33}{7}}}=5.89$$

求其他各对平均数之差的 q 值以此类推。

得到 q 值后查 q 值表(附表 4)，寻找 q 临界值以做出统计决断。查 q 值需要三个条件：一是组内方差的自由度；二是显著性水平；三是等级数。所谓等级数，就是在平均数从小到大排列的顺序中，每对平均数之间包含的组数(包含被比较的两组在内)，用 a 表示。在本例中，$\overline{X}_A=15.43$，$\overline{X}_B=14.14$，$\overline{X}_C=10.29$，按由小到大的

顺序排列，可知A与C之间包含C，B，A三个组，故$a=3$。

根据$df_{组内}=18$，$\alpha=0.05$，$\alpha=0.01$，以及每对平均数之间的各种等级数a，查q值表(附表4)，q临界值如表6.10的第3列、第4列所示。

表6.10　三组数学成绩平均数间的q临界值

$df_{组内}$	a	q临界值	
		$q_{0.05}$	$q_{0.01}$
18	2	2.97	4.07
18	3	3.61	4.70

将实际计算出的每对平均数之差的$|q|$与相应的q临界值进行比较，再根据q检验统计决断规则(表6.11)，确定各对平均数之差的显著性。若在0.05显著性水平上拒绝H_0，可在实际计算出的q值右上角标注"*"；若在0.01显著性水平上拒绝H_0，可在实际计算出的q值右上角标注"**"。例如，本例中A，C两组的$|q|=5.89$，其等级数$a=3$，从表6.10中寻找相应的q临界值，得$q_{(18)(3)0.05}=3.61$，$q_{(18)(3)0.01}=4.70$。实际计算出的$|q|=5.89^{**}>q_{(18)(3)0.01}$，根据$q$检验统计决断规则(表6.11)，则$P<0.01$，故在0.01显著性水平上拒绝$H_0$(A，C两组的平均数无显著差异)。结论：A，C两组的平均数有显著差异。

表6.11　q检验统计决断规则

$\lvert q\rvert$与临界值比较	P值	检验结果
$\lvert q\rvert<q_{(df_{(a)0.05})组内}$	$P>0.05$	接受H_0而拒绝H_1
$q_{(df_{组内})(a)0.05}\leqslant\lvert q\rvert<q_{(df_{组内})(a)0.01}$	$0.01<P\leqslant0.05$	在0.05显著性水平上拒绝H_0而接受H_1
$\lvert q\rvert\geqslant q_{(df_{组内})(a)0.01}$	$P\leqslant0.01$	在0.01显著性水平上拒绝H_0而接受H_1

其他每对平均数之差的显著性检验结果见表6.12。

表6.12　三组数学成绩各对平均数的比较

	$\overline{X}_A(15.43)$	$\overline{X}_B(14.14)$
$\overline{X}_B(14.14)$	1.48	
$\overline{X}_C(10.29)$	5.89^{**}	4.41^{**}

(二)各组样本容量不等的情况

各组样本容量不等时，检验统计量为

$$q=\frac{\overline{X}_1-\overline{X}_2}{\sqrt{\frac{MS_{组内}}{2}\left(\frac{1}{n_1}+\frac{1}{n_2}\right)}} \tag{6.17}$$

式中，n_1和n_2分别表示两个样本的容量。

例如，在本章第二节的【例2】中，同一个年级的A，B，C，D四组学生在两个星期内都用 120 分钟复习同一组英语单词，对不同复习时间间隔的学习效果进行完全随机设计方差分析的检验，结果显示有显著差异。已知 $\overline{X}_A=24.5$，$\overline{X}_B=26.67$，$\overline{X}_C=29.20$，$\overline{X}_D=30.75$。现用 q 检验来逐对比较平均数差异的显著性。

在该例中，$MS_{组内}=8.66$，将各组有关数据代入公式(6.17)，求每对平均数之差的 q 值。例如，A，B 两组的 q 值为

$$q=\frac{\overline{X}_A-\overline{X}_B}{\sqrt{\frac{MS_{组内}}{2}\left(\frac{1}{n_A}+\frac{1}{n_B}\right)}}=\frac{24.50-26.67}{\sqrt{\frac{8.66}{2}\left(\frac{1}{4}+\frac{1}{6}\right)}}=-1.62$$

求其他各组平均数之差的 q 值以此类推。

根据 $df_{组内}=15$，$\alpha=0.05$，$\alpha=0.01$，以及每对平均数之间的各种等级数 a，查 q 值表(附表 4)，q 临界值如表 6.13 的第 3、第 4 列所示。

表 6.13 四组学生英语单词测验成绩平均数间的 q 临界值

$df_{组内}$	a	q 临界值	
		$q_{0.05}$	$q_{0.01}$
15	2	3.02	4.17
15	3	3.68	4.84
15	4	4.08	5.26

将实际计算出的每对平均数之差的 $|q|$ 与相应的 q 临界值进行比较。再根据 q 检验统计决断规则(表 6.11)，确定各对平均数之差的显著性。例如，A，B 两组的等级数 $a=2$，查表 6.13 得 $q_{(15)(2)0.05}=3.02$，而实际计算出的 $|q|=1.62<q_{(15)(2)0.05}$，根据 q 检验统计决断规则(表 6.11)，则 $P>0.05$，故只得接受 H_0(A，B 两组平均数无显著差异)。结论：两个星期内 A 组每逢星期一复习 60 分钟与 B 组每逢星期一、星期三各复习 30 分钟的学习效果无显著差异。其他各对平均数之差的显著性检验结果见表 6.14。

表 6.14 四组学生英语单词测验成绩各对平均数的比较

	$\overline{X}_A$(24.50)	$\overline{X}_B$(26.67)	$\overline{X}_C$(29.20)
$\overline{X}_B$(26.67)	1.62		
$\overline{X}_C$(29.20)	3.37	2.01	
$\overline{X}_D$(30.75)	4.25*	3.04	1.11

二、配对样本逐对平均数的比较

随机区组设计与重复测量设计的逐对平均数的比较相同，其检验统计量为

$$q=\frac{\overline{X}_1-\overline{X}_2}{\sqrt{\frac{MS_{残差}}{n}}} \tag{6.18}$$

式中，$MS_{残差}$ 表示残差方差；n 表示样本容量(随机区组设计的区组数或重复测量设

计的被试数)。

例如，在本章第三节的【例 4】中，四种生词密度文章的阅读理解成绩经重复测量方差分析的 F 检验，有显著差异。已知 $\overline{X}_A=7.67$，$\overline{X}_B=10.17$，$\overline{X}_C=13.67$，$\overline{X}_D=19.67$。现用 q 检验来比较每对平均数差异的显著性。

在该例中，$MS_{残差}=11.24$，将有关数据代入公式(6.18)，求每对生词密度文章阅读理解成绩平均数之差的 q 值。例如，A，B 两种生词密度文章阅读理解成绩平均数之差的 q 值为

$$q=\frac{\overline{X}_A-\overline{X}_B}{\sqrt{\frac{MS_{残差}}{n}}}=\frac{7.67-10.17}{\sqrt{\frac{11.24}{6}}}=-1.83$$

求其他各对生词密度文章的阅读理解成绩平均数之差的 q 值以此类推。

根据 $df_{残差}=15$，$\alpha=0.05$，$\alpha=0.01$，以及每对平均数之间的各种等级数 a，查 q 值表(附表 4)，q 临界值如表 6.15 的第 3、第 4 列所示。

表 6.15　四种生词密度文章阅读理解成绩平均数间的 q 临界值

$df_{组内}$	a	q 临界值	
		$q_{0.05}$	$q_{0.01}$
15	2	3.02	4.17
15	3	3.68	4.84
15	4	4.08	5.26

A，B 两种生词密度文章阅读理解成绩平均数的等级数为 2，从表 6.15 中可得 $q_{(15)(2)0.05}=3.02$，而实际计算出的 $|q|=1.83<q_{(15)(2)0.05}$，则 $P>0.05$。根据 q 检验统计决断规则(表 6.11)，只得接受 H_0(A，B 两种生词密度文章的阅读理解成绩无显著差异)。结论：A，B 两种生词密度文章阅读理解成绩的总体平均数相等。其他各对平均数之差的显著性检验结果见表 6.16。

表 6.16　四种生词密度文章阅读理解成绩各对平均数的比较

	$\overline{X}_A(7.67)$	$\overline{X}_B(10.17)$	$\overline{X}_C(13.67)$
$\overline{X}_B(10.17)$	2.50		
$\overline{X}_C(13.67)$	6.00*	3.50	
$\overline{X}_D(19.67)$	12.00**	9.50**	6.00*

第五节　多组方差的齐性检验

方差分析的 F 检验以各种实验处理的组内方差齐性为前提。在方差分析之前，理应对各种处理的组内方差先进行齐性检验。如果方差齐性，而经 F 检验几种处理的平均数差异显著，这时才可以将各种处理的平均数差异归因于其总体平均数不同；如果不能判断几种总体方差是否齐性，那么经 F 检验所得各种处理的平均数差异显

著的结果，可能部分归因于各种处理的方差不同。但是，方差齐性检验也可以在 F 检验结果为各种处理的平均数差异显著的情况下进行，因为 F 检验之后，如果各种处理的平均数差异不显著，则不必进行方差齐性检验。

两组方差齐性检验可采用第五章提出的 F 检验，多组方差的齐性检验可采用哈特莱(Hartley)提出的最大 F 值检验法，其检验统计量为

$$F_{\text{最大}}=\frac{S^2_{\text{最大}}}{S^2_{\text{最小}}} \tag{6.19}$$

式中，$S^2_{\text{最大}}$ 表示各种处理的最大方差；$S^2_{\text{最小}}$ 表示各种处理的最小方差。

一、各组样本容量相等的情况

例如，在本章第二节的【例 1】中，A，B，C 三种数学教学方法对学生数学成绩影响的 F 检验结果表明，至少两组平均数之间存在显著差异。现对其三组方差进行齐性检验。

检验的步骤如下。

①提出假设。

$H_0:\sigma^2_{\mathrm{A}}=\sigma^2_{\mathrm{B}}=\sigma^2_{\mathrm{C}}$

H_1：至少有两个总体方差不等

②计算检验统计量的值。

现使用表 6.2 中的有关数据计算各组总体方差的估计值。

$$S^2_{\mathrm{A}}=\frac{\sum X^2_{\mathrm{A}}-\left(\sum X_{\mathrm{A}}\right)^2/n}{n-1}=\frac{1700-1666.29}{7-1}=5.62$$

$$S^2_{\mathrm{B}}=\frac{\sum X^2_{\mathrm{B}}-\left(\sum X_{\mathrm{B}}\right)^2/n}{n-1}=\frac{1423-1400.14}{7-1}=3.81$$

$$S^2_{\mathrm{C}}=\frac{\sum X^2_{\mathrm{C}}-\left(\sum X_{\mathrm{C}}\right)^2/n}{n-1}=\frac{780-740.57}{7-1}=6.57$$

本例中 $S^2_{\text{最大}}$ 为 6.57，$S^2_{\text{最小}}$ 为 3.81，于是

$$F_{\text{最大}}=\frac{S^2_{\text{最大}}}{S^2_{\text{最小}}}=\frac{6.57}{3.81}=1.72$$

③做出统计决断。

在 $F_{\text{最大}}$ 界值表(附表 5)中查 $F_{\text{最大}}$ 的临界值需要三个条件：方差的组数(数目)k、自由度 df、显著性水平 α。本例根据 $k=3$，$df=7-1=6$ 和 α 值查附表 5，寻找相应的 $F_{\text{最大}}$ 的临界值，可得 $F_{\text{最大}0.05}=8.38$，$F_{\text{最大}0.01}=15.5$。实际计算出的 $F_{\text{最大}}=1.72<F_{\text{最大}0.05}$，根据 $F_{\text{最大}}$ 检验统计决断规则(表 6.17)，则 $P>0.05$，故只得接受 H_0 而拒绝 H_1。结论：三个实验组数据总体方差齐性。因此，本例所做出的至少两个总体平均数存在显著性差异的结论是可靠的。

表 6.17　$F_{最大}$检验统计决断规则

$F_{最大}$与临界值比较	P 值	检验结果
$F_{最大}<F_{最大0.05}$	$P>0.05$	接受 H_0 而拒绝 H_1
$F_{最大0.05}\leqslant F_{最大}<F_{最大0.01}$	$0.01<P\leqslant 0.05$	在 0.05 显著性水平上拒绝 H_0 而接受 H_1
$F_{最大}\geqslant F_{最大0.01}$	$P\leqslant 0.01$	在 0.01 显著性水平上拒绝 H_0 而接受 H_1

二、各组样本容量不等的情况

例如，在本章第二节的【例 2】中，四组学生以不同时间间隔复习同一组英语单词的成绩，经方差分析有显著差异。现进行四组方差的齐性检验。

检验的步骤如下。

①提出假设。

$H_0:\sigma_A^2=\sigma_B^2=\sigma_C^2=\sigma_D^2$　　　H_1：至少有两个总体方差不等

②计算检验统计量的值。

现使用表 6.4 中的有关数据计算各总体方差的估计值。

$$S_A^2=\frac{\sum X_A^2-\left(\sum X_A\right)^2/n_A}{n_A-1}=\frac{2436-2401}{4-1}=11.667$$

$$S_B^2=\frac{\sum X_B^2-\left(\sum X_B\right)^2/n_B}{n_B-1}=\frac{4320-4266.67}{6-1}=10.667$$

$$S_C^2=\frac{\sum X_C^2-\left(\sum X_C\right)^2/n_C}{n_C-1}=\frac{4284-4263.2}{5-1}=5.200$$

$$S_D^2=\frac{\sum X_D^2-\left(\sum X_D\right)^2/n_D}{n_D-1}=\frac{3803-3782.25}{4-1}=6.917$$

本例中 $S_{最大}^2$ 为 11.667，$S_{最小}^2$ 为 5.200，于是

$$F_{最大}=\frac{S_{最大}^2}{S_{最小}^2}=\frac{11.667}{5.200}=2.244$$

③做出统计决断。

当各组样本容量不等时，可用容量最大一组的样本容量计算自由度。本例第二组样本容量最大，即 $n=6$。根据 $k=4$，$df=n-1=6-1=5$ 以及显著性水平，查 $F_{最大}$ 的临界值表(附表 5)，可得 $F_{最大0.05}=13.7$。实际计算出的 $F_{最大}=2.244<F_{最大0.05}$，根据 $F_{最大}$ 检验统计决断规则(表 6.17)，则 $P>0.05$，故只得接受 H_0 而拒绝 H_1。因此，可以承认组间与组内方差 F 检验的结果，即至少有两个总体平均数差异显著。

第六节　多因素方差分析简介

本章第二节与第三节的方差分析都是单因素的，而教育现象的发生与变化往往是多种因素共同作用的结果，这就需要在教育实验中设计多个因素，不仅研究分析各个因素对因变量的影响——主效应，也考察因素之间相互作用对因变量的影响——交互作用。所谓交互作用，是指一个因素对因变量的影响随着另一因素水平的变化而变

化，或者说一个因素对因变量的影响在另一因素不同水平上存在着差异。多因素方差分析的重要功能也是区分单因素方差分析的一个重要特征，因为它能够分析因素之间的交互作用，从而为选择最佳的因素组合提供科学根据。

多因素方差分析十分复杂，仅就两因素方差分析来说，就可以分为两个因素都是被试间因素(独立样本)的完全随机设计的方差分析、两因素都为被试内因素(配对样本)的重复测量设计的方差分析以及一个为被试内因素另一个为被试间因素的混合设计的方差分析。现以两因素完全随机设计的方差分析为例说明多因素方差分析的基本方法，为读者进一步学习其他多因素方差分析打下基础。

一、两因素完全随机设计方差分析的基本方法

若一个实验有两个被试间因素，其中 A 因素有 p 个水平，B 因素有 q 个水平，现对 A 因素、B 因素、A 与 B 两因素的交互作用对因变量影响的显著性进行检验，检验步骤如下。

第一步，提出假设。由于要检验三个效应，故共有三个假设。

①$H_0:\mu_{a_1}=\mu_{a_2}=\cdots=\mu_{a_p}$　　　H_1：H_0 为假

H_0 是说 A 因素对因变量无影响，即 A 因素不同水平的总体平均数不存在差异。H_1 是说 A 因素对因变量有影响，即 A 因素中至少有两个水平的总体平均数存在差异。

②$H_0:\mu_{b_1}=\mu_{b_2}=\cdots=\mu_{b_q}$　　　H_1：H_0 为假

H_0 是说 B 因素对因变量无影响，即 B 因素不同水平的总体平均数不存在差异。H_1 是说 B 因素对因变量有影响，即 B 因素中至少有两个水平的总体平均数存在差异。

③$H_0:\mu_{a_1b_1}=\mu_{a_1b_2}=\cdots=\mu_{a_1bq}=\mu_{a_2b_1}=\mu_{a_2b_2}=\cdots=\mu_{a_2bq}=\cdots=\mu_{apb_1}=\mu_{apb_2}=\cdots=\mu_{apbq}$

H_1：H_0 为假

第二步，确定检验统计量。

A 因素的检验统计量为

$$F=\frac{MS_{\text{A}}}{MS_{\text{组内}}} \tag{6.20}$$

式中，MS_{A} 表示 A 因素的组间方差；$MS_{\text{组内}}$ 表示组内方差。

B 因素的检验统计量为

$$F=\frac{MS_{\text{B}}}{MS_{\text{组内}}} \tag{6.21}$$

式中，MS_{B} 表示 B 因素的组间方差。

A 与 B 两因素的交互作用的检验统计量为

$$F=\frac{MS_{\text{A}\times\text{B}}}{MS_{\text{组内}}} \tag{6.22}$$

式中，$MS_{\text{A}\times\text{B}}$ 表示 A 与 B 两因素的交互作用的组间方差。

第三步，做出统计决断。根据 F 检验统计决断规则(表 5.6)进行 F 检验，方法

与前文所述相同。

二、两因素完全随机设计方差分析举例

【例 5】 某研究者要探查生词密度(1∶10 与 1∶20)与学习时段(下午与上午)对学生阅读理解的影响，将 20 名学生随机分成 4 组，每组 5 人，再将这 4 组随机分配到不同的实验处理中，因变量是学生的阅读理解测验成绩，测验结果如表 6.18 所示。问：①生词密度对阅读理解是否有影响？②学习时段对阅读理解是否有影响？③生词密度与学习时段对阅读理解的影响是否存在交互作用？

表 6.18　20 名学生的阅读理解测验成绩

A 因素(生词密度)	B 因素(学习时段)		总和
	b_1(上午)	b_1(上午)	
a_1(1∶10)	19	11	
	17	8	
	13	9	
	15	5	
	11	7	
	$\overline{X}=15$	$\overline{X}=8$	
	$\sum X=75$	$\sum X=40$	$\sum\sum X=115$
	$\sum X^2=1165$	$\sum X^2=340$	$\sum\sum X^2=1505$
a_2(1∶20)	20	19	
	19	16	
	18	17	
	16	13	
	12	15	
	$\overline{X}=17$	$\overline{X}=16$	
	$\sum X=85$	$\sum X=80$	$\sum\sum X=165$
	$\sum X^2=1485$	$\sum X^2=1300$	$\sum\sum X^2=2785$
总和	$\sum\sum X=160$	$\sum\sum X=120$	$\sum\sum X=280$
	$\sum\sum X^2=2650$	$\sum\sum X^2=1640$	$\sum\sum X^2=4290$

检验的步骤如下。

第一步，提出假设。由于要检验三个效应，故共有三个假设。

①$H_0:\mu_{a_1}=\mu_{a_2}$　　　$H_2:\mu_{a_1}\neq\mu_{a_2}$

H_0 是说生词密度对阅读理解没有影响，即在 1∶10 与 1∶20 两种生词密度下，学生的阅读理解测验成绩的总体平均数相等。H_1 是说生词密度对阅读理解有影响，即在 1∶10 与 1∶20 两种生词密度下，学生的阅读理解测验成绩的总体平均数不相等。

②$H_0:\mu_{b_1}=\mu_{b_2}$　　　$H_1:\mu_{b_1}\neq\mu_{b_2}$

H_0 是说上午学习与下午学习对阅读理解没有影响，即在上午与下午两种学习时

段，学生的阅读理解测验成绩的总体平均数相等。H_1 是说上午学习与下午学习对阅读理解测验成绩有影响，即在上午与下午两种学习时段，学生的阅读理解测验成绩的总体平均数不相等。

③H_0：生词密度与学习时段对阅读理解影响的交互作用不显著

H_1：生词密度与学习时段对阅读理解影响的交互作用显著

第二步，计算检验统计量的值。A，B，A×B 的检验统计量可以用它们的平方和除以各自相应的自由度来表示，分别为

$$F=\frac{MS_{\mathrm{A}}}{MS_{组内}}=\frac{SS_{\mathrm{A}}/df_{\mathrm{A}}}{SS_{组内}/df_{组内}}$$

$$F=\frac{MS_{\mathrm{B}}}{MS_{组内}}=\frac{SS_{\mathrm{B}}/df_{\mathrm{B}}}{SS_{组内}/df_{组内}}$$

$$F=\frac{MS_{\mathrm{A\times B}}}{MS_{组内}}=\frac{SS_{\mathrm{A\times B}}/df_{\mathrm{A\times B}}}{SS_{组内}/df_{组内}}$$

①平方和的分解。2×2 完全随机设计的总平方和可以分解为 A 因素平方和、B 因素平方和、A×B 交互作用平方和与组内平方和，用公式表示为

$$SS_{总}=SS_{\mathrm{A}}+SS_{\mathrm{B}}+SS_{\mathrm{A\times B}}+SS_{组内}$$

从上式可知，两因素完全随机设计的平方和与单因素完全随机设计的平方和的不同之处在于，前者的组间平方和可以分解为 A 因素平方和、B 因素平方和、A×B 交互作用平方和，用公式表示为

$$SS_{组间}=SS_{\mathrm{A}}+SS_{\mathrm{B}}+SS_{\mathrm{A\times B}}$$

为了计算 $SS_{总}$，$SS_{组间}$ 与 $SS_{组内}$，先把 a_1b_1，a_1b_2，a_2b_1，a_2b_2 看作单因素完全随机设计的 4 组($k=4$)，每组 5 人($n=5$)。将数据代入相关公式得

$$SS_{总}=\sum\sum X^2-\frac{(\sum\sum X)^2}{nk}=4290-\frac{280^2}{5\times 4}=370$$

$$SS_{组间}=\sum\frac{(\sum X)^2}{n}-\frac{(\sum\sum X)^2}{nk}=\frac{75^2+40^2+85^2+80^2}{5}-\frac{280^2}{5\times 4}=250$$

$$SS_{组内}=SS_{总}-SS_{组间}=370-250=120$$

计算出以上各种平方和后，计算 SS_{A}，SS_{B} 与 $SS_{\mathrm{A\times B}}$。

计算 SS_{A} 时，是将 20 名学生只按 A 因素分组，即分成 a_1 与 a_2 两组($k_a=2$)，每组 10 人($n_a=10$)。将数据代入相关公式得

$$SS_{\mathrm{A}}=\sum\frac{(\sum X_a)^2}{n_a}-\frac{(\sum\sum X_a)^2}{n_ak_a}=\frac{115^2+165^2}{10}-\frac{280^2}{10\times 2}=125$$

同理，计算 SS_{B} 时，是将 20 名学生只按 B 因素分组，即分成 b_1 与 b_2 两组($k_b=2$)，每组 10 人($n_b=10$)。将数据代入相关公式得

$$SS_{\mathrm{B}}=\sum\frac{(\sum X_b)^2}{n_b}-\frac{(\sum\sum X_b)^2}{n_bk_b}=\frac{160^2+120^2}{10}-\frac{280^2}{10\times 2}=80$$

根据 $SS_{组间}=SS_{\mathrm{A}}+SS_{\mathrm{B}}+SS_{\mathrm{A\times B}}$，则

$$SS_{\mathrm{A\times B}}=SS_{组间}-SS_{\mathrm{A}}-SS_{\mathrm{B}}=250-125-80=45$$

②自由度的分解。总自由度可分布为组间自由度和组内自由度，计算得

$$df_{总}=nk-1=5\times4-1=19$$

$$df_{组间}=k-1=4-1=3$$

$$df_{组内}=(n-1)\times k=(5-1)\times4=16$$

组间自由度又可以分为 A，B，A×B 三部分，则

$$df_{A}=k_{a}-1=2-1=1$$

$$df_{B}=k_{b}-1=2-1=1$$

$$df_{A\times B}=df_{组间}-df_{A}-df_{B}=3-1-1=1$$

③计算方差。

$$MS_{A}=\frac{SS_{A}}{df_{A}}=\frac{125}{1}=125$$

$$MS_{B}=\frac{SS_{B}}{df_{B}}=\frac{80}{1}=80$$

$$MS_{A\times B}=\frac{SS_{A\times B}}{df_{A\times B}}=\frac{45}{1}=45$$

$$MS_{组内}=\frac{SS_{组内}}{df_{组内}}=\frac{120}{16}=7.5$$

④计算 F 值。分别对 A 因素、B 因素、A×B 交互作用进行 F 检验：

$$F=\frac{MS_{A}}{MS_{组内}}=\frac{125}{7.5}=16.67$$

$$F=\frac{MS_{B}}{MS_{组内}}=\frac{80}{7.5}=10.67$$

$$F=\frac{MS_{A\times B}}{MS_{组内}}=\frac{45}{7.5}=6$$

第三步，做出统计决断。根据 $df_{A}=1$，$df_{B}=1$，$df_{A\times B}=1$，$df_{组内}=16$，查 F 值表，得 $F_{(1,16)0.05}=4.49$，$F_{(1,16)0.01}=8.53$。将实际计算出来的 F 值与临界值进行比较：对于 A 因素，$F=16.67>F_{(1,16)0.01}$；对于 B 因素，$F=10.67>F_{(1,16)0.01}$；对于 A×B 交互作用，$F_{(1,16)0.05}<F=6<F_{(1,16)0.01}$。

根据 F 检验统计决断规则(表 5.6)，在 0.01 显著性水平上拒绝 H_0(生词密度对阅读理解没有影响)而接受 H_1(生词密度对阅读理解有影响)；在 0.01 显著性水平上拒绝 H_0(学习时段对阅读理解没有影响)而接受 H_1(学习时段对阅读理解有影响)；在 0.05 显著性水平上拒绝 H_0(生词密度与学习时段对阅读理解影响的交互作用不显著)而接受 H_1(生词密度与学习时段对阅读理解影响的交互作用显著)。

第四步，列出方差分析表(表 6.19)。

表 6.19　两种生词密度与两个学习时段对阅读理解影响的方差分析表

差异来源	平方和(SS)	自由度(df)	方差(MS)	F
A 因素	125	1	125	16.67**
B 因素	80	1	80	10.67**

续表

差异来源	平方和(SS)	自由度(df)	方差(MS)	F
A×B	45	1	45	6*
组内	120	16	7.5	
总差异	370	19		

三、对交互作用的进一步分析

(一)交互作用图

一旦交互作用显著，接下来需要进一步说明交互作用的含义是什么，即说明一个自变量对因变量的影响是如何随着另一自变量水平而变化的。一种简单的方法是绘制交互作用图，以观察一个因素的各个水平上因变量的差异如何随另一个因素水平的变化而变化。制作图解时，先应计算出每个处理水平上的平均数，然后以平均数作图。以【例 5】为例，根据表 6.18 中四种处理下的平均数，可以分别从纵向与横向两个方向做折线图(图 6.2)。

图 6.2(a)表明生词密度对阅读理解测验成绩的影响在上午与下午两个学习时段是不一样的。在上午学习这一水平上，两种生词密度的阅读理解测验成绩均较高，似乎不存在差异，而在下午学习这一水平上，1∶10 的阅读理解测验成绩显然低于 1∶20。

图 6.2(b)表明，在生词密度为 1∶20 这一水平上，两种学习时段的阅读理解测验成绩均较高，似乎不存在差异，而在生词密度为 1∶10 这一水平上，上午学习的阅读理解测验成绩显然高于下午学习。

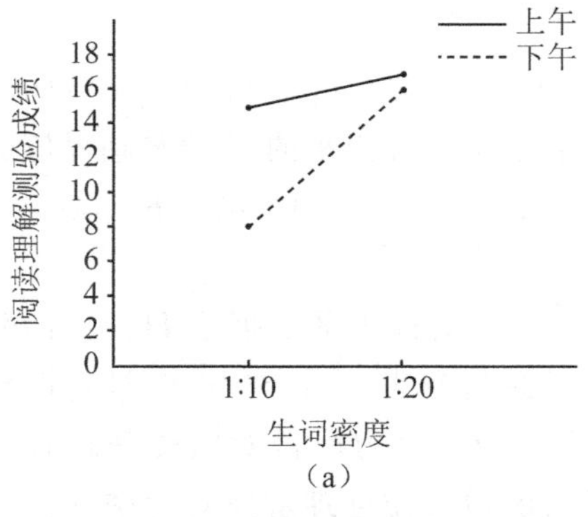

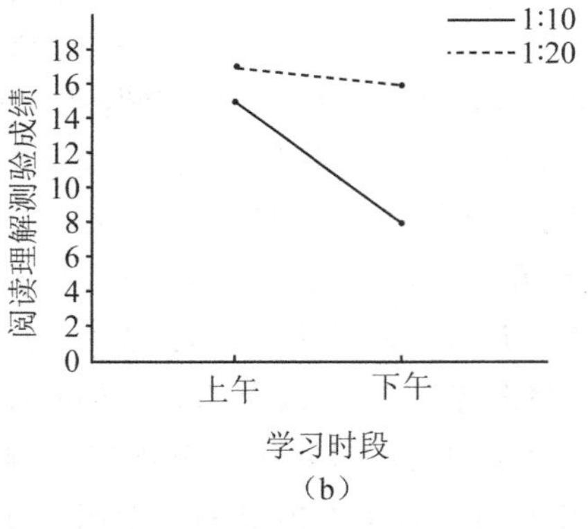

图 6.2 生词密度与学习时段对阅读理解测验成绩影响的交互作用折线图

交互作用还可以通过绘制条形图来直观呈现。仍以【例 5】为例，根据表 6.18 中四种处理下的平均数，可以分别从两个方向做复式直条图(图 6.3)。

图解方法简单形象，可以使读者对交互模式有一个粗略的直观印象，但对图的解释是主观的，有时不同的研究者可能会对同一图形做出不同的解释。尤其是出现复杂的交互作用时，研究者往往很难单纯凭借经验做出直观的解释。因此，图解方法一般只作为交互作用分析的第一步，它需要同统计检验结合起来，以便进一步用数据对交互作用的意义做出更精确、可靠的解释。

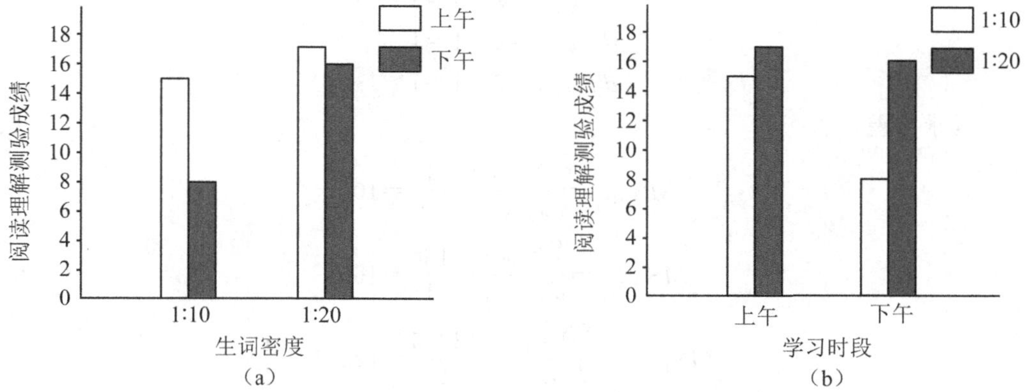

图 6.3　生词密度与学习时段对阅读理解测验成绩影响的交互作用条形图

(二)简单效应检验

简单效应检验就是分别检验一个因素在另一个因素的不同水平上的效应，以便具体地确定一个因素的效应在另一个因素的哪个(些)水平上是显著的，在哪个(些)水平上是不显著的。以上例为例，就是分别检验在上午与下午两个学习时段水平上，不同生词密度对阅读理解的影响，或分别检验在生词密度 1∶10 和 1∶20 两个水平上，不同学习时段对阅读理解的影响。仍采用 F 检验，简要步骤如下。

①求平方和。

根据表 6.18 中 b_1 水平上的两组数据[$k_{a(b_1)}=2$]，每组 5 人[$k_{a(b_1)}=5$]，计算 A 因素在 b_1 水平上的平方和：

$$SS_{A(b_1)}=\sum\frac{\left[\sum X_{a(b_1)}\right]^2}{n_{a(b_1)}}-\frac{\left[\sum\sum X_{a(b_1)}\right]^2}{n_{a(b_1)}k_{a(b_1)}}=\frac{75^2+85^2}{5}-\frac{160^2}{5\times 2}=10$$

根据表 6.18 中 b_2 水平上的两组数据[$k_{a(b_2)}=2$]，每组 5 人[$n_{a(b_2)}=5$]，计算 A 因素在 b_2 水平上的平方和：

$$SS_{A(b_2)}=\sum\frac{\left[\sum X_{a(b_2)}\right]^2}{n_{a(b_2)}}-\frac{\left[\sum\sum X_{a(b_2)}\right]^2}{n_{a(b_2)}k_{a(b_2)}}=\frac{40^2+80^2}{5}-\frac{120^2}{5\times 2}=160$$

根据表 6.18 中 a_1 水平上的两组数据[$k_{b(a_1)}=2$]，每组 5 人[$n_{b(a_1)}=5$]，计算 B 因素在 a_1 水平上的平方和：

$$SS_{B(a_1)}=\sum\frac{\left[\sum X_{b(a_1)}\right]^2}{n_{b(a_1)}}-\frac{\left[\sum\sum X_{b(a_1)}\right]^2}{n_{b(a_1)}k_{b(a_1)}}=\frac{75^2+40^2}{5}-\frac{115^2}{5\times 2}=122.5$$

根据表 6.18 中 a_2 水平上的两组数据[$k_{b(a_2)}=2$]，每组 5 人[$n_{b(a_2)}=5$]，计算 B 因素在 a_1 水平上的平方和：

$$SS_{B(a_2)}=\sum\frac{\left[\sum X_{b(a_2)}\right]^2}{n_{b(a_2)}}-\frac{\left[\sum\sum X_{b(a_2)}\right]^2}{n_{b(a_2)}k_{b(a_2)}}=\frac{85^2+80^2}{5}-\frac{165^2}{5\times 2}=2.5$$

②计算自由度。

$$df_{A(b_1)}=2-1=1$$
$$df_{A(b_2)}=2-1=1$$
$$df_{B(a_1)}=2-1=1$$
$$df_{B(a_2)}=2-1=1$$

③求方差。

$$MS_{A(b_1)}=\frac{SS_{A(b_1)}}{df_{A(b_1)}}=\frac{10}{1}=10$$
$$MS_{A(b_2)}=\frac{SS_{A(b_2)}}{df_{A(b_2)}}=\frac{160}{1}=160$$
$$MS_{B(a_1)}=\frac{SS_{B(a_1)}}{df_{B(a_1)}}=\frac{122.5}{1}=122.5$$
$$MS_{B(a_2)}=\frac{SS_{B(a_2)}}{df_{B(a_2)}}=\frac{2.5}{1}=2.5$$

④求 F 值。

$$F=\frac{MS_{A(b_1)}}{MS_{组内}}=\frac{10}{7.5}=1.33$$
$$F=\frac{MS_{A(b_2)}}{MS_{组内}}=\frac{160}{7.5}=21.33$$
$$F=\frac{MS_{B(a_1)}}{MS_{组内}}=\frac{122.5}{7.5}=16.33$$
$$F=\frac{MS_{B(a_2)}}{MS_{组内}}=\frac{2.5}{7.5}=0.33$$

⑤做出统计决断。

根据 $df_{A(b_1)}=df_{A(b_2)}=df_{B(a_1)}=df_{B(a_2)}=1$ 及 $df_{组内}=16$，查 F 值表(附表 3)，得 $F_{(1,16)0.05}=4.49$，$F_{(1,16)0.01}=8.53$，将实际计算出来的 F 值与临界值相比较，按照 F 检验统计决断规则(表 5.6)确定其显著性，并把检验结果列入方差分析表。检验结果表明：A 因素在 b_1 水平上不显著，即在上午学习的情况下，1∶10 与 1∶20 两种生词密度的阅读理解测验成绩差异不显著；A 因素在 b_2 水平上显著，即在下午学习的情况下，1∶10 与 1∶20 两种生词密度的阅读理解测验成绩差异显著；B 因素在 a_1 水平上显著，即在 1∶10 的生词密度的情况下，上午学习与下午学习的阅读理解测验成绩差异显著；B 因素在 a_2 水平上不显著，即在 1∶20 的生词密度的情况下，上午学习与下午学习的阅读理解测验成绩差异不显著。具体结果见表 6.20。

表 6.20 两种生词密度与两种学习时段对阅读理解测验成绩影响的简单效应方差分析表

差异来源		平方和(SS)	自由度(df)	方差(MS)	F
A 因素	b_1 水平	10	1	10	1.33
	b_2 水平	160	1	160	21.33^{**}

续表

差异来源		平方和(SS)	自由度(df)	方差(MS)	F
B因素	a_1 水平	122.5	1	122.5	16.33**
	a_2 水平	2.5	1	2.5	0.33
组内		120	16	7.5	

练习题

1. 为什么要采用方差分析来对多组平均数的差异进行显著性检验？

2. 为什么可用 F 比值检验多组平均数差异的显著性？

3. 某校从高中一年级的三个班中各随机抽取 5 名学生参加物理考试，成绩如下。高一(1)班：74，68，80，72，73。高一(2)班：78，86，83，81，82。高一(3)班：71，72，68，69，70。问三个班的物理成绩是否一样好？若三个班的物理成绩存在显著差异，试进行逐对平均数差异的显著性检验。

4. 从 A，B，C，D 四所学校各随机抽取几名学生参加作文比赛。A 校参赛学生的成绩为 78，87，70，76；B 校参赛学生的成绩为 60，72，63；C 校参赛学生的成绩为 73，71，84，66，85；D 校参赛学生的成绩为 69，72，77，81。问四所学校学生作文成绩是否有显著差异？若四所学校学生作文成绩存在显著差异，试进行逐对平均数差异的显著性检验。

5. 从四所中学的八年级各随机抽取部分学生参加数学测验，结果如下表所示。问四所学校八年级学生的数学成绩是否有显著差异？

校别	人数	平均数	标准差
A	38	66	8.1
B	36	69	12.9
C	40	74	11.1
D	48	78	7.8

6. 让 4 名学生先后做三套认识率相同而汉字不同的组词测验，结果如下表所示。问三套测验是不是平均数相等的复本测验？若方差分析结果为差异显著，试进行逐对平均数差异的显著性检验。

序号	X_A	X_B	X_C
1	71.7	73.4	72.3
2	71.5	72.6	72.1
3	70.1	72.3	70.8
4	70.6	72.2	71.6

7. 对第 3 题进行方差齐性检验。

8. 某研究者研究数学焦虑与学习准备时间对数学考试成绩的影响。将挑选出的

15 名高数学焦虑的学生随机分成 3 组，每组 5 人，分别安排不同的学习准备时间(0 小时、1 小时、2 小时)。同样，将挑选出的 15 名低数学焦虑的学生也随机分成 3 组，每组 5 人，分别安排不同的学习准备时间(0 小时、1 小时、2 小时)。因变量是学生在 20 题的数学测验上的得分，结果如下表所示。

A 因素(焦虑程度)	B 因素(学习准备时间)		
	b_1(0 小时)	b_2(1 小时)	b_3(2 小时)
a_1(高焦虑)	10	11	19
	9	8	17
	5	9	13
	7	5	15
	4	7	11
a_2(低焦虑)	18	19	20
	16	16	19
	14	17	18
	16	13	16
	11	15	12

(1)数学焦虑对数学考试成绩是否有影响?

(2)学习准备时间对数学考试成绩是否有影响?

(3)数学焦虑与学习准备时间对数学考试成绩的影响是否存在交互作用?

(4)若数学焦虑与学习准备时间对数学考试成绩的影响存在交互作用，试绘制交互作用图并进行简单效应分析。

第七章　相关分析

集中量和差异量是对单变量进行描述的特征量，若要对两个变量之间的变化关系进行描述，就要用到相关量。例如，同一组学生两门学科成绩的关系，智力水平与学习成绩的关系，某一试题的得分与试卷总分之间的关系，等等。这些都要用到相关量来描述。

第一节　相关的意义

一、相关的概念

两个变量之间的关系可以分为两类。一类是变量之间具有严格的确定性关系，如正方形的边长与面积的关系，知道了边长就能准确无误地得出相应的面积。像这样两个变量之间准确、稳定的变化关系，就称为函数关系。另一类是变量之间存在着一定的依存制约关系，但这类关系还没有密切到由一个变量准确决定另一变量的程度。例如，对于体重与身高的关系，高的人往往较重，但一个人的身高往往不能准确预测其体重。又如，对于智力水平与学习成绩的关系，智力水平较高的人往往学习成绩较好，但一个人的智力水平也不能准确预测其学习成绩。像这样两个变量之间不准确、不稳定的变化关系，就称为相关关系。

从变化方向来看，两个变量之间的相关关系有以下两种类型。

(一)正相关

两个变量的变化方向一致，即一个变量值变大时，另一个变量值也随之变大，一个变量值变小时，另一个变量值也随之变小，这两个变量之间的相关关系称为正相关，如身高与体重之间的关系、智力水平与学习成绩之间的关系等。

(二)负相关

两个变量的变化方向相反，即一个变量值变大时，另一个变量值相应变小，一个变量值变小时，另一个变量值相应变大，这两个变量之间的相关关系称为负相关，如复习次数与遗忘数量之间的关系、解题能力与解题所用时间的关系等。

从变化密切程度看，两个变量之间的相关关系又存在高低之别。无论两个变量的变化方向是否一致，密切程度高的称为强相关或高度相关，密切程度一般的称为中度相关，密切程度弱的称为弱相关或低度相关。

二、散点图

相关研究中常常运用散点图来表示两个变量之间的关系。在直角坐标系中，横轴为 X，纵轴为 Y，将变量 X，Y 的成对数据(X，Y)描点，就构成了散点图。图上点的散布形状与稀疏程度显示两个变量的相关类型和相关程度，能够对原始数据间的关系做直观、有效的预测与解释。

散点图的形状多种多样。设以($\overline{X}$，$\overline{Y}$)为原点，若第一、第三象限的散点多于第二、第四象限，且分布范围狭窄，则为高度正相关，如图 7.1(a)所示；若第一、第三象限的散点多于第二、第四象限，且分布范围适中，则为中度正相关，如图 7.1(b)所示；若第二、第四象限的散点多于第一、第三象限，且分布范围适中，则为中度负相关，如图 7.1(c)所示。以上三个散点图的分布形状都呈斜向椭圆形，散点在椭圆中心处密集分布，椭圆长轴两端稀疏，散点集中在一条直线附近，这反映两变量之间的关系是直线关系，或称线性关系。如果用两个变量的标准分数，即 $Z_X=(X-\overline{X})/\sigma_X$，$Z_Y=(Y-\overline{Y})/\sigma_Y$ 来绘制散点图，可以更加准确地反映两个变量的相关程度。若四个象限的散点相等，且分布均匀，则为零相关，如图 7.1(d)所示。若散点分布呈曲线，则为曲线相关，如图 7.1(e)所示。

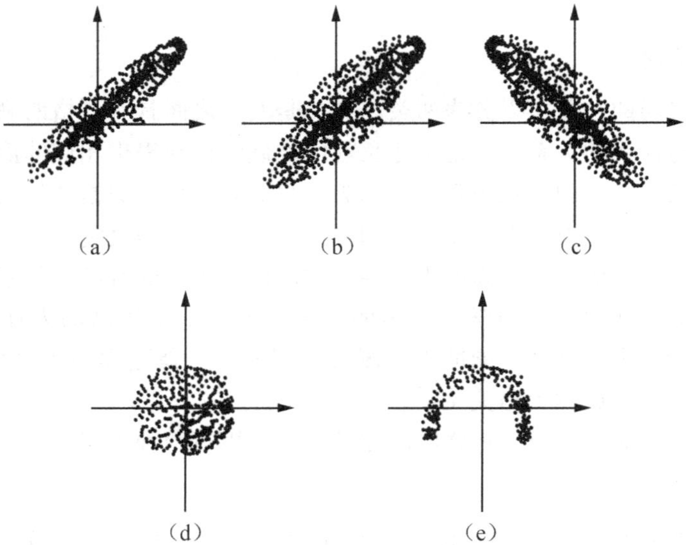

图 7.1 不同形态及不同密切程度的相关散点图

教育现象之间既可能是线性相关，也可能是曲线相关。本书只讨论线性相关，有关曲线相关的内容，有兴趣的读者可阅读其他统计学书籍。

三、相关系数

用来描述两个变量的变化方向及密切程度的特征量称为相关系数，一般样本相关系数用 r 表示，总体相关系数用 ρ 表示。

相关系数的取值范围是[-1，1]，即 $0\leqslant|r|\leqslant1$。r 的正、负号及绝对值的大小，可以表示两个变量的变化方向及密切程度。r 的正、负号表示变化方向。正号表示变化方向一致，即正相关；负号表示变化方向相反，即负相关。r 的绝对值表示两个变量的密切程度即强度。绝对值越接近 1，表示两个变量之间的关系越密切；绝对值越接近 0，表示两个变量之间的关系越不密切。$r=1$ 表示两个变量为完全正相关，$r=-1$ 表示两个变量为完全负相关。例如，$r_1=0.84$，$r_2=-0.25$，表示 r_1 为正相关，r_2 为负相关，r_1 的相关程度高于 r_2。又如，$r_1=-0.53$，$r_2=0.53$，虽然 r_1 为

负相关，r_2 为正相关，但 r_1 和 r_2 的相关程度相同。

对相关系数的值的解释，需要注意以下几点。

第一，相关系数的值只是一个比值。它不是等距度量值，也不是百分比，因此不能直接进行四则运算。例如，对于 $r_1=0.2$，$r_2=0.4$，$r_3=0.6$，既不能说 r_1-r_2、r_2-r_3 是相等的，也不能说在相关程度上 r_2 是 r_1 的 2 倍、r_3 是 r_1 的 3 倍。

第二，若两变量相关系数为 0，这只能表示两个变量之间没有线性关系，但它们之间还可能存在着曲线关系。因为线性相关系数并不能反映可能存在的曲线相关，所以两变量之间的实际相关程度可能比线性相关系数反映的相关程度要高。因此，在计算相关系数前，最好要绘制两个变量关系的散点图，以判断相关的类型。

第三，相关系数只能描述两个变量的变化方向及密切程度，并不能揭示两者之间内在的、本质的联系。若要分析其内在的本质的联系，必须借助与这两个变量有关的专业知识。另外，存在相关关系的两个变量不一定存在因果关系。相关关系可能是因果关系，也可能不是因果关系。若要判断存在相关的两个变量之间是否存在因果关系，同样要根据有关专业知识、经验做进一步的分析研究。

第二节 各种相关系数的计算

相关的种类很多，如积差相关、等级相关、肯德尔和谐系数、二列相关、点二列相关、多系列相关、四分相关、ϕ'与 ϕ 相关、列联相关等，本节仅介绍几种最常用的相关的使用条件及其相关系数的计算。

一、积差相关

(一)积差相关的使用条件

积差相关是皮尔逊(Karl Pearson)提出的一种计算相关系数的方法，又称积距相关。这是一种运用较为普遍的计算相关系数的方法，也是揭示两个变量线性相关方向与程度的最常用的和最基本的方法。

一般来说，计算皮尔逊相关系数的数据资料需要满足以下几个条件。

第一，两个变量都是由测量获得的连续性数据。

第二，两个变量的总体都呈正态分布，或接近正态分布，至少是单峰对称分布。

第三，必须是成对数据，而且各对数据相互独立。

第四，两个变量之间呈线性关系。这可通过观察散点图来确定。

第五，$n \geqslant 30$，计算出来的积差相关系数才有意义。

(二)积差相关系数的计算

为了介绍积差相关的定义公式，先介绍协方差。

协方差是两个变量离差乘积的算术平均数，用公式表示：

$$COV=\frac{\sum(X-\overline{X})(Y-\overline{Y})}{n} \tag{7.1}$$

式中，COV 表示两个变量的协方差；$X-\overline{X}$ 表示变量 X 的离差；$Y-\overline{Y}$ 表示变量 Y 的离差；n 表示样本容量。

【例 1】 表 7.1 是 5 位八年级学生的数学(X)与物理(Y)成绩，试计算两科成绩的协方差。

首先根据表 7.1 的第 2 列、第 3 列数据求出 $\overline{X}=70$，$\overline{Y}=82$，然后分别算出每个学生的 X 与 $\overline{X}$、Y 与 $\overline{Y}$ 的离差，见表 7.1 的第 4、第 5 列，再将第 4 列和第 5 列的数据相乘得到离差乘积，见表 7.1 的第 6 列，最后求离差乘积的平均数，就得到了协方差。在本例中，两科成绩的协方差为 8.2。

表 7.1 八年级学生数学(X)与物理(Y)成绩积差相关系数计算表

序号	X	Y	$X-\overline{X}$	$Y-\overline{Y}$	$(X-\overline{X})(Y-\overline{Y})$	$(X-\overline{X})^2$	$(Y-\overline{Y})^2$
1	74	86	4	4	16	16	16
2	71	85	1	3	3	1	9
3	72	81	2	−1	−2	4	1
4	68	80	−2	−2	4	4	4
5	65	78	−5	−4	20	25	16
总和	350	410	0	0	41	50	46

协方差是积差相关系数的基础。这个量数本身就能够反映两个变量之间的关系。当 X 大于 $\overline{X}$ 时，Y 也大于 $\overline{Y}$，而当 X 小于 $\overline{X}$ 时，Y 也小于 $\overline{Y}$，在这种情况下，两个变量离差乘积之和为正，且数值较大，说明两个变量的变化方向一致且关系密切；当 X 大于 $\overline{X}$ 时，Y 却小于 $\overline{Y}$，而当 X 小于 $\overline{X}$ 时，Y 却大于 $\overline{Y}$，在这种情况下，两个变量离差乘积之和为负，且数值较大，说明两个变量的变化方向相反且关系密切；当 X 大于 $\overline{X}$ 时，Y 可能大于 $\overline{Y}$，也可能小于 $\overline{Y}$，而当 X 小于 $\overline{X}$ 时，Y 可能小于 $\overline{Y}$，也可能大于 $\overline{Y}$，在这种情况下，两个变量离差乘积之和趋于 0，说明两个变量之间没有什么关系。

但是，协方差是带有具体单位的绝对量数，不能与单位不同的资料进行比较。为使协方差变成相对量数，能够与不同单位的资料进行比较，可将两个离差除以相应的标准差，使之变成两个标准分数，然后求两个标准分数乘积的算术平均数。

简言之，积差相关系数就是两个变量标准分数乘积的算术平均数，用公式表示：

$$r=\sum Z_X Z_Y=\frac{\sum\left(\frac{X-\overline{X}}{\sigma_X}\right)\left(\frac{Y-\overline{Y}}{\sigma_Y}\right)}{n}$$

$$=\frac{\sum(X-\overline{X})(Y-\overline{Y})}{n\sigma_X\sigma_Y} \tag{7.2}$$

式中，Z_X，Z_Y 分别表示变量 X，Y 的标准分；n 表示样本容量；σ_X，σ_Y 分别表示变量 X，Y 样本标准差。

根据表 7.1 中第 7、第 8 列的数据，则 5 名学生数学成绩与物理成绩的标准差为

$$\sigma_X=\sqrt{\frac{\sum(X-\overline{X})^2}{n}}=\sqrt{\frac{50}{5}}=3.162$$

$$\sigma_Y=\sqrt{\frac{\sum(Y-\overline{Y})^2}{n}}=\sqrt{\frac{46}{5}}=3.033$$

将表 7.1 中的有关数据代入公式(7.2)，则 5 名八年级学生数学与物理成绩的积差相关系数为

$$r=\frac{41}{5\times3.162\times3.033}=0.855$$

用定义公式计算相关系数的过程烦琐，结果也可能不够精确，因此一般采用原始数据直接计算相关系数，用公式表示：

$$r=\frac{\sum XY-\frac{(\sum X)(\sum Y)}{n}}{\sqrt{\sum X^2-\frac{(\sum X)^2}{n}}\sqrt{\sum Y^2-\frac{(\sum Y)^2}{n}}} \tag{7.3}$$

式中，$\sum XY$ 表示两变量 X，Y 的观察值乘积之和；$\sum X$，$\sum Y$ 分别表示变量 X，Y 的观察值之和；$\sum X^2$，$\sum Y^2$ 分别表示变量 X，Y 的观察值平方之和。

为了计算公式(7.3)中的有关数据，将表 7.1 列成表 7.2，并将表 7.2 中的有关数据代入公式(7.3)：

$$r=\frac{28741-350\times410/5}{\sqrt{24550-350^2/5}\sqrt{33666-410^2/5}}=0.855$$

表 7.2 用原始数据计算八年级学生数学与物理成绩积差相关系数的计算表

序号	X	Y	X^2	Y^2	XY
1	74	86	5476	7396	6364
2	71	85	5041	7225	6035
3	72	81	5184	6561	5832
4	68	80	4624	6400	5440
5	65	78	4225	6084	5070
总和	350	410	24550	33666	28741

二、等级相关

(一)等级相关的使用条件

当两个变量均为等级变量，或一个是连续型变量，另一个是等级变量，或两个变量虽均为连续型变量，但其总体分布不呈正态，样本容量也不够大($n<30$)，考察这两个变量之间的相关时要采用等级相关。

计算等级相关系数，数据要以秩次(rank)的形式呈现，若数据不是以秩次的形式呈现的，是要先进行转化。所谓秩次，是指在一列从低到高(从高到低)排列的数据中每个数据所占的位次，即排名，用符号 R 表示。例如，在某次语文测验中 5 名学生的成绩分别分 75，86，93，72，64，若从高到低排序，则 93 分第 1 名，86 分第 2

名，75分第3名，72分第4名，64分第5名。那么，这5个数据对应的秩次分别为3，2，1，4，5。一旦获得了两列变量的秩次，就可以将数据代入积差相关公式计算它们之间的等级相关系数了。由于等级相关是斯皮尔曼(Spearman)根据积差相关的概念推导出来的，故又称斯皮尔曼等级相关，它是积差相关的一个特例。

因为计算等级相关系数时并不要求总体呈正态分布，也不要求 $n \geqslant 30$，所以等级相关系数的应用范围较广。但是，若两个变量的原始数据都是较精确的测量资料，则不必化成较粗略的等级秩次资料，否则丢失很多信息。若两个变量或其中一个变量的原始资料属于等级性资料，或者难以判断资料所属总体呈何种分布形态，一般以采用等级相关为宜。

(二)等级相关系数的计算

计算等级相关系数的公式为

$$r_R = 1 - \frac{6\sum D^2}{n(n^2-1)} \tag{7.4}$$

式中，r_R 表示等级相关系数；D 表示两个变量每对数据秩次之差；n 表示样本容量。

【例2】 8名学生在两次100米测试中的排名如表7.3的第2列、第3列所示。问两次100米测试的相关性如何？

表7.3 8名学生两次100米跑排名的等级相关计算表

序号	R_X	R_Y	D	D^2
1	6	5	1	1
2	1	3	−2	4
3	8	7	1	1
4	2	1	1	1
5	3	2	1	1
6	4	6	−2	4
7	5	4	1	1
8	7	8	−1	1
总和				14

先计算两次100米测试的秩次之差($D=R_X-R_Y$)及差数的平方(D^2)，再计算差数平方之和($\sum D^2=14$)，最后将相关数据代入公式(7.4)：

$$r_R = 1 - \frac{6\times 14}{8\times(8^2-1)} = 0.833$$

若一个变量中有相同的秩次或数据，那么用公式(7.4)计算等级相关系数就会产生误差，需要进行校正。校正系数的计算公式为

$$C = \frac{t(t^2-1)}{12} \tag{7.5}$$

式中，C 是校正系数；t 是各列变量中相同的秩次数。

例如，8 名学生某次语文考试的成绩分别为 86，77，92，65，64，77，90，78。在这 8 个数据中，77 出现了两次，它们在从高到低排列的数据中的排名是第 5 和第 6，取平均数 5.5，则出现了两次的 77 的秩次均是 5.5。这样，语文考试成绩原始分数 86，77，92，65，64，77，90，78 转化后的秩次分别为 3，5.5，1，7，8，5.5，2，4，其中秩次 5.5 出现了 2 次，因此 $t=2$，代入公式(7.5)得

$$C=\frac{2(2^2-1)}{12}=0.5$$

当一列变量中出现多个相同的秩次时，就要用公式(7.5)来计算多个校正系数的连加和：

$$\sum C=\sum \frac{t(t^2-1)}{12} \tag{7.6}$$

例如，9 个学生在 10 点计分的学校满意度量表上的得分分别为 6，5，8，8，5，3，8，4，10。按从低到高的顺序将这 10 个原始等级分转化为秩次，分别为 5，3.5，7，7，3.5，1，7，2，9，其中秩次 3.5 出现了 2 次，秩次 7 出现了 3 次，则

$$\sum C=\frac{2(2^2-1)}{12}+\frac{3(3^2-1)}{12}=2.5$$

在有相同秩次时，计算斯皮尔曼等级相关系数的公式为

$$r_{RC}=\frac{\sum X^2+\sum Y^2-\sum D^2}{2\sqrt{\sum X^2\sum Y^2}} \tag{7.7}$$

式中，r_{RC} 是斯皮尔曼等级相关系数；$\sum X^2=\frac{n(n^2-1)}{12}-\sum C_X$（$C_X$ 是 R_X 的校正系数）；$\sum Y^2=\frac{n(n^2-1)}{12}-\sum C_Y$（$C_Y$ 是 R_Y 的校正系数）；D 表示两个变量每对数据秩次之差。

【例 3】 10 名学生物理考试成绩与自评的焦虑水平（焦虑水平以 10 点计分，1 为“毫不焦虑”，10 为“非常焦虑”）如表 7.4 的第 2 列、第 4 列所示。问两者之间的相关性如何？

表 7.4　10 名学生物理考试成绩与焦虑水平等级相关计算表

学生序号	物理考试成绩		焦虑水平		D	D^2
	X	R_X	Y	R_Y		
1	90	10	3	2.5	7.5	56.25
2	85	9	3	2.5	6.5	42.25
3	80	7.5	2	1	6.5	42.25
4	80	7.5	4	4.5	3	9
5	75	6	6	6	0	0
6	65	4	4	4.5	−0.5	0.25
7	65	4	7	7.5	−3.5	12.25

续表

学生序号	物理考试成绩		焦虑水平		D	D^2
	X	R_X	Y	R_Y		
8	65	4	9	9.5	−5.5	30.25
9	45	2	9	9.5	−7.5	56.25
10	35	1	7	7.5	−6.5	42.25
总和						291

虽然物理考试成绩可看作正态连续性变量，但焦虑水平是等级变量，故两者之间的相关系数需要采用等级相关公式来计算。

先将物理考试成绩与自评的焦虑水分依从低到高顺序转化为秩次，如表 7.4 的第 3 列、第 5 列所示，然后分别计算 D 与 D^2(第 6 列与第 7 列)，再分别计算 $\sum X^2$，$\sum Y^2$，最后代入公式(7.7)计算斯皮尔曼等级相关系数：

$$\sum X^2=\frac{10(10^2-1)}{12}-\left[\frac{2(2^2-1)}{12}+\frac{3(3^2-1)}{12}\right]=80$$

$$\sum Y^2=\frac{10(10^2-1)}{12}-\left[\frac{2(2^2-1)}{12}+\frac{2(2^2-1)}{12}+\frac{2(2^2-1)}{12}+\frac{2(2^2-1)}{12}\right]=80.5$$

$$r_{RC}=\frac{80+80.5-291}{2\times\sqrt{80\times 80.5}}=-0.812$$

(三)肯德尔和谐系数

斯皮尔曼等级相关考察的是两个等级变量之间的相关程度。当等级变量超过两个时，描述几个变量之间的一致性的量，称作肯德尔和谐系数。它适合表示几个评定者对同一组评定对象评定的一致性，或同一个评定者对同一组评定对象多次评定之间的一致性。

如计算斯皮尔曼等级相关系数一样，计算肯德尔和谐系数时，几个变量的数据也均要以秩次呈现，若数据不是以秩次呈现的，要先进行转化。

【例 4】 4 位美术教师按照从好到差的顺序对 4 幅美术作品进行评定，结果如表 7.5 所示。问 4 位教师评定的一致性如何？

表 7.5 4 位美术教师对 4 幅美术作品评定的肯德尔和谐系数计算表

美术作品 ($n=4$)	美术教师 ($k=4$)				R
	1	2	3	4	
A	1	2	2	1	6
B	2	1	4	3	10
C	3	4	1	2	10
D	4	3	3	4	14
总和					40

美术教师1将A，B，C，D 4幅作品依次排序1，2，3，4。若其他3位教师的评定与教师1完全一致，则作品A的秩次之和为4，作品B的秩次之和为8，作品C的秩次之和为12，作品D的秩次之和为16，4幅作品秩次之和的离散程度最大。若几位教师的评定完全不一致，如本例中4位教师对作品B与作品C的评定那样有高有低，则每幅作品的秩次之和完全一致($R=10$)，在这种情况下4幅作品秩次之和的离散程度为0。这意味着几位美术教师对作品评定的一致性可以通过每幅作品秩次之和的离散程度来表达，秩次之和的离散程度越大，评定的一致性越高。若秩次之和的离散程度用秩次之和的平方和来表示，则本例中实际与最大的离差平方和分别为

$$SS_R=\sum(R-\overline{R})^2=(6-10)^2+(10-10)^2+(10-10)^2+(14-10)^2=32$$

$$SS_{R\text{最大}}=\sum(R-\overline{R})^2=(4-10)^2+(8-10)^2+(12-10)^2+(16-10)^2=80$$

因此，可以用实际获得的秩次之和的离差平方和与最大的秩次之和的离差平方和的比值，即32/80=0.4，来表示4位教师对4幅美术作品评定的一致性。

肯德尔正是利用等级秩次之和的离散性，将肯德尔和谐系数界定为每一评定对象实际获得的秩次之和的离差平方和与评定对象可能获得的最大的秩次之和的离差平方和的比值，计算公式为

$$r_W=\frac{SS_R}{\frac{1}{12}k^2(n^3-n)} \tag{7.8}$$

式中，r_W 表示肯德尔和谐系数；k 表示评定者的人数或同一个评定者先后评定的次数；n 表示评定对象的人数；R 表示 k 个评定者对同一个评定对象评定的秩次之和。

公式(7.8)的分母就是最大的离差平方和。若 k 个评定者对 n 个评定对象的评定完全一致，则这 n 个评定对象得到的秩次之和应是 k，$2k$，$3k$，…，nk。计算这 n 个数据的离差平方和，可推导出 $SS_{R\text{最大}}=\frac{1}{12}k^2(n^3-n)$。在本例中，$SS_{R\text{最大}}=\frac{1}{12}\times4^2\times(4^3-4)=80$，与用原始数据计算的结果一致。

当同一个评定者对同一组对象的评定有相同等级时，则需要对肯德尔和谐系数进行校正，校正公式为

$$r_W=\frac{SS_R}{\frac{1}{12}k^2(n^3-n)-k\sum T} \tag{7.9}$$

式中，$T=\sum(m^3-m)/12$，其中 m 是各列变量中相同秩次数。

【例5】 某初级中学举办“庆新年”大合唱比赛，3位评委对9个班级评定的名次如表7.6所示。问3位评委评定的一致性程度如何？

表7.6　3位评委对9个班级大合唱比赛评定名次的肯德尔和谐系数计算表

班级 $n=9$	评委 $k=3$			R	R^2
	1	2	3		
七(1)班	8.5	8	7	23.5	552.25
七(2)班	8.5	9	9	26.5	702.25

续表

班级 $n=9$	评委 $k=3$			R	R^2
	1	2	3		
七(3)班	4	5	6	15	225
八(1)班	5	6	3	14	196
八(2)班	1	2	1	4	16
八(3)班	2.5	1	3	6.5	42.25
九(1)班	2.5	3	3	8.5	72.25
九(2)班	6	4	5	15	225
九(3)班	7	7	8	22	484
总和				135	2515

①计算公式(7.5)中的 SS_R：

$$SS_R=\sum R^2-\frac{\left(\sum R\right)^2}{n}=2515-\frac{135^2}{9}=490$$

②计算 $\sum T$ 。在本例中，评委 1 给出了 2 组相同的秩次，其中等级 2.5 和等级 8.5 各出现了 2 次，评委 3 的等级出现了 3 次，则

$$\sum T=T_1+T_3=\frac{2^3-2}{12}+\frac{2^3-2}{12}+\frac{3^3-3}{12}=3$$

③将有关数据代入公式(7.9)，则 3 位评委对 9 个班级大合唱比赛评定的一致性为

$$r_{WC}=\frac{490}{\frac{1}{12}\times 3^2\times(9^3-9)-3\times 3}=0.923$$

三、点二列相关

(一)点二列相关的使用条件

当两个变量中的其中一个是正态连续型变量，另一个是二分变量，如性别(男和女)、态度(赞成与反对)、学习经历(有和无)、考试结果(通过与未通过)、题目解答(答对与答错)等，表示这两个变量之间的相关为点二列相关。在点两列相关中，两个变量中一变量为定性变量(质)，另一变量为定量变量(量)，这两个变量的相关属于质与量的相关。

(二)点二列相关系数的计算

点二列相关系数的计算公式为

$$r_{pbi}=\frac{\overline{X}_p-\overline{X}_q}{\sigma_t}\sqrt{pq} \tag{7.10}$$

式中，r_{pbi} 表示点二列相关系数；p 表示二分变量中某一类别频数的比率；q 表示二分变量中另一类别频数的比率；$\overline{X}_p$ 表示与二分变量中 p 类对应的连续变量的平均

数；$\overline{X}_q$ 表示与二分变量中 q 类对应的连续变量的平均数；σ_t 表示连续型变量中所有分数的标准差。

点二列相关系数的计算公式是根据积差相关系数的计算公式推导而来的，可以看作积差相关系数的特殊形式。

【例 6】 15 名高等教育自学考试学员的高等数学成绩与婚姻状况(1 为已婚，0 为未婚)如表 7.7 所示。问高等数学成绩与婚姻状况的相关性如何？

表 7.7　15 名高等教育自学考试学员的高等数学成绩与婚姻状况

	高等数学成绩														
	72	81	64	93	67	70	78	83	79	71	77	82	80	76	58
婚姻状况	1	0	0	0	0	1	0	1	1	1	0	0	1	1	1

高等数学成绩可看作正态连续型变量，婚姻状况是二分变量，故高等数学成绩与婚姻状况的相关可用点二列相关系数来表示。

由表 7.7 中的数据计算得 $p=\frac{8}{15}=0.533$，$q=\frac{7}{15}=0.467$，$\overline{X}_p=73.625$，$\overline{X}_q=77.729$，$\sigma_t=8.365$。

将上述数据代入公式(7.10)，则

$$r_{pbi}=\frac{73.625-77.729}{8.365}\times\sqrt{0.533\times0.467}=-0.245$$

第三节　相关系数的假设检验

一、相关系数显著性检验的基本原理

相关系数显著性检验与平均数显著性检验的基本原理相同。先提出样本所来自的总体的相关系数等于某一定值的 H_0，然后确定样本相关系数 r 的抽样分布，并考察样本相关系数 r 在以总体相关系数 ρ 为中心的抽样分布上的概率。若样本相关系数 r 在其抽样分布上的概率较大，则只好接受 H_0 而拒绝 H_1，即承认样本来自总体相关系数 ρ 等于某一定值的总体；若样本相关系数 r 在其抽样分布上的概率较小，小到事先指定的显著性水平，就具有在实际可能性上拒绝 H_0 的理由，于是应当拒绝 H_0 而接受 H_1，即认为样本相关系数 r 与等于某一定值的总体相关系数 ρ 存在显著差异。

由上述分析可知，对相关系数进行显著性检验，关键是确定样本相关系数 r 的抽样分布。现以积差相关为例，说明样本相关系数 r 的抽样分布。

从两个正态连续型变量的总体中随机抽取 n 个成对数据，计算得到一个样本相关系数 r，随后将这些数据还回两个总体中，再从中随机抽取 n 个成对数据，又可以计算出一个样本相关系数 r，这样反复进行，就可以获得一切可能样本的相关系数，这一切可能样本的相关系数就构成了样本相关系数 r 的抽样分布。

样本相关系数 r 的抽样分布的形态与总体相关系数 ρ 和样本容量 n 的大小有关。从图 7.2 中可以看出，当 $\rho=0$ 时，样本相关系数 r 的抽样分布呈正态；当 $\rho\neq0$，n 相当大时，如 $\rho=0.6$，$n=50$，样本相关系数 r 的抽样分布接近正态；当 $\rho\neq0$，n 相

当小时，如$\rho=0.6$，$n=6$，样本相关系数r的抽样分布呈偏态。可以想象，当ρ的数值很大时，如$\rho=0.8$，即使n较大，样本相关系数r的抽样分布也呈偏态。

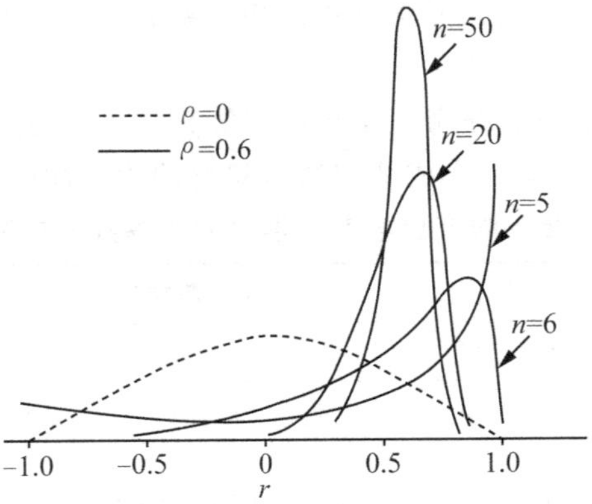

图 7.2 样本相关系数 r 的抽样分布

相关系数的假设检验与平均数的假设检验一样，也可以分成两种情况：一种情况是通过一个样本相关系数r来推断样本所来自的总体相关系数是否等于某一定值的假设检验，称为相关系数的显著性检验；另一种情况是通过两个样本相关系数之差(r_1-r_2)来推论两个相应的总体相关系数ρ_1和ρ_2是否存在差异的假设检验，称为相关系数差异的显著性检验。本节第二、第三两部分介绍单个样本相关系数的显著性检验，第四部分介绍两个样本相关系数差异的显著性检验。

二、积差相关系数的显著性检验

相关系数是研究两个变量关系的重要指标。研究两个变量的关系，首先关心的是两个变量从总体上来说是否相关。若相关，接下来才关心相关的密切程度如何。前者是定性问题，后者是定量问题。因此，相关系数的显著性检验可分成两种情况：一是总体相关系数ρ是否等于0的假设检验；二是总体相关系数ρ是否等于非0的某一定值的假设检验。

（一）$\rho=0$ 条件下相关系数的显著性检验

当$\rho=0$时，从总体中抽取容量为n的样本，其样本相关系数r的标准记分呈自由度为$n-2$的t分布，公式为

$$t=\frac{r\sqrt{n-2}}{\sqrt{1-r^2}} \tag{7.11}$$

式中，r是样本相关系数；n是样本容量。

【例 7】 从高中一年级学生中随机抽取26名学生，其数学考试成绩与英语考试成绩的积差相关系数为0.65。问从总体上看，高中一年级学生的数学考试成绩与英语考试成绩是否相关？

检验的步骤如下。

①提出假设。

H_0：$\rho=0$　　　H_1：$\rho\neq0$

②选择检验统计量并计算其值。

由于假设 $\rho=0$，样本相关系数 r 的标准记分呈 t 分布，故选择 t 作为检验统计量。将 $r=0.65$，$n=26$ 代入公式(7.11)：

$$t=\frac{0.65\sqrt{26-2}}{\sqrt{1-0.65^2}}=4.190$$

③确定检验的形式。

根据假设的形式采用双侧检验。

④做出统计决断。

根据 $df=n-2=26-2=24$，查 t 值表(附表 2)的 $P(2)$，得 $t_{(24)0.05}=2.064$，$t_{(24)0.01}=2.797$。实际计算出的 $|t|=4.190^{**}>t_{(24)0.01}$，根据 t 检验统计决断规则(表 4.4)，则 $P<0.01$，于是在 0.01 显著性水平上拒绝 H_0 而接受 H_1。结论：从总体上看，高中一年级学生的数学考试成绩与英语考试成绩相关。

(二)$\rho\neq 0$ 条件下相关系数的显著性检验

上述检验相关系数的方法针对的是 $\rho=0$ 的情况。如果要检验 $\rho\neq 0$ 且 ρ 等于某一定值，即 $\rho=\rho_0$，这一方法就不适用了。因为 $\rho\neq 0$ 时，样本相关系数 r 的抽样分布呈偏态，在这种情况下就需要将其转换为某种熟悉的分布形态。统计学家费舍(Fisher)提出了一种将相关系数 r 转换为有等距单位的 Z_r 的方法，转换公式：

$$Z_r=\frac{1}{2}\ln\left(\frac{1+r}{1-r}\right)\text{或}\ Z_r=1.1513\lg\left(\frac{1+r}{1-r}\right) \tag{7.12}$$

经过转化的 Z_r，无论总体相关系数 ρ 和样本容量 n 的大小如何，都可看作呈正态分布，其平均数为 Z_ρ，其标准差为 $\frac{1}{\sqrt{n-3}}$。这样，当 $\rho\neq 0$ 时，一切可能样本相关系数 r 的转换值 Z_r 的标准记分服从正态分布，公式为

$$Z=\frac{Z_r-Z_\rho}{\frac{1}{\sqrt{n-3}}}=(Z_r-Z_\rho)\sqrt{n-3} \tag{7.13}$$

假如进一步考察本章第三节的【例 7】，检验 26 名高中一年级学生的数学考试成绩与英语考试成绩的积差相关系数($r=0.65$)是否来自 $\rho=0.5$ 的总体，步骤如下。

①提出假设。

H_0：$\rho=0.5$　　　H_1：$\rho\neq 0.5$

②将相关系数转换为 Z_r。

查 r 与 Z_r 转换表(附表 7)，将 r 转换为 Z_r，将 ρ 转换为 $Z\rho$，得 $Z_r=0.775$，$Z_\rho=0.549$。

③选择检验统计量并计算其值。

由于 Z_r 的抽样分布呈正态分布，故选择 Z 作为检验统计量。将上述数据代入公式(7.13)：

$$Z=(0.775-0.549)\sqrt{26-3}=1.08$$

④确定检验的形式。

根据假设的形式采用双侧检验。

⑤做出统计决断。

由于实际计算出的 $|Z|=1.08<Z_{0.05}$，根据双侧 Z 检验统计决断规则(表4.2)，则 $P>0.05$，故只得接受 H_0 而拒绝 H_1。结论：可以认为高中一年级学生的数学考试成绩与英语考试成绩的总体相关系数等于0.5。

三、其他类型的相关系数的显著性检验

由于教育研究更多关注两个变量在总体里是否相关的问题，所以 $\rho=0$ 条件下的相关系数的显著性检验应用最广。下面介绍的其他类型的相关系数的显著性检验均针对 $\rho=0$ 的情况。

(一)等级相关系数的显著性检验

由于斯皮尔曼等级相关是皮尔逊积差相关的特例，故可采用与积差相关系数显著性检验相同的方法进行等级相关系数的显著性检验。

在本章第二节的【例3】中，10名学生的物理考试成绩与焦虑水平的等级相关系数为−0.812。问从总体上看，物理考试成绩与焦虑水平是否存在相关?

检验的步骤如下。

①提出假设。

H_0：$\rho=0$　　　H_1：$\rho\neq0$

②选择检验统计量并计算其值。

由于假设 $\rho=0$，样本等级相关系数的标准记分呈 t 分布，故选择 t 作为检验统计量。将相关数据代入公式(7.11)：

$$t=\frac{-0.812\sqrt{10-2}}{\sqrt{1-(-0.812)^2}}=-3.935$$

③确定检验的形式。

根据假设的形式采用双侧检验。

④做出统计决断。

根据 $df=n-2=10-2=8$，查 t 值表(附表2)的 $P(2)$，得 $t_{(8)0.05}=2.306$，$t_{(8)0.01}=3.355$。实际计算出的 $|t|=3.935$，$|t|>t_{(8)0.01}$，根据 t 检验统计决断规则(表4.4)，则 $P<0.01$，于是在0.01显著性水平上拒绝 H_0 而接受 H_1。结论：从总体上看，物理成绩与焦虑水平相关。

(二)点二列相关系数的显著性检验

在本章第二节的【例6】中，15名高等教育自学考试学员的高等数学成绩与婚姻状况的点二列相关系数为−0.245。问从总体上看，高等数学成绩与婚姻状况是否相关?

由于点二列相关也是皮尔逊积差相关的特例，故可以采用与积差相关系数显著性检验相同的方法进行点二列相关系数的显著性检验。样本的点二列相关系数 r_{pbi} 与总体零相关的检验有两种形式：一是用积差相关系数的检验方法，二是用两个平均数差异的显著性检验的方法。现分述如下。

1. 用积差相关系数的检验方法

检验的步骤如下。

①提出假设。

H_0：$\rho=0$　　　　H_1：$\rho\neq0$

②选择检验统计量并计算其值。

由于假设 $\rho=0$，样本点二列相关系数的标准记分呈 t 分布，故选择 t 作为检验统计量。将 $r=-0.245$，$n=15$ 代入公式(7.11)：

$$t=\frac{-0.245\times\sqrt{15-2}}{\sqrt{1-(-0.245)^2}}=-0.911$$

③确定检验的形式。

根据假设的形式采用双侧检验。

④做出统计决断。

根据 $df=n-2=15-2=13$，查 t 值表(附表 2)的 $P(2)$，得 $t_{(13)0.05}=2.160$。实际计算出的 $|t|=0.911<t_{(13)0.05}$，根据 t 检验统计决断规则(表 4.4)，则 $P>0.05$，故只得接受 H_0 而拒绝 H_1。结论：从总体上看，高等数学成绩与婚姻状况无关。

2. 用两个平均数差异的显著性检验的方法

如果二分变量中的两个类别所对应的连续型变量的平均数差异显著，那么点二列相关系数也显著，如果差异不显著，那么点二列相关系数也不显著。检验的步骤如下。

①提出假设。

$H_0:\mu_1=\mu_2$　　　　$H_1:\mu_1\neq\mu_2$

②选择检验统计量并计算其值。

本例属于两独立样本平均数差异的显著性检验，选择 t 作为检验统计量。将已婚 8 人的平均数($\overline{X}_1=73.625$)、标准差($S_{X_1}=7.836$)，未婚 7 人的平均数($\overline{X}_2=77.729$)、标准差($S_{X_2}=9.710$)代入公式(5.8)：

$$t=\frac{(73.625-77.729)-0}{\sqrt{\frac{(8-1)\times7.836^2+(7-1)\times9.710^2}{8+7-2}\times\left(\frac{1}{8}+\frac{1}{7}\right)}}=-0.906$$

③确定检验的形式。

根据假设的形式采用双侧检验。

④做出统计决断。

根据 $df=n_1+n_2-2=8+7-2=13$，查 t 值表(附表 2)，得 $t_{(13)0.05}=2.160$。实际计算出的 $|t|=0.906<t_{(13)0.05}$，根据 t 检验统计决断规则(表 4.4)，则 $P>0.05$，故只得接受 H_0 而拒绝 H_1。结论：从总体上看，高等数学成绩与婚姻状况无关。

两种检验方法结果相同。

四、两个样本相关系数差异的显著性检验

以上所讲的相关系数的假设检验均是针对单个样本的。在教育研究中，有时还需

要对两个独立样本的相关系数(r_1 和 r_2)的差异进行显著性检验。

由于 Z_r 的抽样分布呈正态，所以 $Z_{r_1}-Z_{r_2}$ 的抽样分布也呈正态，于是可以用正态分布的 Z 值来检验两个独立样本相关系数差异的显著性。

【例 8】 从甲、乙两校分别抽取 42 人、36 人，两校学生物理与化学考试成绩的积差相关系数分别为 0.64 和 0.56。问两校学生物理与化学成绩的相关系数之间是否存在差异?

检验的步骤如下。

①提出假设。

H_0：$\rho_1=\rho_2$　　　H_1：$\rho_1\neq\rho_2$

②将相关系数转换为 Z_r。

查 r 与 Z_r 转换表(附表 7)，将 r 转换为 Z_r，将 ρ 转换为 Z_ρ，得 $Z_{r_1}=0.758$，$Z_{r_2}=0.633$。

③选择检验统计量并计算其值。

由于 r_1 和 r_2 为两个独立样本，$Z_{r_1}-Z_{r_2}$ 的抽样分布也呈正态，则检验统计量的公式为

$$Z=\frac{(Z_{r_1}-Z_{r_2})-(Z_{\rho_1}-Z_{\rho_2})}{\sqrt{\frac{1}{n_1-3}+\frac{1}{n_2-3}}} \tag{7.14}$$

根据 H_0：$\rho_1=\rho_2$，则 $Z_{\rho_1}=Z_{\rho_2}$，上式变为

$$Z=\frac{Z_{r_1}-Z_{r_2}}{\sqrt{\frac{1}{n_1-3}+\frac{1}{n_2-3}}} \tag{7.15}$$

式中，$\sqrt{\frac{1}{n_1-3}+\frac{1}{n_2-3}}$ 表示两个独立样本 $Z_{r_1}-Z_{r_2}$ 的标准误；n_1 和 n_2 分别表示两个样本的容量。

将有关数据代入公式(7.15)：

$$Z=\frac{0.758-0.633}{\sqrt{\frac{1}{42-3}+\frac{1}{36-3}}}=0.53$$

④做出统计决断。

由于 $|Z|=0.53$，$Z_{0.05}=1.96$，$|Z|<Z_{0.05}$，根据双侧 Z 检验统计决断规则(表 4.2)，则 $P>0.05$，只得保留 H_0 而拒绝 H_1。结论：两校学生物理与化学成绩的相关系数之间不存在显著差异。

练习题

1. 计算下列数据的积差相关系数，并检验它与总体零相关差异的显著性。

语文(X)	75	72	81	85	76	78	78	69	75	75
数学(Y)	81	74	80	88	81	88	87	83	79	86

2. 随机抽取8名学生的某科期末考试成绩与教师对其平时表现的评价，结果如下表所示。试求期末考试成绩与平时表现的相关系数，并回答学生的该科期末考试成绩与平时表现是否相关。

期末考试成绩	80	62	88	82	71	90	59	78
平时表现	良	及格	优	优	良	良	待及格	及格

3. 随机抽取12份试卷，考生在某题上的得分与试卷总分如下表所示。试求题分与总分的相关系数，并检验它与总体零相关差异的显著性。

学生	在某题目上的得分	总分
1	1	86
2	1	65
3	0	52
4	0	84
5	1	68
6	0	43
7	1	77
8	1	78
9	1	84
10	0	69
11	0	75
12	1	90

4. 3位评审专家对A，B，C，D，E 5项科技小发明进行排名，结果如下表所示。问3位评审专家评审结果的一致性程度如何？

	评审专家		
	1	2	3
A	1	2	1
B	3	1	2
C	2	4	3
D	4	3	5
E	5	5	4

5. 已知一个样本，$n=28$，$r=0.625$。问其总体的相关系数是否为0.5？

6. 甲校32人的英语与计算机成绩的相关系数为0.38，乙校28人的英语与计算机成绩的相关系数为0.44。问两校的英语与计算机成绩的总体相关系数是否相等？

第八章　回归分析

相关表示两个变量之间的双向关系。如果将存在相关关系的两个变量中的一个视为自变量，将另一个视为因变量，并把两者之间不十分准确、稳定的关系用数学方程式来表达，就可以利用该方程，由自变量的值来估计、预测因变量的值，这一过程被称为回归分析。可见回归表示一个变量随另一个变量发生不同程度变化的单向关系。

根据自变量的多少，回归分析可以分为一元回归分析与多元回归分析。一元回归是指由一个自变量来估计、预测因变量，多元回归是指由多个自变量联合来估计、预测因变量。依据变量之间的关系，回归分析还可分为线性回归分析与非线性回归分析。如果在散点图上自变量与因变量呈线性关系，则由自变量来估计、预测因变量，被称为线性回归；如果在散点图上自变量与因变量呈非线性关系，由自变量来估计、预测因变量，被称为非线性回归。限于篇幅，本书只介绍线性回归分析。

第一节　一元线性回归方程的建立

一、回归方程的定义

先从一元线性方程说起。通常我们可用一个简单的方程，即$Y=bX+a$，来描述变量X，Y之间的关系。从这个方程中可以看出，变量X每增加1个单位，变量Y就增加b个单位，b叫作这个方程的斜率，是一个常数。当变量$X=0$时，变量$Y=a$，a叫作这个方程的截距，也是一个常数。这样，一旦获得a，b的值，对于X的每一个确定的值，Y都有一个唯一的值与之对应。如果在直角坐标系中将坐标点(X，Y)一一连接起来，将得到一条直线。

例如，某商场营业员的月收入由底薪和提成两部分组成。底薪是每月2000元，提成是月营业额的2%。这样，该商场营业员的月收入(Y)与月营业额(X)的关系可表示为$Y=2000+0.02X$。如果某营业员月营业额是200000元，代入公式得$Y=2000+200000\times0.02=6000$，则其月收入为6000元。

然而在教育研究与实践中，两个变量能够建立完美线性关系的情况极其罕见。比较多的情况是两个变量之间存在一定的关系，但是由于关系比较复杂，而且受偶然因素的影响较大，两者之间的关系只是一种不准确、不稳定的相关关系。例如，10名学生的七年级数学考试成绩(X)与八年级数学考试成绩(Y)如表8.1的第2列、第3列所示，图8.1是根据这两列数据绘制的散点图。

表 8.1　用原始数据计算 Y 对 X 的回归系数

序号	X	Y	X^2	Y^2	XY
1	74	76	74^2	76^2	74×76
2	71	75	71^2	75^2	71×75
3	72	71	72^2	71^2	72×71
4	68	70	68^2	70^2	68×70
5	76	76	76^2	76^2	76×76
6	73	79	73^2	79^2	73×79
7	67	65	67^2	65^2	67×65
8	70	77	70^2	77^2	70×77
9	65	62	65^2	62^2	65×62
10	74	72	74^2	72^2	74×72
总和	710	723	50520	52541	51467

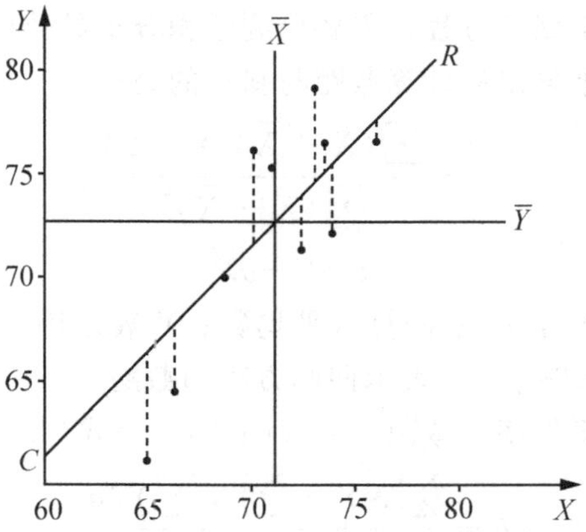

图 8.1　X 与 Y 的散点图

从图 8.1 中可以看出，我们无法绘制一条直线使各坐标点都位居其上。如果样本容量再大一些，我们就会发现对于 X 的每一取值，不一定只有唯一的 Y 值与之对应，而是可能有许多 Y 值与之对应。我们只可能最大限度地配置一条最能代表散点图上分布趋势的直线，这条最优拟合线就被称为回归线。与这条回归线对应的方程就被称为回归方程，用公式表示：

$$\hat{Y}=bX+a \tag{8.1}$$

式中，$\hat{Y}$ 表示根据 X 所预测的 Y 值；X 表示自变量；b 表示回归方程的斜率，称为回归系数；a 表示回归方程的截距。

一元回归直线可以有两条：一条以 X 为自变量，以 Y 为因变量；另一条以 Y 为自变量，以 X 为因变量。与之对应，一元线性回归方程也有两个，可分别表示为

$$\hat{Y}=b_{Y|X}X+a_{Y|X} \quad (由X估计Y) \tag{8.2a}$$

$$\hat{X}=b_{X|Y}Y+a_{X|Y} \quad (由Y估计X) \tag{8.2b}$$

本书只介绍由 X 估计 Y 的情况，后文中的 b 就是 $b_{Y|X}$，a 就是 $a_{Y|X}$，由 Y 估计 X 可以此类推。

二、回归方程的确定方法

如何配置这条最能代表散点图上分布趋势的直线，或者说用什么方法来确定回归方程的斜率与截距进而得到回归方程呢？最小二乘法是一种比较精确的方法。

根据回归方程，对自变量 X 的每一取值，都能得到一个估计值 $\hat{Y}$。这个值可能大于实际的 Y，也可能小于实际的 Y，通常把实际的 Y 与这个估计值 $\hat{Y}$ 之间的差 $(Y-\hat{Y})$ 称作残差，它是估计的误差。使所有点误差最小的那条直线就是最佳拟合线。由于有的误差大于 0，有的误差小于 0，所以误差的总体平均数为 0。如果对误差进行平方运算，就可以消除符号的影响。那么，能够使所有点误差平方之和最小的那条直线就是最佳拟合线，表示这条直线的方程就是所求的回归方程。这种确定回归方程的方法就是最小二乘法，或称最小平方法。

运用最小二乘法确定回归方程，需要用到微积分求导数确定极值的知识，本书不展开论述，只直接给出推导出的计算截距与斜率的公式：

$$b=\frac{\sum(X-\overline{X})(Y-\overline{Y})}{\sum(X-\overline{X})^2} \tag{8.3}$$

$$a=\overline{Y}-b\overline{X} \tag{8.4}$$

式中，X 表示自变量，$\overline{X}$ 表示 X 的算术平均数；Y 表示因变量，$\overline{Y}$ 表示 Y 的算术平均数；b 表示回归方程的斜率；a 表示回归方程的截距。

如果用原始数据计算斜率与截距，公式(8.3)、公式(8.4)可以变形为

$$b=\frac{\sum XY-\sum X\sum Y/n}{\sum X^2-\left(\sum X\right)^2/n} \tag{8.5}$$

$$a=\frac{\sum Y}{n}-b\frac{\sum X}{n} \tag{8.6}$$

三、回归方程的计算

例如，根据表 8.1 中的数据，以七年级数学考试成绩(X)为自变量，以八年级数学考试成绩(Y)为因变量，求 Y 对 X 的回归方程。

将表 8.1 中的有关数据代入公式(8.5)、公式(8.6)：

$$b=\frac{51467-710\times723/10}{50520-710^2/10}=1.22$$

$$a=\frac{723}{10}-1.22\times\frac{710}{10}=-14.32$$

这样，所求的回归方程：

$$\hat{Y}=1.22X-14.32$$

另外，还可以根据回归系数与相关系数的关系式计算回归系数：

$$b=r\frac{\sigma_Y}{\sigma_X} \tag{8.7}$$

式中，b 表示 Y 对 X 的回归系数；r 表示 X，Y 的相关系数；σ_Y 表示 Y 的标准差；σ_X 表示 X 的标准差。

根据表 8.1 中的数据，计算得 $\sigma_X=3.317$，$\sigma_Y=5.178$，$r=0.780$。将上述数据代入公式(8.7)：

$$b=0.780\times\frac{5.178}{3.317}=1.22$$

所得结果与用原始数据计算的结果相同。

一旦获得了回归方程，就能够根据自变量来估计因变量。例如，在本例中，若某学生七年级数学考试成绩为 69 分，则其八年级数学考试成绩的估计值：

$$\hat{Y}=1.22\times 69-14.32=69.86$$

第二节　一元线性回归方程的检验

从理论上讲，对于变量 X 和 Y，只要给出一组数据，就能求出一元线性回归方程，但是所求方程是否有实用价值，即能否根据回归方程由自变量有效地估计、预测因变量，必须经过统计检验，这就是回归方程的有效性检验。

回归方程的有效性检验有三种等效的检验方法。第一种，根据方差分析的思路与方法对整体回归模型进行有效性检验。第二种，对回归系数进行显著性检验。第三种，对相关系数做总体相关系数是否等于 0 的假设检验。若相关系数显著，则回归方程也显著，即表明两个变量存在线性关系。第三种方法已在第七章中介绍过，本章介绍前两种方法。

一、回归模型的有效性检验

在方差分析中，我们把总变异分为由实验因子引起的组间差异与由随机因子引起的组内差异，通过组间差异与组内差异的比值来推断几个相应平均数的差异，即对实验因子的有效性进行推断。回归模型的有效性检验也可以基于这一思路，把因变量的总变异分成由自变量引起的可以通过回归方程解释的差异，和由随机因子引起的无法通过回归方程解释的残差，用回归方程解释的差异与残差之比来推断回归方程的有效性。

(一)总平方和可以分解为回归平方和与残差平方和

从图 8.2 中可以直观地看到，因变量 Y 与其平均数 $\overline{Y}$ 的离差($Y-\overline{Y}$)分成了两部分：一部分是 Y 到回归直线的距离(沿 Y 轴方向)，即 Y 与其估计值 $\hat{Y}$ 的残差($Y-\hat{Y}$)；另一部分是 $\hat{Y}$ 与平均数 $\overline{Y}$ 之差($\hat{Y}-\overline{Y}$)。公式为

$$Y-\overline{Y}=(Y-\hat{Y})+(\hat{Y}-\overline{Y}) \tag{8.8}$$

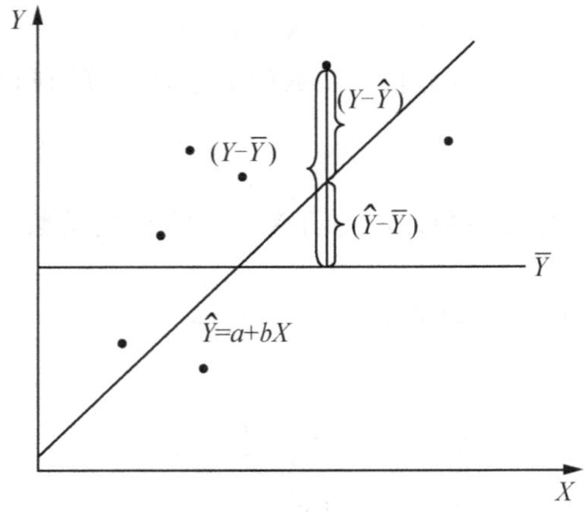

图 8.2　线性回归变异分析示意图

如果各点都靠近回归线，则$(Y-\hat{Y})$很小，$(Y-\overline{Y})$中的大部分是$(\hat{Y}-\overline{Y})$，这种情况说明误差小，回归方程合适。

将公式(8.8)等号两边平方，再求其和：

$$\sum(Y-\overline{Y})^2=\sum[(Y-\hat{Y})+(\hat{Y}-\overline{Y})]^2$$

$$=\sum(Y-\hat{Y})^2+\sum(\hat{Y}-\overline{Y})^2+2\sum(Y-\hat{Y})(\hat{Y}-\overline{Y})$$

由公式(8.1)和公式(8.4)可得 $\hat{Y}=bX+\overline{Y}-b\overline{X}=\overline{Y}+b(X-\overline{X})$，于是 $2\sum(Y-\hat{Y})(\hat{Y}-\overline{Y})=2b\left[\sum(X-\overline{X})(Y-\overline{Y})-b(X-\overline{X})^2\right]$。

由公式(8.3)可知 $\sum(X-\overline{X})(Y-\overline{Y})=b\sum(X-\overline{X})^2$，于是 $2\sum(Y-\hat{Y})(\hat{Y}-Y)=0$。

这样，对于一组数据，可以推导出下列公式：

$$\sum(Y-\overline{Y})^2=\sum(Y-\hat{Y})^2+\sum(\hat{Y}-\overline{Y})^2 \tag{8.9}$$

式中，$\sum(Y-\overline{Y})^2$ 表示 Y 总的离差平方和，记为 $SS_{总}$；$\sum(\hat{Y}-\overline{Y})^2$ 表示由回归方程解释的平方和，称为回归平方和，记为 $SS_{回归}$；$\sum(Y-\hat{Y})^2$ 表示用回归方程无法解释的残差平方和，记为 $SS_{残差}$。

总平方和可分解为回归平方和与残差平方和，即 $SS_{总}=SS_{回归}+SS_{残差}$。

(二)总自由度可以分解为回归自由度及残差自由度

$$df_{总}=n-1 \tag{8.10}$$

$$df_{回归}=1 \tag{8.11}$$

$$df_{残差}=n-2 \tag{8.12}$$

（三）回归方差与残差方差的 *F* 比值

$$MS_{回归}=\frac{SS_{回归}}{df_{回归}} \tag{8.13}$$

$$MS_{残差}=\frac{SS_{残差}}{df_{残差}} \tag{8.14}$$

$$F=\frac{MS_{回归}}{MS_{残差}} \tag{8.15}$$

运用 F 检验，判断 $MS_{回归}$ 是否显著大于 $MS_{残差}$。如果 $MS_{回归}$ 显著大于 $MS_{残差}$，则表明总变异中回归方程的贡献显著，即自变量对因变量的贡献大，根据回归方程能有效地由自变量估计因变量。

例如，根据表 8.1 中的数据，Y 对 X 的回归方程为 $\hat{Y}=1.22X-14.32$，试对该回归方程进行有效性检验。

检验的步骤如下。

①提出假设。

H_0：所建立的回归方程无效

H_1：所建立的回归方程有效

②选择检验统计量并计算其值。

选择回归方差与残差方差的 F 比值作为检验统计量，现计算其值。

首先，计算总平方和、回归平方和与残差平方和。可以通过以下三个公式，直接用原始数据计算平方和：

$$SS_{总}=\frac{\sum Y^2-\left(\sum Y\right)^2}{n} \tag{8.16}$$

$$SS_{回归}=b^2\left[\sum X^2-\frac{\left(\sum X\right)^2}{n}\right] \tag{8.17}$$

$$SS_{残差}=SS_{总}-SS_{回归} \tag{8.18}$$

将表 8.1 的数据和 $b=1.22$ 代入公式中，则

$$SS_{总}=52541-\frac{723^2}{10}=268.1$$

$$SS_{回归}=1.22^2\times\left(50520-\frac{710^2}{10}\right)=163.72$$

$$SS_{残差}=268.1-163.72=104.38$$

其次，计算总自由度、回归自由度与残差自由度。

$$df_{总}=n-1=10-1=9$$

$$df_{回归}=1$$

$$df_{残差}=n-1=10-2=8$$

再次，计算回归方差与残差方差。

$$MS_{回归}=\frac{SS_{回归}}{df_{回归}}=\frac{163.72}{1}=163.72$$

$$MS_{残差}=\frac{SS_{残差}}{df_{残差}}=\frac{104.38}{8}=13.05$$

最后，计算回归方差与残差方差的 F 比值。

$$F=\frac{MS_{回归}}{MS_{残差}}=\frac{163.72}{13.05}=12.55$$

③做出统计决断。

根据 $df_{分子}=df_{回归}=1$，$df_{分母}=df_{残差}=8$，查 F 值表[附表 3(1)、附表 3(3)]，得 $F_{(1,8)0.05}=5.32$，$F_{(1,8)0.01}=11.3$。实际计算出的 $F=12.55^{**}>F_{(0.8)0.01}$，根据 F 检验统计决断规则(表 5.6)，则 $P<0.01$，故在 0.01 显著性上拒绝 H_0 而接受 H_1。结论：所建立的回归方程是有效的，即能根据回归方程由七年级数学考试成绩有效地预测八年级数学考试成绩。

④列出方差分析表(表 8.2)。

表 8.2　回归方程有效性检验方差分析表

差异来源	平方和(SS)	自由度(df)	方差(MS)	F
回归	163.72	1	163.72	12.55**
残差	104.38	8	13.05	
总差异	268.10	9		

二、回归系数的显著性检验

回归系数是根据样本数据计算出来的。即使是从回归系数 $\beta=0$ 的总体中随机抽取的样本，但由于抽样误差的影响，计算出来的样本回归系数 b 也可能不等于 0。因此，不能根据样本回归系数 b 的大小判断变量 X、Y 之间是否存在线性关系，而应视样本回归系数 b 在以总体回归系数 $\beta=0$ 为中心的抽样分布上出现的概率情况而定。若样本 b 在其抽样分布上出现的概率较大，只好接受零假设，承认 b 与 $\beta=0$ 无显著性差异，即样本 b 来自 $\beta=0$ 的总体。若样本 b 在其抽样分布上出现的概率较小，小到事先指定的显著性水平，则可作为拒绝零假设的理由，承认 b 与 $\beta=0$ 有显著性差异，即样本 b 不来自 $\beta=0$ 的总体。

同样，回归系数显著性检验的关键是回归系数的抽样分布。研究表明，当 $\beta=0$ 时，从总体中随机抽取容量为 n 的样本 b 的标准记分服从自由度为 $n-2$ 的 t 分布：

$$t=\frac{b-\beta}{\sigma_b} \tag{8.19}$$

式中，b 表示样本回归系数；β 表示总体回归系数($\beta=0$)；σ_b 表示样本 b 的标准误。

σ_b 的计算公式：

$$\sigma_b=\sqrt{\frac{MS_{残差}}{\sum(X-\overline{X})^2}} \tag{8.20}$$

如以原始数据计算，σ_b 的计算公式：

$$\sigma_b=\sqrt{\frac{MS_{残差}}{\sum X^2-\left(\sum X\right)^2/n}} \tag{8.21}$$

现仍以用表 8.1 中的数据所建立的回归方程为例，检验回归系数 b 的有效性。检验的步骤如下。

①提出假设。

$H_0：\beta=0$　　　$H_1：\beta\neq 0$

②计算检验统计量的值。

回归系数的标准记分呈 t 分布，先计算回归系数的标准误，再计算 t 值。将有关数据代入公式(8.21)、公式(8.19)：

$$\sigma_b=\sqrt{\frac{13.05}{50520-710^2/10}}=0.344$$

$$t=\frac{1.22-0}{0.344}=3.547$$

③确定检验的形式。

根据假设的形式采用双侧检验。

④做出统计决断。

根据 $df=n-2=10-2=8$，查 t 值表(附表 2)的 $P(2)$，得 $t_{(8)0.05}=2.306$，$t_{(8)0.01}=3.355$。实际计算出的 $|t|=3.547^{**}>t_{(0.8)0.01}$，根据 t 检验统计决断规则(表 4.4)，则 $P<0.01$，故在 0.01 显著性水平上拒绝 H_0 而接受 H_1。结论：回归系数不等于零，即能根据回归方程由七年级数学考试成绩有效地预测八年级数学考试成绩。

可见，回归系数的显著性检验与用方差分析对回归方程的有效性进行检验，两者结论相同。

三、决定系数

通过回归方程的方差分析或回归系数的显著性检验，回归方程是否显著的问题得到了解决，即解决了能否以自变量有效地估计、预测因变量的问题，但是回归方程估计、预测的效果如何，即由自变量估计、预测因变量的有效程度如何，还需要进一步考察。

前面回归方程的方差分析已经指出 $\sum(Y-\overline{Y})^2=\sum(Y-\hat{Y})^2+\sum(\hat{Y}-\overline{Y})^2$，即 $SS_{总}=SS_{回归}+SS_{残差}$，回归平方和对总平方和的贡献越大，说明回归方程越显著。因此，回归平方和与总平方和的比率是评价回归方程有效程度的一个指标。这个比率越大，回归效果越好。若这个比率为 1，则表明因变量 Y 的变异完全是由 X 的变异造成的，没有误差，两个变量存在完全的线性关系。若这个比率为 0，则表明因变量的变异完全是由误差造成的，与自变量 X 无关，回归方程无效。

回归平方和与总平方和的比率实际上等于相关系数的平方，有兴趣的读者可以自己推导。其公式为

$$r^2=\frac{SS_{回归}}{SS_{总}}=\frac{\sum(\hat{Y}-\overline{Y})^2}{\sum(Y-\overline{Y})^2} \tag{8.22}$$

公式(8.22)中的 r^2 叫作决定系数，意思是在因变量的变异中由自变量决定的比率。例如，在表 8.1 中，10 名七年级与八年级学生数学考试成绩的相关系数为

0.780，计算得 $r^2=0.608$。这就是说，在因变量的平方和中，回归平方和的比率为 60.8%。也就是说，因变量 Y 的变异中有 60.8%是由自变量 X 的变化引起的。相关系数表示两个变量之间的相互关系，所以 r^2 是两个变量共同变异的比率，即图 8.3 中的阴影部分，如上例中 $r^2=0.608$，也可以说变量 X 的变异中有 60.8%的变异是由变量 Y 引起的。

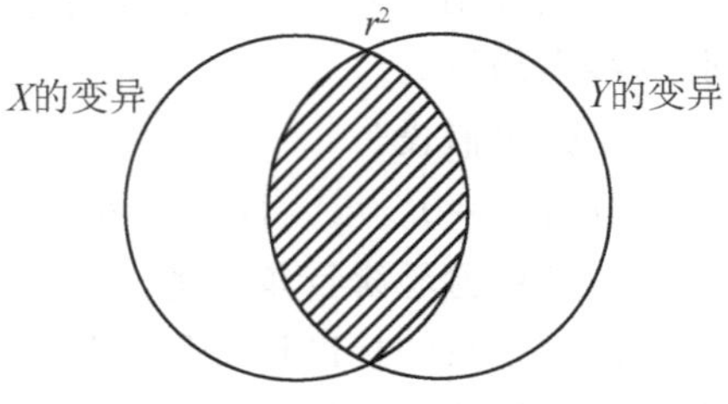

图 8.3　决定系数示意图

需要注意的是，相关与回归都是探索两个变量之间的相互关系的，从本质上说回归分析也属于相关分析。由自变量来预测、估计因变量的回归分析，并不代表自变量是引起因变量变化的原因，即并不代表两变量之间存在因果关系。比如，身高与体重之间存在高相关，因此可以建立回归方程由体重来预测、估计身高，但是体重并非引起身高变化的原因。同样还可以由身高来预测、估计体重，也不代表体重的变化是由身高变化引起的。要查明变量之间是否存在因果关系，一方面需要借助专业知识进行分析，另一方面需要通过实验研究的结果来回答。

第三节　多元线性回归分析简介

多元线性回归是指用两个或两个以上的自变量联合预测因变量的线性回归。在教育研究中，某个现象的变化往往是多种因素共同作用的结果，如学生的学习成绩就是由学生自身、家庭与学校等多种因素共同作用的结果。因此，若能用多个自变量的线性组合来联合预测因变量，自然会比用一个自变量更加准确有效。

虽然多元线性回归与一元线性回归的基本原理相同，但计算过程烦琐，往往需要借助于计算机才能实现，因此本节仅仅以多元线性回归中最简单的形式——二元线性回归为例，说明多元线性回归分析的基本原理与计算方法，为读者进一步学习更复杂的多元回归打下基础。

一、二元线性回归方程

(一)二元线性回归方程的意义

二元线性回归方程是指因变量 Y 对自变量 X_1 与 X_2 的线性回归方程。用公式表示：

$$\hat{Y}=a+b_1X_1+b_2X_2 \tag{8.23}$$

式中，$\hat{Y}$ 是 X_1 与 X_2 联合预测的 Y 值；a 是常数项；b_1 和 b_2 是 Y 对 X_1 与 X_2 的偏回归系数。

所谓 Y 对某一自变量的偏回归系数，是指在其他自变量保持不变的情况下，该自变量变化一个单位所引起的 Y 变化的单位数量。在二元线性回归中，b_1 表示，当 X_2 保持不变时，X_1 每变化一个单位所引起的 Y 变化的单位数量；b_2 表示，当 X_1 保持不变时，X_2 每变化一个单位所引起的 Y 变化的单位数量。

(二)二元线性回归方程的建立原理

二元线性回归方程的建立过程，就是求取公式(8.23)中 a，b_1 和 b_2 的过程。这里与一元线性回归一样，仍然采用最小二乘法来确定 a，b_1 和 b_2。为了使残差平方和，即 $\sum(Y-\hat{Y})^2=\sum(Y-a-b_1X_1-b_2X_2)$ 为最小，就需要对 b_1 和 b_2 分别取偏导数，再令其为 0：

$$\begin{cases}\dfrac{\partial\left[\sum(Y-a-b_1X_1-b_2X_2)^2\right]}{\partial b_1}=0\\[2ex]\dfrac{\partial\left[\sum(Y-a-b_1X_1-b_2X_2)^2\right]}{\partial b_2}=0\end{cases}$$

于是得到

$$\begin{cases}-2\sum(Y-a-b_1X_1-b_2X_2)X_1=0\\-2\sum(Y-a-b_1X_1-b_2X_2)X_2=0\end{cases}$$

进一步整理可得

$$\begin{cases}a\sum X_1+b_1\sum X_1^2+b_2X_1X_2=\sum X_1Y\\a\sum X_2+b_1\sum X_1X_2+b_2\sum X_2^2=\sum X_2Y\end{cases}\tag{8.24}$$

其中，常数项 a 的公式为

$$a=\overline{Y}-b_1\overline{X}_1-b_2\overline{X}_2\tag{8.25}$$

将 a 代入公式(8.24)，整理后可得：

$$\begin{cases}b_1\sum(X_1-\overline{X}_1)^2+b_2\sum(X_1-\overline{X}_1)(X_2-\overline{X}_2)=\sum(X_1-\overline{X}_1)(Y-\overline{Y})\\b_1\sum(X_1-\overline{X}_1)(X_2-\overline{X}_2)+b_2\sum(X_2-\overline{X}_2)^2=\sum(X_2-\overline{X}_2)(Y-\overline{Y})\end{cases}\tag{8.26}$$

为了简化公式(8.26)的求解过程，可设一些基本量：

$$L_{11}=\sum(X_1-\overline{X}_1)^2=\sum X_1^2-\left(\sum X_1\right)^2/n$$

$$L_{22}=\sum(X_2-\overline{X}_2)^2=\sum X_2^2-\left(\sum X_2\right)^2/n$$

$$L_{12}=L_{21}=\sum(X_1-\overline{X}_1)(X_2-\overline{X}_2)=\sum X_1X_2-\left(\sum X_1\right)\left(\sum X_2\right)/n$$

$$L_{1Y}=\sum(X_1-\overline{X}_1)(Y-\overline{Y})=\sum X_1Y-\left(\sum X_1\right)\left(\sum Y\right)/n$$

$$L_{2Y}=\sum(X_2-\overline{X}_2)(Y-\overline{Y})=\sum X_2Y-\left(\sum X_2\right)\left(\sum Y\right)/n$$

于是公式(8.26)可以简化为

$$\begin{cases}b_1L_{11}+b_2L_{12}=L_{1Y}\\b_1L_{21}+b_2L_{22}=L_{2Y}\end{cases}\tag{8.27}$$

解这个方程组，则两个偏回归系数分别为

$$b_1=\frac{L_{1Y}L_{22}-L_{2Y}L_{12}}{L_{11}L_{22}-L_{12}^2}\tag{8.28a}$$

$$b_2 = \frac{L_{2Y}L_{11} - L_{1Y}L_{21}}{L_{11}L_{22} - L_{12}^2} \tag{8.28b}$$

这样，就可以根据公式(8.25)、公式(8.28a)、公式(8.28b)求得 b_1，b_2 和 a，从而得到二元线性回归方程：

$$\hat{Y} = a + b_1X_1 + b_2X_2$$

(三)二元线性回归方程的计算

例如，15 名学生的物理(Y)、数学(X_1)、语文(X_2)成绩如表 8.3 所示，试列出物理对数学、语文的二元线性回归方程。

表 8.3　物理对数学与语文的二元线性回归方程计算表

学生序号	Y	X_1	X_2	Y^2	X_1^2	X_2^2	X_1X_2	X_1Y	X_2Y
1	62	65	92	3844	4225	8464	5980	4030	5704
2	50	53	65	2500	2809	4225	3445	2650	3250
3	95	70	88	9025	4900	7744	6160	6650	8360
4	51	49	65	2601	2401	4225	3185	2499	3315
5	96	90	82	9216	8100	6724	7380	8640	7872
6	71	45	72	5041	2025	5184	3240	3195	5112
7	87	76	89	7569	5776	7921	6764	6612	7743
8	47	56	71	2209	3136	5041	3976	2632	3337
9	87	62	80	7569	3844	6400	4960	5394	6960
10	67	60	85	4489	3600	7225	5100	4020	5695
11	98	88	77	9604	7744	5929	6776	8624	7546
12	57	58	58	3249	3364	3364	3364	3306	3306
13	71	52	88	5041	2704	7744	4576	3692	6248
14	50	53	66	2500	2809	4356	3498	2650	3300
15	60	63	75	3600	3969	5625	4725	3780	4500
总和	1049	940	1153	78057	61406	90171	73129	68374	82248

为了求 a，b_1，b_2 的值，需根据表 8.3 中的相关数据先计算一些基本量：

$$L_{YY} = \sum Y^2 - \left(\sum Y\right)^2/n = 78057 - 1049^2/15 = 4969.93$$

$$L_{11} = \sum X_1^2 - \left(\sum X_1\right)^2/n = 61406 - 940^2/15 = 2499.33$$

$$L_{22} = \sum X_2^2 - \left(\sum X_2\right)^2/n = 90171 - 1153^2/15 = 1543.73$$

$$L_{12} = \sum X_1X_2 - \left(\sum X_1\right)\left(\sum X_2\right)/n = 73129 - 940 \times 1153/15 = 874.33$$

$$L_{1Y} = \sum X_1Y - \left(\sum X_1\right)\left(\sum Y\right)/n = 68374 - 940 \times 1049/15 = 2636.67$$

$L_{2Y}=\sum X_2Y-(\sum X)(\sum Y)/n=82248-1049\times1153/15=1614.87$

$\overline{Y}=\sum Y/n=1049/15=69.93$

$\overline{X}_1=\sum X_1/n=940/15=62.67$

$\overline{X}_2=\sum X_2/n=1153/15=76.87$

将上述有关数据代入公式(8.25)、公式(8.28a)、公式(8.28b)：

$$b_1=\frac{2636.67\times1543.73-1614.87\times874.33}{2499.33\times1543.73-874.33^2}=0.859$$

$$b_2=\frac{1614.87\times2499.33-2636.67\times874.33}{2499.33\times1543.73-874.33^2}=0.559$$

$$a=69.93-0.859\times62.67-0.559\times76.87=-26.874$$

于是，物理对数学与语文的二元线性回归方程为

$$\hat{Y}=-26.874+0.859X_1+0.559X_2$$

这表明：当语文成绩保持不变时，数学成绩每增加 1 分，物理成绩则增加 0.859 分；当数学成绩保持不变时，语文成绩每增加 1 分，物理成绩则增加 0.559 分。这样，就可以根据数学与语文的成绩来联合预测物理成绩。例如，在本例中，若某学生的数学成绩为 60 分，语文成绩为 70 分，则该学生的物理成绩的估计值为

$$\hat{Y}=-26.874+0.859\times60+0.559\times70=63.796$$

这里要注意的是，对因变量的预测，自变量的取值不能超过样本数据的范围。

(四)二元线性标准化回归方程

由于原始数据的单位不同，所以不能直接用由原始数据求得的回归系数 b_1 与 b_2 来比较自变量 X_1 和 X_2 在估计因变量 Y 时所起作用的大小。若想考察 X_1 和 X_2 对 Y 的相对贡献的大小，需要将 X_1，X_2 与 Y 全部转化为标准分数，然后可以在由标准分数建立的回归方程中比较标准化回归系数 b_1^* 与 b_2^*，来判断 X_1 和 X_2 作用的大小。

二元线性标准化回归方程的公式为

$$\hat{Z}_Y=b_1^*Z_{X_1}+b_2^*Z_{X_2} \tag{8.29}$$

式中，Z_Y，Z_{X_1} 与 Z_{X_1} 分别为原始分数 Y，X_1 和 X_2 的标准分数。

标准化回归方程既可以用上述将原始分数转换成标准分数的方法建立，也可以用由标准化回归系数与原始分数计算的非标准化回归系数之间的关系来建立。

$$b_1^*=b_1\frac{S_{X_1}}{S_Y} \tag{8.30a}$$

$$b_2^*=b_2\frac{S_{X_2}}{S_Y} \tag{8.30b}$$

根据表 8.3 中的数据，先计算 Y，X_1，X_2 的标准差的无偏估计量：

$$S_Y=\sqrt{\frac{\sum Y^2(\sum Y)^2/n}{n-1}}=\sqrt{\frac{4696.93}{15-1}}=18.32$$

$$S_{X_1}=\sqrt{\frac{\sum X_1^2(\sum X_1)^2/n}{n-1}}=\sqrt{\frac{2499.33}{15-1}}=13.36$$

$$S_{X_2}=\sqrt{\frac{\sum X_2^2(\sum X_2)^2/n}{n-1}}=\sqrt{\frac{1543.73}{15-1}}=10.50$$

将有关数据代入公式(8.30a)与公式(8.30b)，则标准化回归系数：

$$b_1^*=0.859\times\frac{13.36}{18.32}=0.626$$

$$b_2^*=0.559\times\frac{10.50}{18.32}=0.320$$

这样，所建立的标准化回归方程为

$$\hat{Z}_Y=0.626Z_{X_1}+0.320Z_{X_2}$$

由于 $b_1^*>b_2^*$，所以可以认为在预测物理成绩时，数学成绩(X_1)比语文成绩(X_2)所起的作用相对更大。

二、二元线性回归方程有效性检验

同一元线性回归方程有效性检验一样，二元线性回归方程有效性检验也有三种方法，分别是运用方差分析对整体回归模型的有效性检验、回归系数检验和相关系数检验。不同的是，在二元线性回归方程中，回归系数检验是对偏回归系数进行显著性检验，相关系数检验是对多元相关系数(复相关系数)进行显著性检验。

(一)二元线性回归模型整体有效性检验

与一元线性回归模型有效性检验一样，二元线性回归模型整体有效性检验需要对平方和与自由度进行分解，并计算回归方差与残差方差的 F 比值，然后根据 F 检验的统计决断规则判断回归模型的整体有效性。

例如，根据表 8.3 中的数据，Y 对 X_1，X_2 的回归方程为 $\hat{Y}=-26.874+0.859X_1+0.559X_2$，试对该回归方程进行有效性检验。

检验的步骤如下。

①提出假设。

H_0：所建立的回归方程无效

H_1：所建立的回归方程有效

②选择检验统计量并计算其值。

首先，计算总平方和、回归平方和与残差平方和。

$$SS_{总}=\sum(Y-\overline{Y})^2=L_{YY} \tag{8.31}$$

$$SS_{回归}=\sum(\hat{Y}-\overline{Y})^2=b_1L_{1Y}+b_2L_{2Y} \tag{8.32}$$

将有关数据代入公式(8.31)、公式(8.32)：

$$SS_{总}=4696.93$$

$$SS_{回归}=0.859\times2636.67+0.559\times1614.87=3167.61$$

将 $SS_{总}$ 与 $SS_{回归}$ 代入公式(8.18)：

$$SS_{残差}=4696.93-3167.61=1529.32$$

其次，计算总自由度、回归自由度与残差自由度。

$$df_{总}=n-1=15-1=14$$
$$df_{回归}=2$$
$$df_{残差}=df_{总}-df_{回归}=14-2=12$$

不同于一元线性回归方程，二元线性回归方程中有两个自变量，故 $df_{回归}=2$。

再次，计算回归与残差方差。将相关数据代入公式(8.13)、公式(8.14)：

$$MS_{回归}=\frac{3167.61}{2}=1583.81$$

$$MS_{残差}=\frac{1529.32}{12}=127.44$$

最后，计算回归与残差方差的 F 比值。将相关数据代入公式(8.15)：

$$F=\frac{MS_{回归}}{MS_{残差}}=\frac{1583.81}{127.44}=12.43$$

③做出统计决断。

根据 $df_{分子}=df_{回归}=2$，$df_{分母}=df_{残差}=12$，查表得 $F_{(2,12)0.05}=3.89$，$F_{(2,12)0.01}=6.93$。实际计算出的 $F=12.43^{**}>F_{(2,12)0.01}$，根据 F 检验统计决断规则(表 5.6)，则 $P<0.01$，故在 0.01 显著性水平上拒绝 H_0 而接受 H_1。结论：所建立的二元线性回归方程是有效的，即能够根据回归方程由数学与语文成绩联合预测物理成绩。

④列出方差分析表(表 8.4)。

表 8.4 回归方程有效性检验方差分析表

差异来源	平方和(SS)	自由度(df)	方差(MS)	F
回归	3167.61	2	1583.81	12.43^{**}
残差	1529.32	12	127.44	
总差异	4696.93	14		

(二)偏回归系数的显著性检验

二元线性回归模型显著，只表明整个方程中至少有一个回归系数不等于 0，但并不代表两个偏回归系数都显著，甚至可能整个回归方程显著，而两个偏回归系数都不显著。回归方程的检验是对两个回归系数同时进行的检验，而偏回归系数的显著性检验是在控制其他自变量(二元线性回归中指另一自变量)的情况下，对一个自变量的回归系数的显著性进行的单独检验。因此，在回归方程整体显著的情况下，还需要对两个偏回归系数进行显著性检验。检验步骤如下。

1. 提出假设

①H_0：$\beta_1=0$　H_1：$\beta_1\neq0$　(X_2 保持不变)

②H_0：$\beta_2=0$　H_1：$\beta_2\neq0$　(X_1 保持不变)

2. 计算检验统计量的值

两个偏回归系数的检验统计量分别为

$$t_{b_1}=\frac{b_1-\beta_1}{\sqrt{\frac{MS_{残差}}{L_{11}(1-r_{12}^2)}}} \tag{8.33a}$$

$$t_{b_2}=\frac{b_2-\beta_2}{\sqrt{\frac{MS_{残差}}{L_{22}(1-r_{12}^2)}}} \tag{8.33b}$$

式中，r_{12} 为自变量 X_1 与 X_2 的相关系数。

根据表 8.3 中的数据：

$$r_{12}=\frac{L_{12}}{\sqrt{L_{11}L_{22}}}=\frac{874.33}{\sqrt{2499.33\times1543.73}}=0.445$$

将有关数据代入公式(8.33a)、公式(8.33b)：

$$t_{b_1}=\frac{0.859-0}{\sqrt{\frac{127.44}{2499.33\times(1-0.445^2)}}}=3.407$$

$$t_{b_2}=\frac{0.559-0}{\sqrt{\frac{127.44}{1543.73\times(1-0.445^2)}}}=1.742$$

3. 做出统计决断

根据 $df=n-2-1=15-2-1=12$，查 t 值表(附表 2)，得 $t_{(12)0.05}=2.179$，$t_{(12)0.01}=3.055$。实际计算出的 $t_{b_1}=3.407>t_{(12)0.01}$，根据 t 检验统计决断规则(表 4.4)，则 $P<0.01$，故在 0.01 显著性水平上拒绝 H_0 而接受 H_1。实际计算出的 $t_{b_2}=1.742<t_{(12)0.05}$，根据 t 检验统计决断规则(表 4.4)，则 $P>0.05$，故只得接受 H_0 而拒绝 H_1。

(三)复相关系数的显著性检验

在一元线性回归中，回归平方和在因变量平方和中的比率，等于自变量与因变量间相关系数的平方，这是一元决定系数。同样，在二元线性回归中，回归平方和在因变量平方和中的比率，等于两个自变量的线性组合与因变量之间的相关系数的平方，这是二元决定系数，用公式表示为

$$R_{Y\cdot12}^2=\frac{SS_{回归}}{SS_{总}} \tag{8.34}$$

式中，$R_{Y\cdot12}^2$ 是二元决定系数。

将表 8.4 中的相关数据代入公式(8.34)：

$$R_{Y\cdot12}^2=\frac{3167.61}{4696.93}=0.674$$

这表明，在因变量 Y(物理成绩)的总平方和中，回归平方和占 67.4%。也就是说，在因变量 Y(物理成绩)的变异中，有 67.4%的变异是由自变量 X_1(数学成绩)与 X_2(语文成绩)的变异引起的。

将二元决定系数开平方后得到的 $R_{R\cdot12}$ 叫作复相关系数，或称多元相关系数，表

示自变量 X_1 和 X_2 的线性组合与因变量的相关系数，实际上是 Y 与其预测值 $\hat{Y}$ 之间的相关系数。本例中的复相关系数：

$$R_{Y \cdot 12}=\sqrt{R_{Y \cdot 12}^2}=\sqrt{0.674}=0.821$$

复相关系数的取值范围为[0，1]。根据 $df=n-k-1$，通过查复相关系数界值表(附表 8)对实际计算出的相关系数进行显著性检验。在本例中，$n=15$，$k=2$，则 $df=15-2-1=12$。当 $\alpha=0.05$ 时，复相关系数的临界值为 0.627；当 $\alpha=0.01$ 时，复相关系数的临界值为 0.732。实际计算出的 $R_{Y \cdot 12}=0.821>0.732$，故在 0.01 显著性水平上拒绝 H_0 而接受 H_1。这意味着复相关系数与总体零相关有显著差异。这一检验结果与二元线性回归模型整体有效性检验的结果相同。

练习题

1. 相关分析与回归分析是什么关系？

2. 什么是决定系数？它与相关系数是什么关系？

3. 某学科模块 1(X)与模块 2(Y)的测验成绩如下所示。

X：	67	71	76	86	72	74	70	65	75	78	87
Y：	72	76	73	89	79	73	75	67	81	80	82

(1)建立模块 2 对模块 1 测验成绩的回归方程。

(2)检验回归方程的显著性。

(3)该方程的预测效果如何？

(4)试估计在模块 1 上成绩为 73 分的学生在模块 2 上的成绩。

4. 从某高校抽取 15 名大学一年级学生，高考英语成绩(X)与大学一年级英语期末考试成绩(Y)如下表所示。试建立回归方程，并检验方程的有效性及预测效果。

序号	X	Y
1	105	62
2	132	71
3	114	67
4	135	81
5	128	73
6	123	65
7	97	52
8	132	81
9	138	90
10	117	60
11	141	88
12	99	52
13	111	63

续表

序号	X	Y
14	81	44
15	74	40

5. 12 名九年级学生语文成绩、亲子关系与师生关系如下表所示，其中亲子关系、师生关系分数是在相关量表上学生的自评分数，语文成绩为学生语文期末考试成绩。请根据该表数据：

(1)列出语文成绩对亲子关系与师生关系的二元线性回归方程。

(2)检验线性回归方程的有效性。

(3)检验两个偏回归系数的显著性。

序号	语文成绩	亲子关系	师生关系
1	76	16	16
2	74	16	10
3	57	12	6
4	84	19	15
5	39	8	8
6	83	20	13
7	75	19	16
8	60	12	15
9	59	11	14
10	90	17	18
11	46	11	8
12	94	20	20

第九章　χ^2 检验

在教育研究与实践中，常常会遇到通过点计方式获得的分类数据，如生源地可按城市与农村分类，家庭类型可按核心家庭、主干家庭、联合家庭与其他家庭分类，对学校某项教育改革的态度可按支持、中立与反对分类，学生可按性别分类，教师可按职称分类，等等。对于这些分类数据进行假设检验，最适宜的方法是 χ^2 检验。

第一节　χ^2 及其分布

一、χ^2 检验统计量

χ^2 是检验实际频数与理论频数之间差异的统计量，其计算公式为

$$\chi^2=\sum\frac{(f_o-f_t)^2}{f_t} \tag{9.1}$$

式中，f_o 表示实际频数或观察频数；f_t 表示理论频数。

先用实例说明 χ^2 值的计算方法。

【例 1】 抛一枚硬币 80 次，结果正面朝上 46 次，反面朝上 34 次。问该枚硬币质地是否均匀？

从理论上讲，抛一枚质地均匀的硬币，正、反面朝上的概率相等。那么，如果抛硬币 80 次，正面和反面朝上的理论频数均为 40。这样，实际频数(正面朝上 46 次，反面朝上 34 次)与理论频数(正面与反面朝上均为 40 次)之间的差异用 χ^2 表示为

$$\chi^2=\sum\frac{(f_o-f_t)^2}{f_t}=\frac{(46-40)^2}{40}+\frac{(34-40)^2}{40}=1.80$$

由 χ^2 的计算公式可知，χ^2 值等于各组实际频数和理论频数之差的平方与理论频数之比，再求其和。χ^2 具有以下三个特点。

第一，χ^2 值具有可加性。例如，正面朝上的 χ^2 为 0.90，反面朝上的 χ^2 也为 0.90，总 χ^2 为 1.80。

第二，χ^2 值永远是正值。无论实际频数与理论频数之差是正值还是负值，平方后均为正值。

第三，χ^2 值的大小随实际频数与理论频数之差的变化而变化。两者之差越小，说明样本所来自的总体分布与假设的理论分布越一致；两者之差越大，说明样本所来自的总体分布与假设的理论分布越不一致。

究竟 χ^2 值大到什么程度才能说明样本所来自的总体分布与假设的理论分布不一致呢？这就要看样本的 χ^2 值在其抽样分布上的概率如何。

二、χ^2 的抽样分布

以【例 1】来说明 χ^2 的抽样分布。如果再抛硬币 80 次，统计正面朝上与反面朝上

的实际频数，又可以计算出一个 χ^2 值。这样反复做抛硬币实验，就可以获得许许多多的 χ^2 值，这些 χ^2 值就形成了一个实验性 χ^2 抽样分布。

χ^2 分布有以下两个特点：第一，χ^2 分布呈正偏态，右侧无限延伸，但永不与基线相接；第二，χ^2 分布随自由度的变化而形成一族分布形态。这里的自由度指实际频数与理论频数的差数中能够独立变化的差数的个数。在本例中实际频数与理论频数的差数有两个，因为受到一个因子，即 $\sum(f_o-f_t)=0$ 的限制，故只有一个差数可独立变化，即 $df=2-1=1$。

自由度越小，χ^2 分布的偏斜度越大；自由度越大，χ^2 分布越趋于对称(图 9.1)。

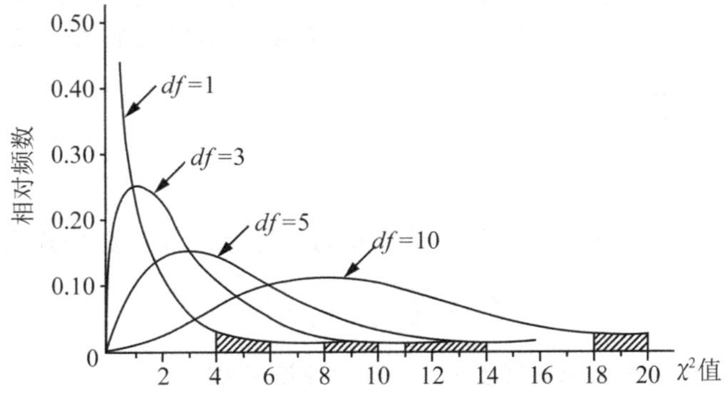

图 9.1　四种不同自由度的 χ^2 分布

三、χ^2 检验的特点与适用范围

χ^2 检验不同于前面章节讲到的测量数据的假设检验。

第一，测量数据的假设检验，其数据属于等距与比率水平的连续型变量，而 χ^2 检验的数据属于名义与顺序水平的间断型变量。

第二，测量数据的假设检验，其数据所来自的总体分布的形态往往是已知的，一般要求呈正态分布，而 χ^2 检验的数据所来自的总体分布是未知的。

第三，测量数据的假设检验是对总体参数或几个参数之差所进行的假设检验，χ^2 检验一般不是对总体参数的检验，而是对总体分布的假设检验，所以 χ^2 检验属于自由分布的非参数检验。

χ^2 检验可分单向表的 χ^2 检验和双向表的 χ^2 检验。把实得的点计数据按一种标准分类编制成表就构成单向表，如按朝上、朝下的情况把抛硬币结果编成单向表，按教学人员、管理人员、后勤人员把教职工编成单向表，按文科、理科、艺体把学生编成单向表。对这类单向表数据进行的 χ^2 检验，就是要检验抽样所获得的样本分布是否与某一假设的理论分布相一致，是否符合某一假设的理论分布，所以又称拟合优度的 χ^2 检验。

把实得的点计数据按两种标准分类编制成表就构成双向表，如把同一批学生既按来源地分成城、乡，又按性别分成男、女，这样就构成了双向表。对这类双向表数据进行的 χ^2 检验，就是要检验两个分类特征是彼此独立还是相互依从，如生源地与性别是否有关，所以又称独立性 χ^2 检验。

第二节 单向表的 χ^2 检验

一、按一定比率决定理论频数的 χ^2 检验

【例 2】 在某市中学教师中，高级职称、中级职称与初级职称的比率为 2∶5∶3。从某中学随机抽取 30 名教师，结果发现高级职称有 7 人，中级职称有 17 人，初级职称有 6 人。问该校各类职称教师的比率是否与全市一样？

检验的步骤如下。

①提出假设。

H_0：该校高级职称、中级职称与初级职称的教师比率是 2∶5∶3

H_1：该校高级职称、中级职称与初级职称的教师比率不是 2∶5∶3

②计算检验统计量的值。

本例是检验样本所来自的总体分布是否符合假设的理论分布，可采用 χ^2 检验。根据 H_0，该校高级职称、中级职称与初级职称教师的理论频数分别为 $30\times\frac{2}{10}=6$，$30\times\frac{5}{10}=15$，$30\times\frac{3}{10}=9$。

根据公式(9.1)求 χ^2 值：

$$\chi^2=\frac{(7-6)^2}{6}+\frac{(17-15)^2}{15}+\frac{(6-9)^2}{9}=1.43$$

③做出统计决断。

由于受到一个因子，即 $\sum(f_o-f_t)=0$ 的限制，单向表 χ^2 的自由度一般等于组数减 1，即 $df=k-1$，所以本例中 $df=3-1=2$。根据 $df=2$，查 χ^2 值表(附表 6)，得 $\chi^2_{(2)0.05}=5.99$。将实际计算出的 χ^2 与临界值比较，由于 $\chi^2=1.43<\chi^2_{(2)0.05}$，根据 χ^2 检验统计决断规则(表 9.1)，则 $P>0.05$，故接受 H_0 而拒绝 H_1。结论：该校高级职称、中级职称与初级职称的教师比率和全市一样。

表 9.1 χ^2 检验统计决断规则

χ^2 与临界值的比较	P 值	检验结果
$\chi^2<\chi^2_{(df)0.05}$	$P>0.05$	接受 H_0 而拒绝 H_1
$\chi^2_{(df)0.05}\leqslant\chi^2<\chi^2_{(df)0.01}$	$0.01<P\leqslant0.05$	在 0.05 显著性水平上拒绝 H_0 而接受 H_1
$\chi^2\geqslant\chi^2_{(df)0.01}$	$P\leqslant0.01$	在 0.01 显著性水平上拒绝 H_0 而接受 H_1

二、一个自由度的 χ^2 检验

(一)各组的理论频数大于或等于 5 的情况

【例 3】 从某校随机抽取 56 名学生，其中男生 32 人，女生 24 人。问该校男、女生的人数是否相等？

检验的步骤如下。

①提出假设。

H_0：该校男女生人数相等

H_1：该校男女生人数不等

②计算检验统计量的值。

本例检验样本所来自的总体分布是否符合假设的理论分布，可采用 χ^2 检验。根据 H_0，该校 56 名学生中男生、女生人数均为 28。

本例 $df=1$，由于两组的理论频数均大于等于 5，根据公式(9.1)：

$$\chi^2=\frac{(32-28)^2}{28}+\frac{(24-28)^2}{28}=1.14$$

③做出统计决断。

根据 $df=1$，查 χ^2 值表(附表 6)，得 $\chi^2_{(1)0.05}=3.84$。实际计算出的 $\chi^2=1.14<\chi^2_{(1)0.05}$，根据 χ^2 检验统计决断的规则(表 9.1)，则 $P>0.05$，故接受 H_0 而拒绝 H_1。结论：该校男、女生人数相等。

(二)某组的理论频数小于 5 的情况

当 $df=1$，其中只要有一个组的理论频数小于 5，就要运用耶茨连续性校正法，即将每一组的实际频数与理论频数差数的绝对值减 0.5 后再进行平方，公式为

$$\chi^2=\sum\frac{(|f_o-f_t|-0.5)^2}{f_t} \tag{9.2}$$

为什么要进行连续性校正呢？这是因为由点计数据求得的 χ^2 值是间断数列，当 $df=1$，$f_t<5$ 时，间断型尤为明显。而 χ^2 值表上的理论值是用连续型量表表示的，其 χ^2 分布是一条连续的光滑曲线。为了对连续的 χ^2 曲线做较好的估计，需要将每个小于理论频数的实际频数加 0.5，而将大于理论频数的实际频数减 0.5。

【例 4】 某区中学教师研究生学历的比率为 0.2，现从该区某中学随机抽取 20 人，其中研究生学历的有 9 人。问该校教师研究生学历的比率与全区是否一样？

检验的步骤如下。

①提出假设。

H_0：该校教师研究生学历的比率与全区一样

H_1：该校教师研究生学历的比率与全区不一样

②计算检验统计量的值。

本例检验样本所来自的总体分布是否符合假设的理论分布，可采用 χ^2 检验。根据 H_0，该校 20 人中研究生学历与非研究生学历的理论频数分别为 $20\times0.2=4$，$20\times0.8=16$。

由于在本例中 $df=1$，有一个组 $f_t=4$，故在计算 χ^2 值时需要进行耶茨连续性校正，根据公式(9.2)：

$$\chi^2=\frac{(|9-4|-0.5)^2}{4}+\frac{(|11-16|-0.5)^2}{16}=6.33$$

③做出统计决断。

根据 $df=1$，查 χ^2 值表(附表 6)，得 $\chi^2_{(1)0.05}=3.84$，$\chi^2_{(1)0.01}=6.63$。实际计算出的

$\chi^2=6.33$，$\chi^2_{(1)0.05}<\chi^2<\chi^2_{(1)0.01}$，根据 χ^2 检验统计决断规则(表 9.1)，则 $0.05<P<0.01$，故在 0.05 显著性水平上拒绝 H_0 而接受 H_1。结论：该校教师研究生学历的比率与全区有显著差异。

总体比率的显著性检验，即根据一个样本比率来推断其来自的一个总体比率，也可以用单向表的 χ^2 检验来处理，检验结果基本一致，因此在本书中关于总体比率的显著性检验不再专设章节叙述。

为了说明两种检验的一致性，现用本节中的【例 3】加以演示。【例 3】可叙述成比率形式：从某校随机抽取 56 名学生，其中男生 32 人，$p=32/56=0.57$，问该校男生总体人数比率是否为 0.50?

该例用总体比率来检验，检验的步骤如下。

①提出假设。

H_0：男生总体人数比率 $p'=0.50$

H_1：男生总体人数比率 $p'\neq 0.50$

②选择检验统计量并计算其值。

选择 Z 作为总体比率的检验统计量，其计算公式为

$$Z=\frac{p-p'}{\sqrt{\frac{p'q'}{n}}} \tag{9.3}$$

式中，p 表示样本比率；p' 表示总体比率；$q'=1-p'$；n 表示样本的容量。

将有关数据代入公式(9.3)：

$$Z=\frac{0.57-0.50}{\sqrt{\frac{0.50\times 0.50}{56}}}=1.05$$

③确定检验形式。

根据假设的形式采用双侧检验。

④做出统计决断。

由于 $|Z|=1.05$，$Z_{0.05}=1.96$，$|Z|<Z_{0.05}$，根据双侧 Z 检验统计决断规则(表 4.2)，则 $P>0.05$，故接受 H_0 而拒绝 H_1。结论：该校男生总体人数比率为 0.50，即从总体上讲，该校男、女生人数比率相等。

本例总体比率的 Z 检验的结论与 χ^2 检验的结论相同。

本节中的【例 4】本属于总体比率的显著性检验。因为题目本身就是用比率形式叙述的，但也可以用 χ^2 检验来处理。两种检验的结果基本相同，两者的差异主要是因为在 χ^2 检验中统计量的计算采用了耶茨连续性校正，读者可自行验算。

三、频数分布的正态性 χ^2 检验

利用 χ^2 检验考察连续型变量的样本数据是否服从某一理论分布时，最经常遇到的是检验样本数据是否来自正态分布的总体。

【例 5】 120 名 11 岁男生身高的频数分布如表 9.2 第 1 列、第 6 列所示。问其总体是否呈正态分布？($\overline{X}=139.9$，$\sigma_X=7.5$)

表 9.2　120 名 11 岁男生身高频数正态性 χ^2 值计算表

身高分组	上、下限的 Z 值	上、下限的 Z 值与 $Z=0$ 之间的面积	面积	f_t		f_o		$\frac{(f_o-f_t)^2}{f_t}$
$+\infty$	$+\infty$	0.5000						
158～	2.41	0.4920	0.0080	0.960	10.620	1	11	0.014
154～	1.88	0.4699	0.0221	2.652		4		
150～	1.35	0.4115	0.0584	7.008		6		
146～	0.81	0.2910	0.1205	14.460		11		0.828
142～	0.28	0.1103	0.1807	21.684		20		0.131
138～	−0.25	0.0987	0.2090	25.080		33		2.501
134～	−0.79	0.2852	0.1865	22.380		22		0.006
130～	−1.32	0.4066	0.1214	14.568		10		1.432
126～	−1.85	0.4678	0.0612	7.334	11.198	9	13	0.290
122～	−2.39	0.4916	0.0238	2.856		4		
$-\infty$	$-\infty$	0.5000	0.0084	1.008		0		
总和			1.0000	120.00		120		5.202

检验的步骤如下。

①提出假设。

H_0：样本所属的总体呈正态分布　　　H_1：样本所属的总体不呈正态分布

②计算检验统计量的值。

本例检验样本所来自的总体分布是否符合假设的理论分布，可采用 χ^2 检验。根据样本所属的总体呈正态分布的零假设，运用正态曲线下面积的有关知识，首先求各组的理论频数，步骤如下。

第一，将各组的上、下限转换成标准分数 Z 值。例如，“146～”组的上限的 $Z=\frac{X-\overline{X}}{\sigma_X}=\frac{150-139.9}{7.5}=1.35$，下限的 $Z=\frac{X-\overline{X}}{\sigma_X}=\frac{146-139.9}{7.5}=0.81$。其他各组上、下限的 Z 值见表 9.2 的第 2 列。

第二，根据各组上、下限 Z 值查附表 1，寻找各组上、下限的 Z 值与 $Z=0$ 之间的面积。例如，在“146～”组中，上限的 Z 值（$Z=1.35$）与 $Z=0$ 之间的面积为 0.4115，下限的 Z 值（$Z=0.81$）与 $Z=0$ 之间的面积为 0.2910。其他各组上、下限的 Z 值与 $Z=0$ 之间的面积见表 9.2 的第 3 列。

第三，求各组的面积。例如，“146～”组的面积为 $0.4115-0.2910=0.1205$，其他各组的面积见表 9.2 的第 4 列。这里需要注意的是，“138～”组的面积应为 $Z=0.28$ 与 $Z=0$ 之间的面积与 $Z=-0.25$ 与 $Z=0$ 之间的面积之和，即 $0.1103+0.0987=0.2090$。这是因为该组上、下限的 Z 值的符号相反，它们之间的面积应等于它们分别与 $Z=0$ 之间的面积之和。

第四，将各组的面积与总频数相乘，求各组的理论频数。例如，“146～”组的理论频数为 0.1205×120=14.460。其他各组的理论频数见表 9.2 的第 5 列。在计算实际频数与理论频数差数之前，若有任何一组的理论频数小于 5，就要进行校正，即把该组的理论频数与相邻组的理论频数合并。如果合并后的理论频数仍小于 5，则再进行合并，直至理论频数大于 5 为止。例如，在表 9.2 中，"150～""154～""158～"三组合并成一组，"－∞""122～""126～"三组合并成一组。相应组的实际频数也要进行合并。

第五，根据公式(9.1)求 χ^2 值。例如，"146～"组的 $\chi^2=\frac{(14.460-11)^2}{14.460}=0.828$，其他各组的 χ^2 值见表 9.2 的第 7 列。

③做出统计决断。

正态性 χ^2 检验的自由度为 $k-3$。这是因为它是单向表的 χ^2 检验，受到一个因子，即 $\sum(f_o-f_t)=0$ 的限制。除此之外，在应用公式 $Z=\frac{X-\overline{X}}{\sigma_X}$ 计算理论频数时，运用了 $\overline{X}$ 和 σ_X 两个样本统计量，又受到两重限制，所以一共受到三重限制。在计算自由度时，要注意这里的组数 k 指合并后保留下来的组数。在本例中合并后的组数为 7，则 $df=7-3=4$，根据 $df=4$ 查 χ^2 值表(附表 6)，得 $\chi^2_{(4)0.05}=9.49$。实际计算出的 $\chi^2=5.202<\chi^2_{(4)0.05}$，根据 χ^2 检验统计决断规则(表 9.1)，则 $P>0.05$，故接受 H_0 而拒绝 H_1。结论：11 岁男生的身高总体呈正态分布。

第三节　双向表的 χ^2 检验

一、$r\times c$ 表的 χ^2 检验

如果把双向表的横行所分的组数用 r 表示，把纵列所分的组数用 c 表示，那么双向表的 χ^2 检验也称 $r\times c$ 表的 χ^2 检验。例如，对于同一批学生既把他们按学生成绩分成优、良、中、差，又把他们按性别分成男、女，这里 $r=4$，$c=2$。如果对学生进行 χ^2 检验，就是 4×2 表的 χ^2 检验。

【例 6】 在某校随机抽取了 165 位学生，调查他们对学校选课制度的态度，结果如表 9.3 所示。问学生专业与对选课制度的态度是否相关？

表 9.3　学生专业与对选课制度的态度之间关系的双向表

	对学校选课制度的态度			总和
	赞成	无所谓	反对	
文科	19(21.07)	28(20.38)	10(15.55)	$57=n_{r_1}$
理科	20(22.55)	21(21.81)	20(16.64)	$61=n_{r_2}$
艺体	22(17.38)	10(16.81)	15(12.81)	$47=n_{r_3}$
总和	$61=n_{c1}$	$59=n_{c2}$	$45=n_{c3}$	$165=n$

注：括号内的数字为理论频数。

检验的步骤如下。

①提出假设。

H_0：学生专业与对学校选课制度的态度没有关系

H_1：学生专业与对学校选课制度的态度有关系

②计算检验统计量的值。

本例对两个分类特征做独立性 χ^2 检验。为了计算 χ^2 值，首先要计算各组的理论频数。根据 H_0 计算双向表理论的频数，公式为

$$f_t=\frac{n_r n_c}{n} \tag{9.4}$$

式中，n_r 表示横行各组的实际频数之和；n_c 表示纵列各组的实际频数之和；n 表示样本容量的总和。

例如，文科专业学生对学校选课制度持赞成态度的理论频数 $f_t=\frac{n_{r_1}n_{c_1}}{n}=\frac{57\times 61}{165}=21.07$。这是因为，在 165 名学生中文科学生的比率为 $\frac{57}{165}$，对学校选课制度持赞成态度的比率为 $\frac{61}{165}$。根据 H_0，由概率的乘法原理可知，在 165 名学生中文科学生对学校选课制度持赞成态度的比率为 $\frac{57}{165}\times\frac{61}{165}$。将该比率乘总人数 165，则得到文科专业学生对学校选课制度持赞成态度的理论频数，即 $\frac{57}{165}\times\frac{61}{165}\times 165=\frac{57\times 61}{165}=21.07$。计算其他各组的理论频数以此类推。

计算出各组的理论频数之后，根据公式(9.1)计算 χ^2 值：

$$\chi^2=\frac{(19-21.07)^2}{21.07}+\frac{(28-20.38)^2}{20.38}+\cdots+\frac{(15-12.81)^2}{12.81}=10.39$$

③做出统计决断。

$r\times c$ 表的自由度的公式为

$$df=(r-1)(c-1) \tag{9.5}$$

式中，r 表示双向表中横行的组数；c 表示双向表中纵列的组数。

根据 $df=(3-1)(3-1)=4$，查 χ^2 值表(附表 6)，得 $\chi^2_{(4)0.05}=9.49$，$\chi^2_{(4)0.01}=13.28$。实际计算出的 $\chi^2=10.39$，$\chi^2_{(4)0.05}<\chi^2<\chi^2_{(4)0.01}$，根据 χ^2 检验统计决断规则(表 9.1)，则 $0.01<P<0.05$，故在 0.05 显著性水平上拒绝 H_0 而接受 H_1。结论：学生专业与对学校选课制度的态度有关。

二、四格表的 χ^2 检验

四格表的 χ^2 检验是 $r\times c$ 表的 χ^2 检验的一种特殊形式，属 2×2 表的 χ^2 检验，因此其基本步骤和方法与 $r\times c$ 表的 χ^2 检验相同。其自由度 $df=(2-1)(2-1)=1$，因此若有一个组的理论频数小于 5，就要运用公式(9.2)进行耶茨连续性校正来计算 χ^2 值。

(一)各组的理论频数大于或等于 5 的情况

【例 7】 从甲、乙两校随机抽取部分学生参加理化实验技能测试，甲校 40 人中 18 人优秀，乙校 66 人中 16 人优秀。问甲、乙两校理化实验技能测试成绩是否有本

质差异？

检验的步骤如下。

①提出假设。

H_0：甲、乙两校理化实验技能测试成绩无本质差异

H_1：甲、乙两校理化实验技能测试成绩有本质差异

②计算检验统计量的值。

H_0 是甲、乙两校理化实验技能测试成绩无本质差异，意思是学生理化实验技能测试成绩与所在学校没有关系，这属于四格表的 χ^2 检验。将题目中的数据整理成四格表(表 9.4)，括号外的数字是实际频数，括号内的数字是根据公式(9.4)计算出的理论频数。

表 9.4　学生理化技能测试成绩与所在学校的四格表

	优秀	非优秀	合计
甲校	18(12.83)	22(27.17)	$40=n_{r_1}$
乙校	16(21.17)	50(44.83)	$66=n_{r_2}$
合计	$34=n_{c_1}$	$72=n_{c_2}$	$106=n$

由于 $df=(2-1)(2-1)=1$，各组的理论频数均大于 5，运用公式(9.1)计算 χ^2 值：

$$\chi^2=\frac{(18-12.83)^2}{12.83}+\frac{(22-27.17)^2}{27.17}+\frac{(16-21.17)^2}{21.17}+\frac{(50-44.83)^2}{44.83}=4.93$$

③做出统计决断。

根据 $df=1$，查 χ^2 值表(附表 6)，得 $\chi^2_{(1)0.05}=3.84$，$\chi^2_{(1)0.01}=6.63$。实际计算出的 $\chi^2=4.93$，$\chi^2_{(1)0.05}<\chi^2<\chi^2_{(1)0.01}$，根据 χ^2 检验统计决断规则(表 9.1)，则 $0.01<P<0.05$，故在 0.05 显著性水平上拒绝 H_0 而接受 H_1。结论：甲、乙两校理化实验技能测试成绩有本质差异。

(二)某组的理论频数小于 5 的情况

【例 8】 从某校抽取 35 人，体育成绩与性别如表 9.5 所示。问该校学生的体育成绩与性别是否有关？

表 9.5　35 名学生的体育成绩与性别的四格表

	达标	未达标	合计
男	17(16.34)	5(5.66)	$22=n_{r_1}$
女	9(9.66)	4(3.34)	$13=n_{r_2}$
合计	$26=n_{c_1}$	$9=n_{c_2}$	$35=n$

注：括号内的数字是理论频数。

检验的步骤如下。

①提出假设。

H_0：学生的体育成绩与性别无关

H_1：学生的体育成绩与性别有关

②计算检验统计量的值。

首先计算各组的理论频数。根据 H_0，男生体育达标的理论频数为

$$f_t=\frac{n_{r_1}n_{c_1}}{n}=\frac{22\times 26}{35}=16.34$$

其他各组的理论频数以此类推。由于 $df=(2-1)(2-1)=1$，有一个组的理论频数小于 5($f_t=3.34$)，需要运用公式(9.2)进行耶茨连续性校正：

$$\chi^2=\frac{(|17-16.34|-0.5)^2}{16.34}+\frac{(|5-5.66|-0.5)^2}{5.66}+\frac{(|9-9.66|-0.5)^2}{9.66}+\frac{(|4-3.34|-0.5)^2}{3.34}=0.016$$

③做出统计决断。

根据 $df=1$，查 χ^2 值表(附表 6)，得 $\chi^2_{(1)0.05}=3.84$。实际计算出的 $\chi^2=0.016<\chi^2_{(1)0.05}$，根据 χ^2 检验统计决断规则(表 9.1)，则 $P>0.05$，故接受 H_0 而拒绝 H_1。结论：学生的体育成绩与性别无关。

总体比率差异的显著性检验，即根据两个样本比率的差异来推断两个相应总体比率是否有显著性差异，也可以采用四格表的 χ^2 检验来处理，两种检验结果基本一致。故本书关于总体比率差异的显著性检验也不专设章节来赘述。例如，将本节中的【例7】改成总体比率差异的显著性检验：从甲、乙两校随机抽取部分学生参加理化实验技能测试，甲校 40 人中 18 人优秀，乙校 66 人中 16 人优秀，问甲、乙两校理化实验技能测试优秀率是否有本质差异？若用总体比率差异的显著性检验，步骤如下。

①提出假设。

H_0：甲、乙两校理化实验技能测试优秀率相同，即 $p'_1=p'_2$

H_1：甲、乙两校理化实验技能测试优秀率不同，即 $p'_1\neq p'_2$

②选择检验统计量并计算其值。选择 Z 作为总体比率差异的检验统计量，计算公式为

$$Z=\frac{(p_1-p_2)-(p'_1-p'_2)}{\sqrt{\frac{(n_1p_1+n_2p_2)(n_1q_1+n_2q_2)}{n_1n_2(n_1+n_2)}}} \tag{9.6}$$

式中，p_1，p_2 分别表示两个样本的比率；p'_1，p'_2 分别表示两个总体的比率；n_1，n_2 分别表示两个样本的容量；$q_1=1-p_1$；$q_2=1-p_2$。

计算得 $p_1=0.450$，$p_2=0.242$，$q_1=0.550$，$q_2=0.758$。将相关数据代入公式(5.9)：

$$Z=\frac{(0.450-0.242)-0}{\sqrt{\frac{(40\times 0.450+66\times 0.242)(40\times 0.550+66\times 0.758)}{40\times 66\times (40+66)}}}=2.22$$

③确定检验形式。根据假设的形式采用双侧检验。

④做出统计决断。

由于 $Z_{0.05}=1.96$，$Z_{0.01}=2.58$，$Z_{0.05}<Z<Z_{0.01}$，根据双侧 Z 检验统计决断规

则(表 4.2)，则 $0.01<P<0.05$，故在 0.05 显著性水平上拒绝 H_0 而接受 H_1。结论：甲、乙两校理化实验技能测试优秀率有显著性差异。

两种检验结论相同，故可以用 χ^2 检验来代替总体比率差异的显著性检验。

(三)四格表的 χ^2 检验与 ϕ'相关、ϕ 相关

1. ϕ'相关

双向表的 χ^2 检验，可以通过计算 χ^2 统计量来对两个分类变量是否相关进行检验。从这个意义上讲，也可以把 χ^2 值看作一个相关系数。但是 χ^2 值可以大于 1，不符合对相关系数的规定，克拉莫(Cramer)提出了一种方法，可将 χ^2 值转化为与之对应的相关系数，这种相关系数就是 ϕ'系数，又称克拉莫 V 系数。具体转化公式为

$$\phi'=\sqrt{\frac{\chi^2}{n(L-1)}} \tag{9.7}$$

式中，χ^2 是根据 $r\times c$ 表中的数据计算出的 χ^2 值；n 表示样本容量的总和；L 表示 $r\times c$ 表的 r 和 c 中较小的那一个。

【例 9】 例如，根据表 9.3 中的数据，问学生的专业与对学校选课制度的态度的相关如何？

首先确定 L 的值，即 $r\times c$ 中行数和列数较小的那个。本例中 $r=3$，$c=3$，所以 $L=3$。再根据 $r\times c$ 表中的数据计算 χ^2 值，本例中 $\chi^2=10.39$。最后将相应数据代入公式(9.7)，得 $\phi'=\sqrt{\frac{10.39}{165\times(3-1)}}=0.177$。

2. ϕ 相关

对于四格表的两个二分变量之间的相关可用 ϕ 相关来表示，公式：

$$\phi=\sqrt{\frac{\chi^2}{n}} \tag{9.8}$$

式中，χ^2 是根据四格表数据计算出的 χ^2 值；n 表示样本容量的总和。

由于在四格表中行数 r 与列数 c 均等于 2，所以 $L=2$。将 $L=2$ 代入公式(9.7)，则有 $\phi'=\sqrt{\frac{\chi^2}{n(2-1)}}=\sqrt{\frac{\chi^2}{n}}$。因此，正如四格表的 χ^2 检验是 $r\times c$ 表的 χ^2 检验的一种特殊形式，ϕ 系数可看作 ϕ'系数的一种特殊形式。

【例 10】 根据表 9.5 中的数据，问学生的体育成绩与性别的相关如何？

将 $\chi^2=0.016$，$n=35$ 代入公式(9.8)，得 $\phi=\sqrt{\frac{0.016}{35}}=0.021$。

3. ϕ'系数与 ϕ 系数的显著性检验

ϕ'系数由 $r\times c$ 表的 χ^2 值而求得，因此，对 ϕ'系数的显著性检验也可通过独立性 $r\times c$ 表的 χ^2 检验来确定。若 χ^2 检验结果显著，那么 ϕ'系数也显著。这表明 ϕ'系数不来自相关系数为 0 的总体($\rho\neq0$)，也就是说，样本的 ϕ'系数在总体中存在相关。若 χ^2 检验结果不显著，那么 ϕ'系数也不显著。这表明 ϕ'系数来自相关系数为 0 的总体($\rho=0$)，也就是说，样本的 ϕ'系数在总体中不存在相关。

ϕ'系数的显著性检验，除了假设之外，其余步骤与 $r\times c$ 表的 χ^2 检验相同，在此不再赘述。例如，对本章第三节【例 9】中的 $\phi'=0.177$ 进行显著性检验，其假设为 $H_0:\rho=0$，$H_1:\rho\neq 0$。根据表 9.3 中的数据进行计算，得 $\chi^2=10.39$。χ^2 检验的结果为 $\chi^2_{(4)0.05}<\chi^2<\chi^2_{(4)0.01}$，故在 0.05 显著性水平上拒绝 H_0 而接受 H_1。结论：学生专业与对学校选课制度的态度在总体上存在相关。

ϕ 系数由独立性四格表的 χ^2 值而求得，因此，对 ϕ 系数的显著性检验也可通过独立性四格表的 χ^2 检验来确定。与上述 ϕ'系数的显著性检验相同，若 χ^2 检验结果显著，那么 ϕ 系数也显著。这表明 ϕ 系数不来自相关系数为 0 的总体($\rho\neq 0$)，也就是说，样本的 ϕ'系数在总体中存在相关。若 χ^2 检验结果不显著，那么 ϕ 系数也不显著。这表明 ϕ 系数是来自相关系数为 0 的总体($\rho=0$)，也就是说，样本的 ϕ 系数在总体中不存在相关。

ϕ 系数的显著性检验，除了假设之外，其余步骤与四格表的 χ^2 检验相同。例如，对本章第三节【例 10】中的 $\phi=0.021$ 进行显著性检验，其假设为 H_0：$\rho=0$，H_1：$\rho\neq 0$。根据表 9.5 中的数据进行计算，得 $\chi^2=0.016$。χ^2 检验的结果为 $\chi^2<\chi^2_{(1)0.05}$，则 $P>0.05$，故只得接受 H_0 而拒绝 H_1。结论：学生的体育成绩与性别没有关系，即样本的 ϕ 系数在总体中不存在相关，它来自相关系数为 0 的总体。

练习题

1. χ^2 检验适用哪种类型的数据资料？

2. 在什么情况下计算 χ^2 值时需进行耶茨连续性校正？为什么？

3. 从某校随机抽取职工 80 人，调查对学校分配方案的态度，结果如下：36 人赞成，20 人反对，24 人不置可否。问对该方案三种态度的人数是否一样？

4. 某等级考试总体通过率为 15%，某校参加该考试的 20 人中有 6 人通过。问该校通过率是否与总体通过率一样？

5. 试检验该组 IQ 分数所来自的总体是否呈正态分布。

IQ	频数
75～	19
85～	45
95～	58
105～	49
115～	28
125～	16
135～	5

6. 某省抽取部分城市与农村教师，询问他们对高考改革方案的态度，结果如下表所示。问城市与农村教师对该方案的态度是否一样？

地区	赞成	反对	不置可否
城市	121	45	62
农村	108	54	50

7. 调查学生对一首流行歌曲的态度，结果如下表所示。问对该歌曲的态度是否与年级有关？

年级	喜欢	不喜欢
高中一年级	7	3
高中二年级	6	5

8. 从某区四所学校随机抽取部分学生参加语文考试，考试成绩如下表所示。问四所学校学生的语文成绩是否存在差异？

学校	75 分及以上	75 分以下
A 校	24	25
B 校	25	18
C 校	22	23
D 校	27	17

9. 120 名男、女学生历史成绩如下表所示。问性别与历史成绩总体是否存在相关？若相关，相关程度有多高？

性别	优	良	及格	待及格
男	12	30	16	5
女	22	27	6	2

第十章　非参数检验

假设检验的方法有两种：参数检验与非参数检验。

参数检验是根据样本信息对相应的总体参数的假设检验。它对数据的要求较高，如要求数据是等距变量或比率变量，总体呈正态或近似正态分布，两个总体或多个总体方差齐性，等等。前面章节介绍的 Z 检验、t 检验、F 检验都是参数检验。

然而实际研究中收集到的数据不一定是等距变量或比率变量。即使是等距变量或比率变量，其样本所来自的总体分布形态也往往未知或不呈正态分布，参数检验的条件难以满足，因此需要采用新的统计方法进行检验。这种检验方法不要求样本所属的总体呈正态分布，一般也不是对总体参数进行检验，故称之为自由分布的非参数检验。

与参数检验比较，非参数检验具有不少优点。首先，适用范围广。它不仅适合于名义变量与顺序变量，也适合于等距变量与比率变量。其次，要求低。它没有对总体参数的一些严格假设，使用方便。最后，该方法计算简单，适合小样本。但是，非参数检验由于未能充分利用资料的全部信息，故其灵敏度和精确性往往比参数检验低。

与参数检验一样，根据样本之间的关联情况，非参数检验也分为两类：一类是配对样本的非参数检验，另一类是独立样本的非参数检验。

第一节　配对样本的非参数检验

一、符号检验

符号检验通过对两个配对样本的每对数据之差的符号(正号或符号)进行检验，以比较两个样本差异的显著性。

符号检验的思想如下：将两个样本中的每对数据之差以正、负号表示。例如，第一个样本大于第二个样本的数据，记正号；第一个样本小于第二个样本的数据，记负号；两个样本的数据相等，记 0。如果两个样本无显著性差异，那么正号与负号的数量应相等，或接近相等。如果正号与负号的数量差异较大，那么两个样本存在显著性差异的可能性就较大。

(一)小样本的符号检验

当样本容量较小($n<25$)时，可以采用查表法进行符号检验。例如，将有数学考试焦虑的学生进行配对，即将数学成绩及焦虑水平等条件基本相同的学生配为一对，然后一名学生进入实验组，另一名学生进入对照组。实验组施以缓解焦虑的放松训练，而对照组不施以放松训练，后期数学统一测验得分如表 10.1 的第 2 行、第 3 行所示。问进行与不进行放松训练，学生的数学成绩是否有显著差异？

表 10.1 实验组和对照组数学统一测验得分的符号检验表

配对	实验组(X_1)	对照组(X_2)	差数符号
1	78	73	+
2	86	84	+
3	74	70	+
4	85	77	+
5	76	76	0
6	72	68	+
7	74	75	−
8	77	71	+
9	80	66	+
10	79	82	−

检验的步骤如下。

①提出假设。

H_0：$P(X_1>X_2)=P(X_1<X_2)$　　　H_1：$P(X_1>X_2)\neq P(X_1<X_2)$

H_0 是说，差数的正号($X_1>X_2$)出现的概率等于负号($X_1<X_2$)出现的概率；H_1 是说，差数的正号出现的概率不等于负号出现的概率。

②求差数并记符号。

$X_1>X_2$ 记为"+"，$X_1<X_2$ 记为"−"，$X_1=X_2$ 记为"0"。在表 10.1 中，"+"的个数为 7($n_+=7$)，"−"的个数为 2($n_-=2$)，差数为 0 不予考虑。于是，$n=n_++n_-=7+2=9$。将 n_+ 和 n_- 中较小的一个记为 r，则 $r=2$。

③确定检验的形式。

过去没有资料可以说明放松训练对考试成绩是否有影响，故采用双侧检验。

④做出统计决断。

当 $n_+=n_-$，即正、负号个数相等时，X_1 与 X_2 差异不显著。n_+ 与 n_- 的差异越大，表明 X_1 与 X_2 差异显著的可能性越大。于是，实际的 r 值越大于 r 的临界值，差异越不显著。这与参数检验通常将拒绝区域放在两侧不同。在本例中，根据 $n=9$ 及显著性水平，查符号检验表(附表 9)寻找 r 的临界值，得 $r_{0.05}=1$，而实际的 $r=2$，根据单侧符号检验统计决断规则(表 10.2)，则 $P>0.05$。由于符号检验表是单侧检验表，所以进行双侧检验时显著性水平应乘 2。因此，本例若在 0.10 显著性水平上做决断，则应接受 H_0 而拒绝 H_1。结论：进行与不进行放松训练，学生的数学成绩无显著差异。

表 10.2 单侧符号检验统计决断规则

r 与临界值的比较	P 值	检验结果
$r > r_{0.05}$	$P > 0.05$	接受 H_0 而拒绝 H_1
$r_{0.01} < r \leqslant r_{0.05}$	$0.01 < P \leqslant 0.05$	在 0.05 显著性水平上拒绝 H_0 而接受 H_1
$r \leqslant r_{0.01}$	$P \leqslant 0.01$	在 0.01 显著性水平上拒绝 H_0 而接受 H_1

不难发现，符号检验是以二项分布为基础的，与抛投硬币检验硬币质地是否均匀类似，完全可以采用二项分布来解决。但二项分布概率的计算比较烦琐，统计学家根据二项分布编制了符号检验表，以便于人们通过直接查表来解决问题。

(二)大样本的符号检验

虽然附表 8 中对子数 n 的取值范围是 1～90，就是说 n 在这个范围内都可以通过查表的方法进行符号检验，但当样本容量较大($n \geqslant 25$)时，常常使用正态分布近似处理。

将 n 分成 n_+ 和 n_- 两部分，n_+ 或 n_- 服从二项分布，当 $n \geqslant 25$ 时，二项分布近似正态分布。

试检验第五章第一节【例 2】中 32 人三天的集中射击训练是否有显著效果(表 10.3)。

表 10.3 32 人射击训练前后的测验分数符号检验表

序号	训练前(X_1)	训练后(X_2)	差数符号
1	40	42	+
2	35	38	+
3	56	53	−
4	41	49	+
5	21	24	+
6	60	54	−
7	34	43	+
8	40	51	+
9	64	60	−
10	39	47	+
11	15	12	−
12	30	32	+
13	61	65	+
14	58	48	−
15	52	54	+
16	58	62	+

续表

序号	训练前(X_1)	训练后(X_2)	差数符号
17	44	50	+
18	26	25	−
19	59	63	+
20	37	45	+
21	32	39	+
22	53	48	−
23	56	66	+
24	54	57	+
25	36	20	−
26	42	60	+
27	44	51	+
28	23	28	+
29	30	34	+
30	68	62	−
31	60	60	0
32	45	49	+

检验的步骤如下。

①提出假设。

H_0：$P(X_2>X_1)\leqslant P(X_2<X_1)$　　　H_1：$P(X_2>X_1)>P(X_2<X_1)$

$X_2>X_1$ 记为"+"号，$X_2<X_1$ 记为"−"号，$X_2=X_1$ 记为"0"。H_0 表示差数的正号($X_2>X_1$)出现的概率小于或等于差数的负号($X_2<X_1$)出现的概率，H_1 表示差数的正号出现的概率大于差数的负号出现的概率。

②选择检验统计量并计算其值。

本例中 $n_+=22$，$n_-=9$。由于 $n=n_++n_-=22+9=31$，$n>25$，样本容量较大，二项分布接近于正态分布，故可以采用 Z 作为检验统计量。

$$Z=\frac{r-\mu}{\sigma}=\frac{r-\frac{n}{2}}{\frac{\sqrt{n}}{2}} \tag{10.1}$$

式中，r 表示 n_+ 与 n_- 中的数值较小者；μ 为二项分布的平均数，$\mu=np=\frac{n}{2}$(设 $p=\frac{1}{2}$)；σ 为二项分布的标准差，$\sigma=\sqrt{npq}=\sqrt{n\times\frac{1}{2}\times\frac{1}{2}}=\frac{\sqrt{n}}{2}$；$n=n_++n_-$。

二项分布是间断型变量的概率分布，而正态分布是连续型变量的概率分布。若将二项分布当作正态分布来处理，最好使用连续性校正，使二项分布更接近于正态分布。校正公式为

$$Z=\frac{(r\pm 0.5)-\frac{n}{2}}{\frac{\sqrt{n}}{2}} \tag{10.2}$$

式中，当 $r>\frac{n}{2}$ 时，则 $r-0.5$；当 $r<\frac{n}{2}$ 时，则 $r+0.5$。

本例中，由于 $r=9$，$n=31$，$r>\frac{n}{2}$，故校正公式检验统计量的值为

$$Z=\frac{(9+0.5)-\frac{31}{2}}{\frac{\sqrt{31}}{2}}=-2.16$$

③确定检验的形式。

过去的资料说明三天集中射击训练效果显著，所以采用右侧检验。

④做出统计决断。

已知 $Z_{0.05}=1.64$，$Z_{0.01}=2.33$，实际计算出的 $|Z|=2.16$，$Z_{0.05}<Z<0.01$，根据单侧 Z 检验统计决断规则(表 4.3)，则 $0.01<P<0.05$，故在 0.05 显著性水平上拒绝 H_0 而接受 H_1。结论：三天的射击训练有显著效果。与平均数差异的显著性检验结论相同。

符号检验的优点是无须对所要检验的两个总体分布形态以及方差的齐性做任何假定，并且计算简单迅速，但是它只考虑符号的正负，不考虑差数数值的大小，因此失去了一部分样本所提供的信息。对于同一组数据，符号检验的精确度只是 t 检验的 60%。因此，除小样本外，一般不采用符号检验。

二、符号秩次检验

为了克服符号检验的缺点，威尔科克逊(Wilcoxon)提出了既考虑差数符号，又考虑差数大小的符号秩次检验法。

当比较两个配对样本的差异时，威尔科克逊符号秩次检验法是将两个样本每对数据差的绝对值从小到大排列，并赋予每一个差数以秩次，然后再给差数记上正、负号。如果两个样本无显著性差异，正秩和与负秩和应该相等或接近相等；如果正秩和与负秩和相差较大，那么两个样本有显著性差异的可能性就较大。

(一)小样本的符号秩次检验

当 $n<25$ 时，可用查表法进行符号秩次检验。

现对表 10.1 中有数学考试焦虑学生的两个配对样本的数学统一测验得分进行符号秩次检验(表 10.4)。

表 10.4 实验组和对照组数学统一测验得分的符号秩次检验表

配对	实验组(X_1)	对照组(X_2)	差数绝对值	秩次	添号
1	78	73	5	6	+6
2	86	84	2	2	+2
3	74	70	4	4.5	+4.5
4	85	77	8	8	+8
5	76	76	0		
6	72	68	4	4.5	+4.5
7	74	75	1	1	−1
8	77	71	6	7	+7
9	80	66	14	9	+9
10	79	82	3	3	−3

检验的步骤如下。

①提出假设。

H_0：$P(X_1>X_2)=P(X_1<X_2)$　　H_1：$P(X_1>X_2)\neq P(X_1<X_2)$

这里，H_0 表示正秩和与负秩和相等，H_1 表示正秩和与负秩和不相等。

②求差数的绝对值。

计算每对数据的差数，即 X_1-X_2，但不记符号。

③编秩次。

根据差数的绝对值从小到大编秩次。差数为 0 表示无差别，不予以编秩次。差数绝对值最小的秩次编为 1，最大的秩次编为 n。差数绝对值相等的秩次，可以用它们所占位置的平均数来代替，这已在等级相关系数的计算中介绍过。

④添号。

按差数的正负，给秩次添上"+""−"。

⑤求秩和。

分别计算正秩和 T_+ 与负秩和 T_-。在本例中，$T_+=6+2+4.5+8+4.5+7+9=41$，$T_-=1+3=4$。将正秩和与负秩和中较小的一个用 T 来表示，本例中 $T=4$。

⑥做出统计决断。

与符号检验相同，实际计算出来的 T 值越大于 T 的临界值，X_1 与 X_2 的差异越不显著；实际计算出来的 T 值越小于 T 的临界值，X_1 与 X_2 的差异越显著。根据 $n=9$(因为有一个差数为 0，故未计算在内)及显著性水平，查符号秩次检验表(附表 10)，可知双侧 T 的临界值 $T_{0.05}=6$，而实际计算出的 $T=4^*$，$T<T_{0.05}$，根据符号秩次检验统计决断规则(表 10.5)，则 $P<0.05$，故在 0.05 显著性水平上拒绝 H_0 而接受 H_1。结论：进行与不进行放松训练，数学成绩有显著性差异。

表 10.5　符号秩次检验统计决断规则

T 与临界值的比较	P 值	检验结果
$T>T_{0.05}$	$P>0.05$	接受 H_0 而拒绝 H_1
$T_{0.1}<T\leqslant T_{0.05}$	$0.01<P\leqslant 0.05$	在 0.05 显著性水平上拒绝 H_0 而接受 H_1
$T\leqslant T_{0.01}$	$P\leqslant 0.01$	在 0.01 显著性水平上拒绝 H_0 而接受 H_1

该例符号检验的结果是在 0.10 显著性水平上保留 H_0，而符号秩次检验的结果是在 0.05 显著性水平上拒绝 H_0。两种检验结果不同，应当以符号秩次检验的结果为准。因为它不仅考虑了差数的符号，也考虑了差数的数值大小，更多地利用了样本所提供的信息，因此精确度更高。对于同一组数据，采用符号秩次检验的精确度是 χ^2 检验的 95%。

(二)大样本的符号秩次检验

当 $n\geqslant 25$ 时，T 的抽样分布接近于正态分布，可以采用正态分布近似处理。

现对前文 32 人三天的射击训练前后的测验分数进行符号秩次检验(表 10.6)。

表 10.6　32 人三天射击训练前后的测验分数符号检验表

序号	训练前(X_1)	训练后(X_2)	差数绝对值	秩次	添号
1	40	42	2	3	+3
2	35	38	3	7	+7
3	56	53	3	7	−7
4	41	49	8	24	+24
5	21	24	3	7	+7
6	60	54	6	19	−19
7	34	43	9	26	+26
8	40	51	11	29	+29
9	64	60	4	12.5	−12.5
10	39	47	8	24	+24
11	15	12	3	7	−7
12	30	32	2	3	+3
13	61	65	4	12.5	+12.5
14	58	48	10	27.5	−27.5
15	52	54	2	3	+3
16	58	62	4	12.5	+12.5
17	44	50	6	19	+19
18	26	25	1	1	−1
19	59	63	4	12.5	+12.5

续表

序号	训练前(X_1)	训练后(X_2)	差数绝对值	秩次	添号
20	37	45	8	24	+24
21	32	39	7	21.5	+21.5
22	53	48	5	16.5	−16.5
23	56	66	10	27.5	+27.5
24	54	57	3	7	+7
25	36	20	16	30	−30
26	42	60	18	31	+31
27	44	51	7	21.5	+21.5
28	23	28	5	16.5	+16.5
29	30	34	4	12.5	+12.5
30	68	62	6	19	−19
31	60	60	0		
32	45	49	4	12.5	+12.5

检验的步骤如下。

①提出假设。

H_0：$P(X_2>X_1)\leqslant P(X_2<X_1)$

H_1：$P(X_2>X_1)>P(X_2<X_1)$

②求差数的绝对值(表 10.6 的第 4 列)。

③编秩次(表 10.6 的第 5 列)、添号(表 10.6 的第 6 列)，并求正秩和与负秩和。在本例中，$T_+=356.5$，$T_-=139.5$，则 $T=139.5$。

④选择检验统计量并计算其值。

本例中的差数有一个为 0，则样本容量 $n=32-1=31$，$n>25$，属大样本，T 的抽样分布接近于正态分布，故可用正态分布近似处理。

T 的总体平均数：

$$\mu_T=\frac{n(n+1)}{4} \tag{10.3}$$

T 的总体标准差：

$$\sigma_T=\sqrt{\frac{n(n+1)(2n+1)}{24}} \tag{10.4}$$

检验统计量：

$$Z=\frac{T-\mu_T}{\sigma_T}=\frac{T-n(n+1)/4}{\sqrt{\frac{n(n+1)(2n+1)}{24}}} \tag{10.5}$$

式中，T 表示正秩和与负秩和中数值较小的那一个。

将有关数据代入公式(10.5)：

$$Z=\frac{139.5-31\times(31+1)/4}{\sqrt{\frac{31(31+1)(2\times31+1)}{24}}}=-2.13$$

⑤确定检验的形式。

过去的资料说明三天的集中射击训练有显著效果，故采用右侧检验。

⑥做出统计决断。

已知 $Z_{0.05}=1.65$，$Z_{0.01}=2.33$，实际计算出的 $|Z|=2.13$，$Z_{0.05}<|Z|<Z_{0.01}$，则 $0.01<P<0.05$。根据单侧 Z 检验统计决断规则(表 4.3)，在 0.05 显著性水平上拒绝 H_0 而接受 H_1。结论：三天的射击训练有显著效果。

该组资料用平均数差异的显著性检验、符号检验、符号秩次检验的结果相同。

符号检验、符号秩次检验是对两个配对样本资料进行非参数检验。对于多个配对样本的资料进行非参数检验，可以采用双向秩次方差分析处理，本书不展开论述。

第二节 独立样本的非参数检验

当比较两个独立样本的差异时，可以采用曼-惠特尼(Mann-Whitney)秩和检验法，又称曼-惠特尼 U 检验法，还可以采用中位数检验法。

一、秩和检验

(一)小样本的秩和检验

当两个独立样本的 n_1 与 n_2 都小于 10，并且 $n_1 \leqslant n_2$ 时，可以将两个样本数据合在一起，按从小到大的顺序给每一个数据编秩次，最小的数据秩次为 1，最大的数据秩次为 $n(n=n_1+n_2)$。如果两个样本无显著差异，那么在两组样本容量相等的情况下，两个样本的秩和应该相等。如果两个样本的秩和相差较大，那么两个样本有显著性差异的可能性就较大。

例如，从甲班中抽取 6 名学生的美术作品，从乙班中抽取 7 名学生的美术作品，统一评分结果如表 10.7 的第 1、第 2 列所示。问两班的美术作品成绩是否有显著差异？

表 10.7 两班美术作品成绩的秩和检验表

成绩		秩次	
甲班	乙班	甲班	乙班
B^+	A^+	11	13
B^-	A	6.5	12
B^-	B	6.5	9.5
C	B	3	9.5
D	B^-	2	6.5
F	B^-	1	6.5

续表

成绩		秩次	
甲班	乙班	甲班	乙班
	C^+		4
		30	61

检验的步骤如下。

①提出假设。

H_0：两班的美术作品成绩无显著差异

H_1：两班的美术作品成绩有显著差异

②编秩次。

将两组数据放在一起编秩次，最差的成绩 F 编为 1，最好的成绩 A^+ 编为 $n(n=13)$，遇到相同的等级则以它们所占位置的平均数为代表。编秩次的方法与符号秩次检验的编秩次方法相同。结果见表 10.7 的第 3、第 4 列。

③求秩和。

计算样本容量较小一组的秩和，并用 T 表示。在本例中 $T=30$。

④做出统计决断。

根据 $n_1=6$，$n_2=7$ 及 0.05 显著性水平(双侧的概率为 0.05，单侧的概率为 0.025)，查秩和检验表(附表 11)，找到左侧临界值 $T_1=28$，右侧临界值 $T_2=56$。实际计算出的 $T=30$，$T_1<T<T_2$，则 $P>0.05$。根据秩和检验统计决断规则(表 10.8)，只得接受 H_0 而拒绝 H_1。结论：两班的美术作品成绩无显著差异。

表 10.8　秩和检验统计决断规则

T 与两侧临界值相比较	显著性
$T_1<T<T_2$	不显著
$T\leqslant T_1$ 或 $T\geqslant T_2$	显著

(二)大样本的秩和检验

当两个独立样本的 n_1 和 n_2 都大于 10，T 分布接近正态分布，对于两个样本的差异可采用正态分布的 Z 进行检验。

例如，某县县城与农村九年级学生的计算机操作测验得分如表 10.9 的第 1、第 2 列所示。问县城与农村九年级学生的计算机操作测验得分是否有显著差异？

表 10.9　县城与农村九年级学生计算机操作测验得分的秩和检验表

原始分数		秩次	
县城初中	农村初中	县城初中	农村初中
82	51	19.5	7.5
78	67	17	13.5

续表

原始分数		秩次	
县城初中	农村初中	县城初中	农村初中
86	59	21.5	11
92	68	24	15
67	56	13.5	9
77	41	16	2.5
90	46	23	4
80	82	18	19.5
64	25	12	1
86	48	21.5	5
49	51	6	7.5
57		10	
41		2.5	
		204.5	95.5

检验的步骤如下。

①提出假设。

H_0：县城与农村九年级学生的计算机操作测验得分相同

H_1：县城与农村九年级学生的计算机操作测验得分不同

②编秩次。

将县城与农村九年级学生的原始分数合在一起，按从小到大的顺序编秩次，见表10.9的第3、第4列。

③求秩和。

计算样本容量较小一组的秩和，并用 T 表示。本例中 $T=95.5$。

④计算检验统计量的值。

由于 $n_1=11$，$n_2=13$，两组样本容量均大于10，T 分布接近正态分布，故以正态分布近似处理。

T 的平均数：

$$\mu_T=\frac{n_1(n_1+n_2+1)}{2} \tag{10.6}$$

T 的标准差：

$$\sigma_T=\sqrt{\frac{n_1 n_2(n_1+n_2+1)}{12}} \tag{10.7}$$

在公式(10.6)、公式(10.7)中，n_1 表示较小的样本容量；n_2 表示较大的样本容量。

检验统计量：

$$Z=\frac{T-\mu_T}{\sigma_T}$$

$$=\frac{T-n_1(n_1+n_2+1)/2}{\sqrt{\frac{n_1 n_2(n_1+n_2+1)}{12}}} \tag{10.8}$$

式中，T 表示样本容量较小一组的秩和。

将 $n_1=11$，$n_2=13$，$T=95.5$ 代入公式(10.8)：

$$Z=\frac{95.5-11(11+13+1)/2}{\sqrt{\frac{11\times13(11+13+1)}{12}}}=-2.43$$

⑤做出统计决断。

已知 $Z_{0.05}=1.96$，$Z_{0.01}=2.58$，实际计算出的 $|Z|=2.43$，$Z_{0.01}<|Z|<Z_{0.01}$，根据双侧 Z 检验统计决断规则(表 4.2)，则 $0.01<P<0.05$，故在 0.05 显著性水平上拒绝 H_0 而接受 H_1。结论：县城与农村九年级学生的计算机操作测验得分有显著性差异。

秩和检验是对两个独立样本资料进行的非参数检验。若对多个独立样本的资料进行非参数检验，可采用单向秩次方差分析，本书不展开论述。

二、中位数检验

顺序变量的数据常以中位数为集中量，以四分位距或百分位距为差异量。对两个或多个独立样本中位数的比较，可以采用非参数检验法。

中位数检验法是将两组或多组样本数据合在一起找出共同的中位数，然后分别计算每个样本在共同中位数以上、以下的频数，再进行 $r\times c$ 表的 χ^2 检验。

(一)两个样本中位数的检验

例如，从两个班级中抽取部分学生参加朗读测试，按 7 个等级评分，将 3 个评委的评分相加作为学生测试成绩。甲班 9 人成绩为 14，15，11，10，12，16，17，19，11，乙班 9 人成绩为 16，18，15，15，10，18，19，18，20。问两个班级的朗读成绩是否有显著差异？

检验的步骤如下。

①提出假设。

H_0：甲、乙两班的朗读成绩相等　　　H_1：甲、乙两班的朗读成绩不等

②求共同的中位数。

将两组数据合在一起，从小到大排列，寻找共同的中位数。由于 $n_1=9$，$n_2=9$，$n_1+n_2=18$，则第 9 个与第 10 个位置上数据的平均数为共同的中位数，即 $Md=\frac{15+16}{2}=15.5$。

③统计中位数以上、以下的频数。

分别统计两组数据在中位数以上、以下的频数，并列成 2×2 表(表 10.10)。若

有数据正好等于中位数，则不予考虑。

表 10.10　两班朗读成绩中位数的 χ^2 检验表

班别	中位数以上	中位数以下	总和
甲	3(4.5)	6(4.5)	9
乙	6(4.5)	3(4.5)	9
总和	9	9	18

注：括号内的数字为理论频数。

④计算 χ^2。

运用公式(9.3)计算各单元格的理论频数，见表 10.10 括号内的数字。由于 $df=(2-1)\times(2-1)=1$，四个组的理论频数均小于 5，需要运用公式(9.2)进行耶茨连续性校正。

$$\chi^2=\frac{(|3-4.5|-0.5)^2}{4.5}+\frac{(|6-4.5|-0.5)^2}{4.5}+\frac{(|6-4.5|-0.5)^2}{4.5}+\frac{(|3-4.5|-0.5)^2}{4.5}=0.89$$

⑤做出统计决断。

根据 $df=1$，查 χ^2 值表(附表 6)，得 $\chi^2_{(1)0.05}=3.84$。实际计算出的 $\chi^2=0.89$，$\chi^2<\chi^2_{(1)0.05}$，根据 χ^2 检验统计决断规则(表 9.1)，则 $P>0.05$，故接受 H_0 而拒绝 H_1。结论：两个班级的朗读成绩无显著差异。

(二)多组中位数的检验

例如，从某小学六年级的三个平行班中随机抽取几名学生的手工作业。甲班 6 人的成绩为 8，6，9，2，5，4；乙班 7 人的成绩为 10，4，9，8，6，1，5；丙班 9 人的成绩为 2，8，5，6，4，5，3，10，11。问三个班学生的手工作业成绩是否相同？

检验的步骤如下。

①提出假设。

H_0：三个班学生的手工作业成绩相同

H_1：三个班学生的手工作业成绩不同

②求共同的中位数。

将三组数据合在一起，从小到大排列，寻找共同的中位数。由于 $n_1=6$，$n_2=7$，$n_3=9$，$n_1+n_2+n_3=22$，则第 11 与第 12 个位置上数据的平均数为共同的中位数，即 $Md=\frac{5+6}{2}=5.5$。

③统计中位数以上、以下的频数。

分别统计三组数据在中位数以上、以下的频数，并列成 3×2 表(表 10.11)。

表 10.11　三个班学生手工作业成绩中位数的 χ^2 检验表

班别	中位数以上	中位数以下	总和
甲	3(3)	3(3)	6
乙	4(3.5)	3(3.5)	7
丙	4(4.5)	5(4.5)	9
总和	11	11	22

注：括号内的数字为理论频数。

④计算 χ^2。

运用公式(9.3)计算各单元格的理论频数，见表 10.11 括号内的数字。计算出各组的理论频数之后，根据公式 9.1 计算 χ^2 值。

$$\chi^2=\frac{(3-3)^2}{3}+\frac{(3-3)^2}{3}+\cdots+\frac{(5-4.5)^2}{4.5}=0.25$$

⑤做出统计决断。

根据 $df=(3-1)\times(2-1)=2$，查 χ^2 值表(附表 6)，得 $\chi^2_{(2)0.05}=5.99$。实际计算出的 $\chi^2=0.25$，$\chi^2<\chi^2_{(2)0.05}$，根据 χ^2 检验统计决断规则(表 9.1)，则 $P>0.05$，故接受 H_0 而拒绝 H_1。结论：三个班学生的手工作业成绩无显著差异。

练习题

1. 什么是参数检验？什么是非参数检验？

2. 符号秩次检验与秩和检验有什么不同？

3. 两组学生配对，实验组与对照组成绩如下表所示。问两组成绩是否有显著差异？分别用符号与符号秩次两种方法进行检验，并比较检验结果。

序号	实验组	对照组
1	73	49
2	76	60
3	48	54
4	82	47
5	67	53
6	70	82
7	98	61
8	54	45
9	84	58
10	85	56
11	76	66
12	57	61

4. 抽取 28 人进行某项技能训练，前测与后测成绩如下表所示。问训练是否有

效？分别用符号与符合秩次两种方法进行检验，并比较检验结果。

序号	前测	后测	序号	前测	后测
1	71	77	15	65	65
2	69	75	16	60	65
3	69	66	17	57	60
4	73	79	18	80	79
5	86	87	19	74	71
6	59	63	20	65	69
7	67	73	21	83	84
8	95	87	22	93	95
9	82	85	23	49	59
10	61	63	24	91	84
11	76	76	25	62	65
12	46	57	26	64	69
13	62	81	27	56	58
14	69	73	28	83	85

5. 从两个班级中抽取部分学生的论文，评价结果如下所示。问两个班级的论文成绩是否一样好？

甲班： A　B　A^-　B　C　C^+　B^-

乙班： B^-　B^+　D　C　B^-　C^-

6. 从两所学校抽取部分教师参加说课比赛，评价结果如下所示。试运用秩和检验，判断两所学校教师的说课比赛成绩是否一样。

甲校： 84　96　48　54　69　73　66　78　65　61　72

乙校： 74　67　67　63　83　88　87　60　66　55　71　53

7. 从两个班级中随机抽取的及格学生的美术作品成绩如下所示。试运用中位数检验法，判断两个班级学生的美术成绩是否一样。

甲班： 21　18　10　25　17　22　14　18

乙班： 24　19　28　26　10　9　27　30

8. 从三所幼儿园的大班中抽取的部分幼儿的语言表达能力得分如下所示。问三所幼儿园的成绩是否有显著差异？

甲园： 19　15　9　26　23　21

乙园： 25　24　27　5　17　27　29

丙园： 12　12　11　9　6　7　14

练习题参考答案①

第二章

4. $\overline{X}=72.625$。

5. (1)$Md=72$；(2)$Md=77.5$。

6. $\overline{X}=73.5$。

7. $Md=75$。

8. $P_{90}=88.83$；$P_{70}=84.27$；$P_{30}=77.85$；$P_{10}=72.93$。

9. $R=17$；$Q=8$。

10. $R=40$ 或 $R=45$；$QD=5.09$。

11. $\sigma_X^2=35.44$；$\sigma_X=5.95$。

12. $CV_{身高}=5.68\%$；$CV_{体重}=15.08\%$。

13. $\alpha_3=0.50$；$\alpha_4=1.97$。

第三章

4. 从中选择 1 人当组长，选择李华和王群当组长的概率为 0.25；若选 3 次，每次都选择李华的概率为 0.0020。

7. (1)0.43319；(2)0.28814；(3)0.26035；(4)0.26035；(5)0.71185；(6)0.69146。

8.

考试科目	原始分数		团体的平均数	团体的标准差	标准分数		在团体中的地位（该分数以下的人数比率）	
	甲	乙			甲	乙	甲	乙
语文	82	70	71	12	0.92	−0.08	82.121%	46.812%
数学	78	70	74	8	0.50	−0.50	69.146%	30.854%
英语	68	88	80	6	−2.00	1.33	2.275%	90.824%
总和	228	228			−0.58	0.75		
总平均					−0.19	0.25	42.465%	59.871%

9. 82.74。

10. 2587。

11. A，B，C，D 四个等级应分别有 80 人、520 人、520 人与 80 人。

---

① 考虑到本书篇幅有限，故只提供了计算题的参考答案。有关假设检验题的参考答案，本书省略了统计决断规则和题目具体内容的结论性文字。所有表格的表题也予以省略。

12.

等级	各位教师所评各等级的人数		
	教师甲(中位数 Z)	教师乙(中位数 Z)	教师丙(中位数 Z)
优秀	12(1.18)	6(1.56)	2(2.05)
良好	24(0.05)	12(0.71)	20(0.71)
中等	8(−0.84)	22(−0.20)	20(−0.36)
差等	6(−1.56)	10(−1.28)	8(−1.41)
总和	50	50	50

$Z_{小惠}=0.79$，$Z_{小松}=0.87$。

13.（1）平均能猜对 5 题；（2）猜对题目的标准差为 1.94 题；（3）猜对 10 道题的概率为 0.0099。

14.

做对题数	出现方式数目	概率	累积概率
0	1	0.056	0.001
1	10	0.188	0.244
2	45	0.282	0.526
3	120	0.250	0.776
4	210	0.146	0.922
5	252	0.058	0.980
6	210	0.016	0.996
7	120	0.003	0.999
8	45	0.000	<1.000
9	10	0.000	<1.000
10	1	0.000	1.000

$P_{(6)}+P_{(7)}+P_{(8)}+P_{(9)}+P_{(10)}\approx 0.020<0.05$，因此考生至少应答对 6 道题，才可以认为是真会而不是全凭猜测。

15. $Z_{阅读}=0.55$，该同学阅读成绩高于参与测试的 *OECD* 成员国 70.884%的同学。

$Z_{数学}=0.91$，该同学数学成绩高于参与测试的 *OECD* 成员国 81.859%的同学。

$Z_{科学}=0.90$，该同学科学成绩高于参与测试的 *OECD* 成员国 81.594%的同学。

第四章

8. $\sigma_{\overline{X}}=0.827$，$P(22.18<\mu<25.42)=0.95$，则该校今年一年级新生体重平均数的标准误为 0.827，95%的置信区间为(22.18，25.42)。

9. $\overline{X}=75.17$，$S_{\overline{X}}=10.79$，$P(68.31<\mu<82.02)=0.95$，$P(65.50<\mu<$

84.84)=0.99，该校九年级学生此次测验成绩95%的置信区间为(68.31，82.02)，99%的置信区间为(65.50，84.84)。

10. $S_{\overline{X}}=\frac{\sqrt{\frac{n}{n-1}}\sigma_X}{n}=1.54$，$P(64.93<\mu<72.87)=0.99$，此次测验平均数的标准误为1.54，全县此次测验总体平均数95%的置信区间为[64.93，72.87]。

16. 双侧检验，$Z=1.73<1.96=Z_{0.05}$，$P>0.05$。

17. $\sigma=28.8$，单侧检验。

$Z=4.11>2.33=Z_{0.01}$，$P<0.01$。

18. 双侧检验，$t=1.65<2.201=t_{(11)0.05}$，$P>0.05$。

19. $\sigma_X=10.4$，单侧检验。

$|Z|=5.14>2.33=Z_{0.01}$，$P<0.01$。

第五章

1. $\overline{D}=5.333$，$S_D=5.348$。

双侧检验，$t=3.454>3.106=t_{(11)0.01}$，$P<0.01$。

2. $\overline{D}=0.5$，$S_D=2.507$。

单侧检验，$t=0.564<1.895=t_{(7)0.05}$，$P>0.05$。

3. $S_1=12.540$，$S_2=11.619$。

单侧检验，$Z_{0.05}=1.64<Z=1.96<2.33=Z_{0.01}$，$P<0.05$。

4. $F=\frac{S_{大}^2}{S_{小}^2}=\frac{\frac{12}{11}\times 7.1^2}{\frac{14}{13}\times 6.9^2}=1.07$。

$F_{(10,13)0.05}=2.67$，$F_{(12,13)0.05}=2.60$，取平均数$F_{(11,13)0.05}=2.635$。

$F=1.07<2.635=F_{(11,13)0.05}$，方差齐性。

双侧检验，$t=0.768<2.064=t_{(24)0.05}$，$P>0.05$。

5. $F=117.29>14.5=F_{(10,4)0.01}$，方差不齐性。

校正临界值，双侧检验，$t'=0.255<2.238=t'_{0.05}$，$P>0.05$。

校正自由度，$df=11.408$取整12，双侧检验，$t'=0.255<2.179=t_{(12)0.05}$，$P>0.05$。

6. 双侧检验，$|t|=1.149<2.009=t_{(48)0.05}$，$P>0.05$。

第六章

3.

差异来源	平方和(*SS*)	自由度(*df*)	方差(*MS*)	*F*
组间差异	382.53	2	191.27	19.26
组内差异	119.20	12	9.93	
总差异	501.73	14		

$F=19.26>6.93=F_{(2,12)0.01}$，$P<0.01$。

高一(1)班与高一(2)班 $|q|=6.10>5.05=q_{(12)(3)0.01}$，$P<0.01$。

高一(1)班与高一(3)班 $|q|=1.23<3.00=q_{(12)(2)0.05}$，$P>0.05$。

高一(2)班与高一(3)班 $|q|=4.87>4.32=q_{(12)(2)0.01}$，$P<0.01$。

4.

差异来源	平方和(*SS*)	自由度(*df*)	方差(*MS*)	*F*
组间差异	317.7	3	105.90	2.15
组内差异	590.3	12	49.19	
总差异	908.0	15		

$F=2.15<3.49=F_{(3,12)0.05}$，$P>0.05$。

5. $\overline{X}_t=\dfrac{\sum n_j\overline{X}_j}{\sum n_j}=\dfrac{38\times 66+36\times 69+40\times 74+48\times 78}{38+36+40+48}=72.20$。

$SS_{组间}=\sum n_j(\overline{X}_j-\overline{X}_t)^2=3573.68$。

$SS_{组内}=\sum n_j\sigma_{X_j}^2=16332.66$。

差异来源	平方和(*SS*)	自由度(*df*)	方差(*MS*)	*F*
组间差异	3573.68	3	1179.23	11.41
组内差异	16332.66	158	103.37	
总差异	19906.34	161		

$df_{分母}=df_{组内}=158$，取表中接近值 $df_{分母}=150$，则 $F=11.41>3.92=F_{(3,150)0.01}$，$P<0.01$。

6.

差异来源	平方和(*SS*)	自由度(*df*)	方差(*MS*)	*F*
组间差异	5.47	2	2.740	35.58**
被试差异	3.48	3	1.160	15.06
残差	0.46	6	0.077	
总差异	9.41	11		

$F=35.58>10.9=F_{(2,6)0.01}$，$P<0.01$。

7. $S^2_{1班}=18.8$，$S^2_{2班}=8.5$，$S^2_{3班}=2.5$。

$k=3$，$df=5-1=4$，$F=7.52<15.5=F_{最大0.05}$，$P>0.05$。

8.

差异来源	平方和(*SS*)	自由度(*df*)	方差(*MS*)	*F*
焦虑程度	270	1	270.00	37.24**
准备时间	140	2	70.00	9.66**
焦虑程度×准备时间	60	2	30.00	4.14*

续表

差异来源	平方和(SS)	自由度(df)	方差(MS)	F
组内	174	24	7.25	
总差异	370	19		

(1)$F=37.24>7.82=F_{(1,24)0.01}$，$P<0.01$。

(2)$F=9.66>5.61=F_{(2,24)0.01}$，$P<0.01$。

(3)$F_{(2,24)0.05}=3.40<F=4.14<5.61=F_{(2,24)0.01}$，$P<0.05$。

差异来源		平方和(SS)	自由度(df)	方差(MS)	F
焦虑程度	0 小时	160	1	160	22.07**
	1 小时	160	1	160	22.07**
	2 小时	10	1	10	1.38
准备时间	高焦虑	190	2	95	13.10**
	低焦虑	10	2	5	0.69
组内		174	24	7.25	

$F=22.07>7.82=F_{(1,24)0.01}$，$P<0.01$，即在准备时间为 0 小时，焦虑程度高与低的学生数学成绩存在显著差异。

$F=22.07>7.82=F_{(1,24)0.01}$，$P<0.01$，即在准备时间为 1 小时，焦虑程度高与低的学生数学成绩存在显著差异。

$F=1.38<4.26=F_{(1,24)0.05}$，$P>0.05$，即在准备时间为 2 小时，焦虑程度高与低的学生数学成绩不存在显著差异。

$F=13.10<5.61=F_{(2,24)0.01}$，$P>0.01$，即对焦虑程度高的学生，三种准备时间的数学成绩存在显著差异。

$F=0.69<3.40=F_{(2,24)0.05}$，$P>0.05$，即对焦虑程度低的学生，三种准备时间的数学成绩不存在显著差异。

第七章

1. $r=0.479$，$t=1.543<2.306=t_{8(0.05)}$，$P>0.05$。

2.

序号	期末考试成绩	平时表现	R_X	R_Y	D	D^2
1	80	良	4	4	0	0
2	62	及格	7	6.5	0.5	0.25
3	88	优	2	1.5	0.5	0.25
4	82	优	3	1.5	1.5	2.25
5	71	良	6	4	2	4

续表

序号	期末考试成绩	平时表现	R_X	R_Y	D	D^2
6	90	良	1	4	−3	9
7	59	待及格	8	8	0	0
8	78	及格	5	6.5	−1.5	2.25

$r_{RC}=0.778$，$t=4.828>3.707=t_{(6)0.01}$，$P<0.01$。

3. $r_{pbi}=0.50$，$t=1.826<2.228=t_{(10)0.05}$，$P>0.05$。

4. $r_W=0.756$。

5. $Z_r=0.733$　$Z_\rho=0.549$。

$Z=0.92<1.96=Z_{0.95}$，$P>0.05$。

6. $Z=0.264<1.96=Z_{0.05}$，$P>0.05$。

第八章

3. (1)$\hat{Y}=24.01+0.71X$。

(2)

差异来源	平方和(SS)	自由度(df)	方差(MS)	F
回归	246.28	1	246.28	19.48**
残差	113.72	9	12.64	
总	360	10		

$F=19.48>10.6=F_{(1,9)0.01}$，$P<0.01$。

(3)$r^2=0.684$。

(4)$\hat{Y}=75.84$。

4. $\hat{Y}=-14.78+0.70X$

差异来源	平方和(SS)	自由度(df)	方差(MS)	F
回归	2925.67	1	2925.67	139.19**
残差	273.26	13	21.02	
总	3198.93	14		

$F=139.19>9.07=F_{(1,13)0.01}$，$P<0.01$。

$r^2=0.915$。

5. $\hat{Y}=7.11+3.12X_1+1.17X_2$。

差异来源	平方和(SS)	自由度(df)	方差(MS)	F
回归	3068.11	2	1534.06	50.00**

续表

差异来源	平方和(SS)	自由度(df)	方差(MS)	F
残差	276.14	9	30.68	
总	3344.25	11		

$F=50.00>8.02=F_{(2,9)0.01}$，$P<0.01$。

$t_{b_1}=5.771>3.250=t_{(9)0.01}$，$P<0.01$。

$t_{(9)0.05}=2.262<t_{b_2}=2.288<3.250=t_{(9)0.01}$，$P<0.05$。

第九章

3. $\chi^2=5.20$，$\chi^2=5.20<5.99=\chi^2_{2(0.05)}$，$P>0.05$。

4. $\chi^2=2.45<3.84=\chi^2_{(1)0.05}$，$P>0.05$。

5. $\overline{X}=104.09$，$\sigma_X=14.08$。

	各组限的 Z 值	各组限 Z 至 $Z=0$ 面积	各组的面积	各组的 f_t	各组的 f_o	$\frac{(f_o-f_t)^2}{f_t}$
$+\infty$	$+\infty$	0.5000				
135～	2.20	0.4861	0.0139	2.9885 }	3 } 19	1.297
125～	1.49	0.4319	0.0542	11.653 }	16 }	
115～	0.77	0.2794	0.1525	32.7875	28	0.699
105～	0.06	0.0239	0.2555	54.9325	49	0.641
95～	−0.65	0.2422	0.2661	57.2115	58	0.011
85	−1.36	0.4131	0.1709	36.7435	45	1.855
75	−2.07	0.4808	0.0677	14.5555 } 18.6835	16 } 16	0.385
$-\infty$	$-\infty$	0.5000	0.0192	4.1280 }	0 }	
			1.0000	215	215	4.888

$df=6-3=3$。

$\chi^2=4.888<7.81=\chi^2_{(3)0.05}$，$P>0.05$。

$\chi^2_{(4)0.05}=9.49<\chi^2=9.583<13.28=\chi^2_{(4)0.01}$，$P<0.05$。

6.

	赞成	反对	不置可否	总和
城市	121(118.66)	45(51.30)	62(58.04)	228
农村	108(110.34)	54(47.70)	50(53.96)	212
总和	229	99	112	440

$\chi^2=2.26<5.99=\chi^2_{(2)0.05}$，$P>0.05$。

7.

	喜欢	不喜欢	总和
高一	7(6.19)	3(3.81)	10
高二	6(6.81)	5(4.19)	11
总和	13	8	21

$\chi^2=0.078<3.84=\chi^2_{(1)0.05}$，$P>0.05$。

8.

	75分及以上	75分以下	总和
A校	24(26.53)	25(22.47)	49
B校	25(23.28)	18(19.72)	43
C校	22(24.36)	23(20.64)	45
D校	27(23.82)	17(20.18)	44
总和	98	83	181

$\chi^2=2.23<7.81=\chi^2_{(3)0.05}$，$P>0.05$。

9.

性别	优	良	及格	待及格	总和
男	12(17.85)	30(29.93)	16(11.55)	5(3.68)	63
女	22(16.15)	27(27.07)	6(10.45)	2(3.32)	57
总和	34	57	22	7	120

$\chi^2_{(3)0.05}=7.81<\chi^2=8.64<11.34=\chi^3_{(3)0.01}$；$P>0.05$。

$\phi'=0.268$。

第十章

3.

序号	实验组	对照组	差数符号	差数绝对值	秩次	添号
1	73	49	+	24	8	+8
2	76	60	+	16	7	+7
3	48	54	−	6	2	−2
4	82	47	+	35	11	+11
5	67	53	+	14	6	+6
6	70	82	−	12	5	−5
7	98	61	+	37	12	+12
8	54	45	+	9	3	+3

续表

序号	实验组	对照组	差数符号	差数绝对值	秩次	添号
9	84	58	+	26	9	+9
10	85	56	+	29	10	+10
11	76	66	+	10	4	+4
12	57	61	−	4	1	−1

$r=3>1=r_{0.05}$，$P>0.05$。

$T=T_{-}=8$，$T_{0.01}=7<T=8<14=T_{0.05}$，$P<0.05$。

4.

序号	前测	后测	差数符号 后测-前测	差数 绝对值	秩次	添号
1	71	77	+	6	19.5	19.5
2	69	75	+	6	19.5	19.5
3	69	66	−	3	10	−10
4	73	79	+	6	19.5	19.5
5	86	87	+	1	2	2
6	59	63	+	4	14	14
7	67	73	+	6	19.5	19.5
8	95	87	−	8	23	−23
9	82	85	+	3	10	10
10	61	63	+	2	5.5	5.5
11	76	76	0			
12	46	57	+	11	25	25
13	62	81	+	19	26	26
14	69	73	+	4	14	14
15	65	65	0			
16	60	65	+	5	16.5	16.5
17	57	60	+	3	10	10
18	80	79	−	1	2	−2
19	74	71	−	3	10	−10
20	65	69	+	4	14	14
21	83	84	+	1	2	2
22	93	95	+	2	5.5	5.5

续表

序号	前测	后测	差数符号 后测-前测	差数 绝对值	秩次	添号
23	49	59	+	10	24	24
24	91	84	−	7	22	−22
25	62	65	+	3	10	10
26	64	69	+	5	16.5	16.5
27	56	58	+	2	5.5	5.5
28	83	85	+	2	5.5	5.5

$r=5$，$n=26>25$，$Z=-2.94$，$P<0.01$。

$T=T_{-}=67$，$Z=2.76$，$P<0.01$。

5.

成绩		秩次	
甲班	乙班	甲班	乙班
A	B^-	13	7
B	B^+	9.5	11
A^-	D	12	1
B	C	9.5	3.5
C	B^-	3.5	7
C^+	C^-	5	2
B^-		7	
		59.5	31.5

根据$n=6$，$n_2=7$，$\alpha=0.05$(单侧概率为0.025)，查秩和检验表，则$T_1=28$，$T_2=56$，由于$28<T=31.5<56$，故$P>0.05$。

6.

成绩		秩次	
甲校	乙校	甲校	乙校
84	74	20	17
96	67	23	11.5
48	67	1	11.5
54	63	3	7
69	83	13	19
73	88	16	22

续表

成绩		秩次	
甲校	乙校	甲校	乙校
66	87	9.5	21
78	60	18	5
65	66	8	9.5
61	55	6	4
72	71	15	14
	53		2
		132.5	143.5

$\mu_T=132$，$\sigma_T=16.25$。

$Z=0.031$，$P>0.05$。

7. $Md=20$。

班别	中位数以上	中位数以下	总和
甲	3(4)	5(4)	8
乙	5(4)	3(4)	8
总和	8	8	16

$\chi^2=0.25<3.84=\chi^2_{(1)0.05}$，$P>0.05$。

8. $Md=16$。

班别	中位数以上	中位数以下	总和
甲	4(3)	2(3)	6
乙	6(3.5)	1(3.5)	7
丙	0(3.5)	7(3.5)	7
总和	10	10	20

$\chi^2=11.24>9.21=\chi^2_{(2)0.01}$，$P<0.01$。

统计用表

附表 1 正态分布表

附表 1(1) 正态分布表

（曲线下的面积 P 与纵线高度 Y）

Z	Y	P	Z	Y	P	Z	Y	P
0.00	0.39894	0.00000	0.30	0.38139	0.11791	0.60	0.33322	0.22575
0.01	0.39892	0.00399	0.31	0.38023	0.12172	0.61	0.33121	0.22907
0.02	0.39886	0.00798	0.32	0.37903	0.12552	0.62	0.32918	0.23237
0.03	0.39876	0.01197	0.33	0.37780	0.12930	0.63	0.32713	0.23565
0.04	0.39862	0.01595	0.34	0.37654	0.13307	0.64	0.32506	0.23891
0.05	0.39844	0.01994	0.35	0.37524	0.13683	0.65	0.32297	0.24215
0.06	0.39822	0.02392	0.36	0.37391	0.14058	0.66	0.32086	0.24537
0.07	0.39797	0.02790	0.37	0.37255	0.14431	0.67	0.31874	0.24857
0.08	0.39767	0.03188	0.38	0.37115	0.14803	0.68	0.31659	0.25175
0.09	0.39733	0.03586	0.39	0.36973	0.15173	0.69	0.31443	0.25490
0.10	0.39695	0.03983	0.40	0.36827	0.15542	0.70	0.31225	0.25804
0.11	0.39654	0.04380	0.41	0.36678	0.15910	0.71	0.31006	0.26115
0.12	0.39608	0.04776	0.42	0.36526	0.16276	0.72	0.30785	0.26424
0.13	0.39559	0.05172	0.43	0.36371	0.16640	0.73	0.30563	0.26730
0.14	0.39505	0.05567	0.44	0.36213	0.17003	0.74	0.30339	0.27035
0.15	0.39448	0.05962	0.45	0.36053	0.17364	0.75	0.30114	0.27337
0.16	0.39387	0.06356	0.46	0.35889	0.17724	0.76	0.29887	0.27637
0.17	0.39322	0.06749	0.47	0.35723	0.18082	0.77	0.29659	0.27935
0.18	0.39253	0.07142	0.48	0.35553	0.18439	0.78	0.29431	0.28230
0.19	0.39181	0.07535	0.49	0.35381	0.18793	0.79	0.29200	0.28524
0.20	0.39104	0.07926	0.50	0.35207	0.19146	0.80	0.28969	0.28814
0.21	0.39024	0.08317	0.51	0.35029	0.19497	0.81	0.28737	0.29103
0.22	0.38940	0.08706	0.52	0.34849	0.19847	0.82	0.28504	0.29389
0.23	0.38853	0.09095	0.53	0.34667	0.20194	0.83	0.28269	0.29673
0.24	0.38762	0.09483	0.54	0.34482	0.20540	0.84	0.28034	0.29955
0.25	0.38667	0.09871	0.55	0.34294	0.20884	0.85	0.27798	0.30234
0.26	0.38568	0.10257	0.56	0.34105	0.21226	0.86	0.27562	0.30511
0.27	0.38466	0.10642	0.57	0.33912	0.21566	0.87	0.27324	0.30785
0.28	0.38361	0.11026	0.58	0.33718	0.21904	0.88	0.27086	0.31057
0.29	0.38251	0.11409	0.59	0.33521	0.22240	0.89	0.28848	0.31327

附表 1(2) 正态分布表

(曲线下的面积 P 与纵线高度 Y)

续表

Z	Y	P	Z	Y	P	Z	Y	P
0.90	0.26609	0.31594	1.20	0.19419	0.38493	1.50	0.12952	0.43319
0.91	0.26369	0.31859	1.21	0.19186	0.38686	1.51	0.12758	0.43448
0.92	0.26129	0.32121	1.22	0.18954	0.38877	1.52	0.12566	0.43574
0.93	0.25888	0.32381	1.23	0.18724	0.39065	1.53	0.12376	0.43699
0.94	0.25647	0.32639	1.24	0.18494	0.39251	1.54	0.12188	0.43822
0.95	0.25406	0.32894	1.25	0.18265	0.39435	1.55	0.12001	0.43943
0.96	0.25164	0.33147	1.26	0.18037	0.39617	1.56	0.11816	0.44062
0.97	0.24923	0.33398	1.27	0.17810	0.3979.6	1.57	0.11632	0.44179
0.98	0.24681	0.33646	1.28	0.17585	0.39973	1.58	0.11450	0.44295
0.99	0.24439	0.33891	1.29	0.17360	0.40147	1.59	0.11270	0.44408
1.00	0.24197	0.34134	1.30	0.17137	0.40320	1.60	0.11092	0.44520
1.01	0.23955	0.34375	1.31	0.16915	0.40490	1.61	0.10915	0.44630
1.02	0.23713	0.34614	1.32	0.16694	0.40658	1.62	0.10741	0.44738
1.03	0.23471	0.34850	1.33	0.16474	0.40824	1.63	0.10567	0.44845
1.04	0.23230	0.35083	1.34	0.16256	0.40988	1.64	0.10396	0.44950
1.05	0.22988	0.35314	1.35	0.16038	0.41149	1.65	0.10226	0.45053
1.06	0.22747	0.35543	1.36	0.15822	0.41309	1.66	0.10059	0.45154
1.07	0.22506	0.35769	1.37	0.15608	0.41466	1.67	0.09893	0.45254
1.08	0.22265	0.35993	1.38	0.15395	0.41621	1.68	0.09728	0.45352
1.09	0.22025	0.36214	1.39	0.15183	0.41774	1.69	0.09566	0.45449
1.10	0.21785	0.36433	1.40	0.14973	0.41924	1.70	0.09405	0.45543
1.11	0.21546	0.36650	1.41	0.14764	0.42073	1.71	0.09246	0.45637
1.12	0.21307	0.36864	1.42	0.14556	0.42220	1.72	0.09089	0.45728
1.13	0.21069	0.37076	1.43	0.14350	0.42364	1.73	0.08933	0.45818
1.14	0.20831	0.37286	1.44	0.14146	0.42507	1.74	0.08780	0.45907
1.15	0.20594	0.37493	1.45	0.13943	0.42647	1.75	0.08628	0.45994
1.16	0.20357	0.37698	1.46	0.13742	0.42786	1.76	0.08478	0.46080
1.17	0.20121	0.37900	1.47	0.13542	0.42922	1.77	0.08329	0.46164
1.18	0.19886	0.38100	1.48	0.13344	0.43056	1.78	0.08183	0.46246
1.19	0.19652	0.38298	1.49	0.13147	0.43189	1.79	0.08038	0.46327

附表 1(3) 正态分布表

(曲线下的面积 P 与纵线高度 Y)

续表

Z	Y	P	Z	Y	P	Z	Y	P
1.80	0.07895	0.46407	2.10	0.04398	0.48214	2.40	0.02239	0.49180
1.81	0.07754	0.46485	2.11	0.04307	0.48257	2.41	0.02186	0.49202
1.82	0.07614	0.46562	2.12	0.04217	0.48300	2.42	0.02134	0.49224
1.83	0.07477	0.46638	2.13	0.04128	0.48341	2.43	0.02083	0.49245
1.84	0.07341	0.46712	2.14	0.04041	0.48382	2.44	0.02033	0.49266
1.85	0.07206	0.46784	2.15	0.03955	0.48422	2.45	0.01984	0.49286
1.86	0.07074	0.46856	2.16	0.03871	0.48461	2.46	0.01936	0.49305
1.87	0.06943	0.46926	2.17	0.03788	0.48500	2.47	0.01889	0.49324
1.88	0.06814	0.46995	2.18	0.03706	0.48537	2.48	0.01842	0.49343
1.89	0.06687	0.47062	2.19	0.03626	0.48574	2.49	0.01797	0.49361
1.90	0.06562	0.47128	2.20	0.03547	0.48610	2.50	0.01753	0.49379
1.91	0.06439	0.47193	2.21	0.03470	0.48645	2.51	0.01709	0.49396
1.92	0.06316	0.47257	2.22	0.03394	0.48679	2.52	0.01667	0.49413
1.93	0.06195	0.47320	2.23	0.03319	0.48713	2.53	0.01625	0.49430
1.94	0.06077	0.47381	2.24	0.03246	0.48745	2.54	0.01585	0.49446
1.95	0.05959	0.47441	20.25	0.03174	0.48778	2.55	0.01545	0.49461
1.96	0.05844	0.47500	2.26	0.03103	0.48809	2.56	0.01506	0.49477
1.97	0.05730	0.47558	2.27	0.03034	0.48840	2.57	0.01468	0.49492
1.98	0.05618	0.47615	2.28	0.02965	0.48870	2.58	0.01431	0.49506
1.99	0.05508	0.47670	2.29	0.02898	0.48899	2.59	0.01394	0.49520
2.00	0.05399	0.47725	2.30	0.02833	0.48928	2.60	0.01358	0.49534
2.01	0.02592	0.47778	2.31	0.02768	0.48956	2.61	0.01323	0.49547
2.02	0.05186	0.47831	2.32	0.02705	0.48983	2.62	0.01289	0.49560
2.03	0.05082	0.47882	2.33	0.02643	0.49010	2.63	0.01256	0.49573
2.04	0.04980	0.47932	2.34	0.02582	0.49036	2.64	0.01223	0.49585
2.05	0.04879	0.47982	2.35	0.02522	0.49061	2.65	0.01191	0.49598
2.06	0.04780	0.48030	2.36	0.02463	0.49086	2.66	0.01160	0.49609
2.07	0.04682	0.48077	2.37	0.02406	0.49111	2.67	0.01130	0.49621
2.08	0.04586	0.48124	2.38	0.02349	0.49134	2.68	0.01100	0.49632
2.09	0.04491	0.48169	2.39	0.02294	0.49158	2.69	0.01071	0.49643

附表 1(4) 正态分布表

(曲线下的面积 P 与纵线高度 Y)

续表

Z	Y	P	Z	Y	P	Z	Y	P
2.70	0.01042	0.49653	3.00	0.00443	0.49865	3.30	0.00172	0.49952
2.71	0.01014	0.49664	3.01	0.00430	0.49869	3.31	0.00167	0.49953
2.72	0.00987	0.49674	3.02	0.00417	0.49874	3.32	0.00161	0.49955
2.73	0.00961	0.49683	3.03	0.00405	0.49878	3.33	0.00156	0.49957
2.74	0.00935	0.49693	3.04	0.00393	0.49882	3.34	0.00151	0.49958
2.75	0.00909	0.49702	3.05	0.00381	0.49886	3.35	0.00146	0.49960
2.76	0.00885	0.49711	3.06	0.00370	0.49889	3.36	0.00141	0.49961
2.77	0.00861	0.49720	3.07	0.00358	0.49893	3.37	0.00136	0.49962
2.78	0.00837	0.49728	3.08	0.00348	0.49897	3.38	0.00132	0.49964
2.79	0.00814	0.49736	3.09	0.00337	0.49900	3.39	0.00127	0.49965
2.80	0.00792	0.49744	3.10	0.00327	0.49903	3.40	0.00123	0.49966
2.81	0.00770	0.49752	3.11	0.00317	0.49906	3.41	0.00119	0.49968
2.82	0.00748	0.49760	3.12	0.00307	0.49910	3.42	0.00115	0.49969
2.83	0.00727	0.49767	3.13	0.00298	0.49913	3.43	0.00111	0.49970
2.84	0.00707	0.49774	3.14	0.00288	0.49916	3.44	0.00107	0.49971
2.85	0.00687	0.49781	3.15	0.00279	0.49918	3.45	0.00104	0.49972
2.86	0.00668	0.49788	3.16	0.00271	0.49921	3.46	0.00100	0.49973
2.87	0.00649	0.49795	3.17	0.00262	0.49924	3.47	0.00097	0.49974
2.88	0.00631	0.49801	3.18	0.00254	0.49926	3.48	0.00094	0.49975
2.89	0.00613	0.49807	3.19	0.00246	0.49929	3.49	0.00090	0.49976
2.90	0.00595	0.49813	3.20	0.00238	0.49931	3.50	0.00087	0.49977
2.91	0.00578	0.49819	3.21	0.00231	0.49934	3.51	0.00084	0.49978
2.92	0.00562	0.49825	3.22	0.00224	0.49936	3.52	0.00081	0.49978
2.93	0.00545	0.49831	3.23	0.00216	0.49938	3.53	0.00079	0.49979
2.94	0.00530	0.49836	3.24	0.00210	0.49940	3.54	0.00076	0.49980
2.95	0.00514	0.49841	3.25	0.00203	0.49942	3.55	0.00073	0.49981
2.96	0.00499	0.49846	3.26	0.00196	0.49944	3.56	0.00071	0.49981
2.97	0.00485	0.49851	3.27	0.00190	0.49946	3.57	0.00068	0.49982
2.98	0.00471	0.49856	3.28	0.00184	0.49948	3.58	0.00066	0.49983
2.99	0.00457	0.49861	3.29	0.00178	0.49950	3.59	0.00063	0.49983

附表 1(5) 正态分布表

（曲线下的面积 P 与纵线高度 Y）

续表

Z	Y	P	Z	Y	P	Z	Y	P
3.60	0.00061	0.49984	3.75	0.00035	0.49991	3.90	0.00020	0.49995
3.61	0.00059	0.49985	3.76	0.00034	0.49992	3.91	0.00019	0.49995
3.62	0.00057	0.49985	3.77	0.00033	0.49992	3.92	0.00018	0.49996
3.63	0.00055	0.49986	3.78	0.00031	0.49992	3.93	0.00018	0.49996
3.64	0.00053	0.49986	3.79	0.00030	0.49992	3.94	0.00017	0.49996
3.65	0.00051	0.49987	3.80	0.00029	0.49993	3.95	0.00016	0.49996
3.66	0.00049	0.49987	3.81	0.00028	0.49993	3.96	0.00016	0.49996
3.67	0.00047	0.49988	3.82	0.00027	0.49993	3.97	0.00015	0.49996
3.68	0.00046	0.49988	3.83	0.00026	0.49994	3.98	0.00014	0.49997
3.69	0.00044	0.49989	3.84	0.00025	0.49994	3.99	0.00014	0.49997
3.70	0.00042	0.49989	3.85	0.00024	0.49994			
3.71	0.00041	0.49990	3.86	0.00023	0.49994			
3.72	0.00039	0.49990	3.87	0.00022	0.49995			
3.73	0.00038	0.49990	3.88	0.00021	0.49995			
3.74	0.00037	0.49991	3.89	0.00021	0.49995			

附表 2 *t* 值表

df	P(2)	0.50	0.20	0.10	0.05	0.02	0.01	0.005	0.002	0.001
	P(1)	0.25	0.10	0.05	0.025	0.01	0.005	0.0025	0.001	0.0005
1		1.000	3.078	6.314	12.706	31.821	63.657	127.321	318.309	636.619
2		0.816	1.886	2.920	4.303	6.965	9.925	14.089	22.327	31.599
3		0.765	1.638	2.353	3.182	4.541	5.841	7.453	10.215	12.924
4		0.741	1.533	2.132	2.776	3.747	4.604	5.598	7.173	8.610
5		0.727	1.476	2.015	2.571	3.365	4.032	4.773	5.893	6.869
6		0.718	1.440	1.943	2.447	3.143	3.707	4.317	5.208	5.959
7		0.711	1.415	1.895	2.365	2.998	3.499	4.029	4.785	5.408
8		0.706	1.397	1.860	2.306	2.896	3.355	3.833	4.501	5.041
9		0.703	1.383	1.833	2.262	2.821	3.250	3.690	4.297	4.781
10		0.700	1.372	1.812	2.228	2.764	3.169	3.581	4.144	4.587
11		0.697	1.363	1.796	2.201	2.718	3.106	3.497	4.025	4.437
12		0.695	1.356	1.782	2.179	2.681	3.055	3.428	3.930	4.318
13		0.694	1.350	1.771	2.160	2.650	3.012	3.372	3.852	4.221
14		0.692	1.345	1.761	2.145	2.624	2.977	3.326	3.787	4.140
15		0.691	1.341	1.753	2.131	2.602	2.947	3.286	3.733	4.073
16		0.690	1.337	1.746	2.120	2.583	2.921	3.252	3.686	4.015
17		0.689	1.333	1.740	2.110	2.567	2.898	3.222	3.646	3.965
18		0.688	1.330	1.734	2.101	2.552	2.878	3.197	3.610	3.922
19		0.688	1.328	1.729	2.093	2.539	2.861	3.174	3.579	3.883
20		0.687	1.325	1.725	2.086	2.528	2.845	3.153	3.552	3.850

续表

df	P(2)	0.50	0.20	0.10	0.05	0.02	0.01	0.005	0.002	0.001
	P(1)	0.25	0.10	0.05	0.025	0.01	0.005	0.0025	0.001	0.0005
21		0.686	1.323	1.721	2.080	2.518	2.831	3.135	3.527	3.819
22		0.686	1.321	1.717	2.074	2.508	2.819	3.119	3.505	3.792
23		0.685	1.319	1.714	2.069	2.500	2.807	3.104	3.485	3.768
24		0.685	1.318	1.711	2.064	2.492	2.797	3.091	3.467	3.745
25		0.684	1.316	1.708	2.060	2.485	2.787	3.078	3.450	3.725
26		0.684	1.315	1.706	2.056	2.479	2.779	3.067	3.435	3.707
27		0.684	1.314	1.703	2.052	2.473	2.771	3.057	3.421	3.690
28		0.683	1.313	1.701	2.048	2.467	2.763	3.047	3.408	3.674
29		0.683	1.311	1.699	2.045	2.462	2.756	3.038	3.396	3.659
30		0.683	1.310	1.697	2.042	2.457	2.750	3.030	3.385	3.646
31		0.682	1.309	1.696	2.040	2.453	2.744	3.022	3.375	3.633
32		0.682	1.309	1.694	2.037	2.449	2.738	3.015	3.365	3.622
33		0.682	1.308	1.692	2.035	2.445	2.733	3.008	3.356	3.611
34		0.682	1.307	1.691	2.032	2.441	2.728	3.002	3.348	3.601
35		0.682	1.306	1.690	2.030	2.438	2.724	2.996	3.340	3.591
36		0.681	1.306	1.688	2.028	2.434	2.719	2.990	3.333	3.582
37		0.681	1.305	1.687	2.026	2.431	2.715	2.985	3.326	3.574
38		0.681	1.304	1.686	2.024	2.429	2.712	2.980	3.319	3.566
39		0.681	1.304	1.685	2.023	2.426	2.708	2.976	3.313	3.558
40		0.681	1.303	1.684	2.021	2.423	2.704	2.971	3.307	3.551

续表

df	P(2)	0.50	0.20	0.10	0.05	0.02	0.01	0.005	0.002	0.001
	P(1)	0.25	0.10	0.05	0.025	0.01	0.005	0.0025	0.001	0.0005
50		0.679	1.299	1.676	2.009	2.403	2.678	2.937	3.261	3.496
60		0.679	1.296	1.671	2.000	2.390	2.660	2.915	3.232	3.460
70		0.678	1.294	1.667	1.994	2.381	2.648	2.899	3.211	3.435
80		0.678	1.292	1.664	1.990	2.374	2.639	2.887	3.195	3.416
90		0.677	1.291	1.662	1.987	2.368	2.632	2.878	3.183	3.402
100		0.677	1.290	1.660	1.984	2.364	2.626	2.871	3.174	3.390
200		0.676	1.286	1.653	1.972	2.345	2.601	2.839	3.131	3.340
500		0.675	1.283	1.648	1.965	2.334	2.586	2.820	3.107	3.310
1000		0.675	1.282	1.646	1.962	2.330	2.581	2.813	3.098	3.300
∞		0.6745	1.2816	1.6449	1.9600	2.3263	2.5758	2.8070	3.0902	3.2905

附表 3　*F* 值表

附表 3(1)　*F* 值表

$P=0.05$

$df_{分母}$	$df_{分子}$ 1	2	3	4	5	6	7	8	9	10	12	14	16	18	20
1	161	200	216	225	230	234	237	239	241	242	244	245	246	247	248
2	18.5	19.0	19.2	19.2	19.3	19.3	19.4	19.4	19.4	19.4	19.4	19.4	19.4	19.4	19.4
3	10.1	9.55	9.28	9.12	9.01	8.94	8.89	8.85	8.81	8.79	8.74	8.71	8.69	8.67	8.66
4	7.71	6.94	6.59	6.39	6.26	6.16	6.09	6.04	6.00	5.96	5.91	5.87	5.84	5.82	5.80
5	6.61	5.79	5.41	5.19	5.05	4.95	4.88	4.82	4.77	4.74	4.68	4.64	4.60	4.58	4.56
6	5.99	5.14	4.76	4.53	4.39	4.28	4.21	4.15	4.10	4.06	4.00	3.96	3.92	3.90	3.87
7	5.59	4.74	4.35	4.12	3.97	3.87	3.79	3.73	3.68	3.64	3.57	3.53	3.49	3.47	3.44
8	5.32	4.46	4.07	3.84	3.69	3.58	3.50	3.44	3.39	3.35	3.28	3.24	3.20	3.17	3.15
9	5.12	4.26	3.86	3.63	3.48	3.37	3.29	3.23	3.18	3.14	3.07	3.03	2.99	2.96	2.94
10	4.96	4.10	3.71	3.48	3.33	3.22	3.14	3.07	3.02	2.98	2.91	2.86	2.83	2.80	2.77
11	4.84	3.98	3.59	3.36	3.20	3.09	3.01	2.95	2.90	2.85	2.79	2.74	2.70	2.67	2.65
12	4.75	3.89	3.49	3.26	3.11	3.00	2.91	2.85	2.80	2.75	2.69	2.64	2.60	2.57	2.54
13	4.67	3.81	3.41	3.18	3.03	2.92	2.83	2.77	2.71	2.67	2.60	2.55	2.51	2.48	2.46
14	4.60	3.74	3.34	3.11	2.96	2.85	2.76	2.70	2.65	2.60	2.53	2.48	2.44	2.41	2.39
15	4.54	3.68	3.29	3.06	2.90	2.79	2.71	2.64	2.59	2.54	2.48	2.42	2.38	2.35	2.33
16	4.49	3.63	3.24	3.01	2.85	2.74	2.66	2.59	2.54	2.49	2.42	2.37	2.33	2.30	2.28
17	4.45	3.59	3.20	2.96	2.81	2.70	2.61	2.55	2.49	2.45	2.38	2.33	2.29	2.26	2.23
18	4.41	3.55	3.16	2.93	2.77	2.66	2.58	2.51	2.46	2.41	2.34	2.29	2.25	2.22	2.19
19	4.38	3.52	3.13	2.90	2.74	2.63	2.54	2.48	2.42	2.38	2.31	2.26	2.21	2.18	2.16
20	4.35	3.49	3.10	2.87	2.71	2.60	2.51	2.45	2.39	2.35	2.28	2.22	2.18	2.15	2.12

$P=0.05$ 续表

$df_{分母}$	$df_{分子}$ 1	2	3	4	5	6	7	8	9	10	12	14	16	18	20
21	4.32	3.47	3.07	2.84	2.68	2.57	2.49	2.42	2.37	2.32	2.25	2.20	2.16	2.12	2.10
22	4.30	3.44	3.05	2.82	2.66	2.55	2.46	2.40	2.34	2.30	2.23	2.17	2.13	2.10	2.07
23	4.28	3.42	3.03	2.80	2.64	2.53	2.44	2.37	2.32	2.27	2.20	2.15	2.11	2.07	2.05
24	4.26	3.40	3.01	2.78	2.62	2.51	2.42	2.36	2.30	2.25	2.18	2.13	2.09	2.05	2.03
25	4.24	3.39	2.99	2.76	2.60	2.49	2.40	2.34	2.28	2.24	2.16	2.11	2.07	2.04	2.01
26	4.23	3.37	2.98	2.74	2.59	2.47	2.39	2.32	2.27	2.22	2.15	2.09	2.05	2.02	1.99
27	4.21	3.35	2.96	2.73	2.57	2.46	2.37	2.31	2.25	2.20	2.13	2.08	2.04	2.00	1.97
28	4.20	3.34	2.95	2.71	2.56	2.45	2.36	2.29	2.24	2.19	2.12	2.06	2.02	1.99	1.96
29	4.18	3.33	2.93	2.70	2.55	2.43	2.35	2.28	2.22	2.18	2.10	2.05	2.01	1.97	1.94
30	4.17	3.32	2.92	2.69	2.53	2.42	2.33	2.27	2.21	2.16	2.09	2.04	1.99	1.96	1.93
32	4.15	3.29	2.90	2.67	2.51	2.40	2.31	2.24	2.19	2.14	2.07	2.01	1.97	1.94	1.91
34	4.13	3.28	2.88	2.65	2.49	2.38	2.29	2.23	2.17	2.12	2.05	1.99	1.95	1.92	1.89
36	4.11	3.26	2.87	2.63	2.48	2.36	2.28	2.21	2.15	2.11	2.03	1.98	1.93	1.90	1.87
38	4.10	3.24	2.85	2.62	2.46	2.35	2.26	2.19	2.14	2.09	2.02	1.96	1.92	1.88	1.85
40	4.08	3.23	2.84	2.61	2.45	2.34	2.25	2.18	2.12	2.08	2.00	1.95	1.90	1.87	1.84
42	4.07	3.22	2.83	2.59	2.44	2.32	2.24	2.17	2.11	2.06	1.99	1.93	1.89	1.86	1.83
44	4.06	3.21	2.82	2.58	2.43	2.31	2.23	2.16	2.10	2.05	1.98	1.92	1.88	1.84	1.81
46	4.05	3.20	2.81	2.57	2.42	2.30	2.22	2.15	2.09	2.04	1.97	1.91	1.87	1.83	1.80
48	4.04	3.19	2.80	2.57	2.41	2.29	2.21	2.14	2.08	2.03	1.96	1.90	1.86	1.82	1.79
50	4.03	3.18	2.79	2.56	2.40	2.29	2.20	2.13	2.07	2.03	1.95	1.89	1.85	1.81	1.78

$P=0.05$ 续表

$df_{分母}$	$df_{分子}$														
	1	2	3	4	5	6	7	8	9	10	12	14	16	18	20
60	4.00	3.15	2.76	2.53	2.37	2.25	2.17	2.10	2.04	1.99	1.92	1.86	1.82	1.78	1.75
80	3.96	3.11	2.72	2.49	2.33	2.21	2.13	2.06	2.00	1.95	1.88	1.82	1.77	1.73	1.70
100	3.94	3.09	2.70	2.46	2.31	2.19	2.10	2.03	1.97	1.93	1.85	1.79	1.75	1.71	1.68
125	3.92	3.07	2.68	2.44	2.29	2.17	2.08	2.01	1.96	1.91	1.83	1.77	1.72	1.69	1.65
150	3.90	3.06	2.66	2.43	2.27	2.16	2.07	2.00	1.94	1.89	1.82	1.76	1.71	1.67	1.64
200	3.89	3.04	2.65	2.42	2.26	2.14	2.06	1.98	1.93	1.88	1.80	1.74	1.69	1.66	1.62
300	3.87	3.03	2.63	2.40	2.24	2.13	2.04	1.97	1.91	1.86	1.78	1.72	1.68	1.64	1.61
500	3.86	3.01	2.62	2.39	2.23	2.12	2.03	1.96	1.90	1.85	1.77	1.71	1.66	1.62	1.59
1000	3.85	3.00	2.61	2.38	2.22	2.11	2.02	1.95	1.89	1.84	1.76	1.70	1.65	1.61	1.58
∞	3.84	3.00	2.60	2.37	2.21	2.10	2.01	1.94	1.88	1.83	1.75	1.69	1.64	1.60	1.57

附表 3(2) F 值表

$P=0.05$

$df_{分母}$	$df_{分子}$														
	22	24	26	28	30	35	40	45	50	60	80	100	200	500	∞
1	249	249	249	250	250	251	251	251	252	252	252	253	254	254	254
2	19.5	19.5	19.5	19.5	19.5	19.5	19.5	19.5	19.5	19.5	19.5	19.5	19.5	19.5	19.5
3	8.65	8.64	8.63	8.62	8.62	8.60	8.59	8.59	8.58	8.57	8.56	8.55	8.54	8.53	8.53
4	5.79	5.77	5.76	5.75	5.75	5.73	5.72	5.71	5.70	5.69	5.67	5.66	5.65	5.64	5.63
5	4.54	4.53	4.52	4.50	4.50	4.48	4.46	4.45	4.44	4.43	4.41	4.41	4.39	4.37	4.37
6	3.86	3.84	3.83	3.82	3.81	3.79	3.77	3.76	3.75	3.74	3.72	3.71	3.69	3.68	3.67
7	3.43	3.41	3.40	3.39	3.38	3.36	3.34	3.33	3.32	3.30	3.29	3.27	3.25	3.24	3.23
8	3.13	3.12	3.10	3.09	3.08	3.06	3.04	3.03	3.02	3.01	2.99	2.97	2.95	2.94	2.93
9	2.92	2.90	2.89	2.87	2.86	2.84	2.83	2.81	2.80	2.79	2.77	2.76	2.73	2.72	2.71
10	2.75	2.74	2.72	2.71	2.70	2.68	2.66	2.65	2.64	2.62	2.60	2.59	2.56	2.55	2.54
11	2.63	2.61	2.59	2.58	2.57	2.55	2.53	2.52	2.51	2.49	2.47	2.46	2.43	2.42	2.40
12	2.52	2.51	2.49	2.48	2.47	2.44	2.43	2.41	2.40	2.38	2.36	2.35	2.32	2.31	2.30
13	2.44	2.42	2.41	2.39	2.38	2.36	2.34	2.33	2.31	2.30	2.27	2.26	2.23	2.22	2.21
14	2.37	2.35	2.33	2.32	2.31	2.28	2.27	2.25	2.24	2.22	2.20	2.19	2.16	2.14	2.13
15	2.31	2.29	2.27	2.26	2.25	2.22	2.20	2.19	2.18	2.16	2.14	2.12	2.10	2.08	2.07
16	2.25	2.24	2.22	2.21	2.19	2.17	2.15	2.14	2.12	2.11	2.08	2.07	2.04	2.02	2.01
17	2.21	2.19	2.17	2.16	2.15	2.12	2.10	2.09	2.08	2.06	2.03	2.02	1.99	1.97	1.96
18	2.17	2.15	2.13	2.12	2.11	2.08	2.06	2.05	2.04	2.02	1.99	1.98	1.95	1.93	1.92
19	2.13	2.11	2.10	2.08	2.07	2.05	2.03	2.01	2.00	1.98	1.96	1.94	1.91	1.89	1.83
20	2.10	2.08	2.07	2.05	2.04	2.01	1.99	1.98	1.97	1.95	1.92	1.91	1.88	1.86	1.84

$P=0.05$

续表

$df_{分母}$	$df_{分子}$ 22	24	26	28	30	35	40	45	50	60	80	100	200	500	∞
21	2.07	2.05	2.04	2.02	2.01	1.98	1.96	1.95	1.94	1.92	1.89	1.88	1.84	1.82	1.81
22	2.05	2.03	2.01	2.00	1.98	1.96	1.94	1.92	1.91	1.89	1.86	1.85	1.82	1.80	1.78
23	2.02	2.00	1.99	1.97	1.96	1.93	1.91	1.90	1.88	1.86	1.84	1.82	1.79	1.77	1.76
24	2.00	1.98	1.97	1.95	1.94	1.91	1.89	1.88	1.86	1.84	1.82	1.80	1.77	1.75	1.73
25	1.98	1.96	1.95	1.93	1.92	1.89	1.87	1.86	1.84	1.82	1.80	1.78	1.75	1.73	1.71
26	1.97	1.95	1.93	1.91	1.90	1.87	1.85	1.84	1.82	1.80	1.78	1.76	1.73	1.71	1.69
27	1.95	1.93	1.91	1.90	1.88	1.86	1.84	1.82	1.81	1.79	1.76	1.74	1.71	1.69	1.67
28	1.93	1.91	1.90	1.88	1.87	1.84	1.82	1.80	1.79	1.77	1.74	1.73	1.69	1.67	1.65
29	1.92	1.90	1.88	1.87	1.85	1.83	1.81	1.79	1.77	1.75	1.73	1.71	1.67	1.65	1.64
30	1.91	1.89	1.87	1.85	1.84	1.81	1.79	1.77	1.76	1.74	1.71	1.70	1.66	1.64	1.62
32	1.88	1.86	1.85	1.83	1.82	1.79	1.77	1.75	1.74	1.71	1.69	1.67	1.63	1.61	1.59
34	1.86	1.84	1.82	1.80	1.80	1.77	1.75	1.73	1.71	1.69	1.66	1.65	1.61	1.59	1.57
36	1.85	1.82	1.81	1.79	1.78	1.75	1.73	1.71	1.69	1.67	1.64	1.62	1.59	1.56	1.55
38	1.83	1.81	1.79	1.77	1.76	1.73	1.71	1.69	1.68	1.65	1.62	1.61	1.57	1.54	1.53
40	1.81	1.79	1.77	1.76	1.74	1.72	1.69	1.67	1.66	1.64	1.61	1.59	1.55	1.53	1.51
42	1.80	1.78	1.76	1.74	1.73	1.70	1.68	1.66	1.65	1.62	1.59	1.57	1.53	1.51	1.49
44	1.79	1.77	1.75	1.73	1.72	1.69	1.67	1.65	1.63	1.61	1.58	1.56	1.52	1.49	1.48
46	1.78	1.76	1.74	1.72	1.71	1.68	1.65	1.64	1.62	1.60	1.57	1.55	1.51	1.48	1.46
48	1.77	1.75	1.73	1.71	1.70	1.67	1.64	1.62	1.61	1.59	1.56	1.54	1.49	1.47	1.45
50	1.76	1.74	1.72	1.70	1.69	1.66	1.63	1.61	1.60	1.58	1.54	1.52	1.48	1.46	1.44

$P=0.05$ 续表

$df_{分母}$	$df_{分子}$														
	22	24	26	28	30	35	40	45	50	60	80	100	200	500	∞
60	1.72	1.70	1.68	1.66	1.65	1.62	1.59	1.57	1.56	1.53	1.50	1.48	1.44	1.41	1.39
80	1.68	1.65	1.63	1.62	1.60	1.57	1.54	1.52	1.51	1.48	1.45	1.43	1.38	1.35	1.32
100	1.65	1.63	1.61	1.59	1.57	1.54	1.52	1.49	1.48	1.45	1.41	1.39	1.34	1.31	1.28
125	1.63	1.60	1.58	1.57	1.55	1.52	1.49	1.47	1.45	1.42	1.39	1.36	1.31	1.27	1.25
150	1.61	1.59	1.57	1.55	1.53	1.50	1.48	1.45	1.44	1.41	1.37	1.34	1.29	1.25	1.22
200	1.60	1.57	1.55	1.53	1.52	1.48	1.46	1.43	1.41	1.39	1.35	1.32	1.26	1.22	1.19
300	1.58	1.56	1.53	1.51	1.50	1.46	1.43	1.41	1.39	1.36	1.32	1.30	1.23	1.19	1.15
500	1.56	1.54	1.52	1.50	1.48	1.45	1.42	1.40	1.38	1.34	1.30	1.28	1.21	1.16	1.11
1000	1.55	1.53	1.51	1.49	1.47	1.44	1.41	1.38	1.36	1.33	1.29	1.26	1.19	1.13	1.08
∞	1.54	1.52	1.50	1.48	1.46	1.42	1.39	1.37	1.35	1.32	1.27	1.24	1.17	1.11	1.00

附表 3(3)　*F* 值表

$P=0.01$

$df_{分母}$	$df_{分子}$ 1	2	3	4	5	6	7	8	9	10	12	14	16	18	20
1	4 052	5 000	5 403	5 625	5 764	5 859	5 928	5 981	6 022	6 056	6 106	6 142	6 169	6 190	6 209
2	98.5	99.0	99.2	99.2	99.3	99.3	99.4	99.4	99.4	99.4	99.4	99.4	99.4	99.4	99.4
3	34.1	30.8	29.5	28.7	28.2	27.9	27.7	27.5	27.3	27.2	27.1	26.9	26.8	26.8	26.7
4	21.2	18.0	16.7	16.0	15.5	15.2	15.0	14.8	14.7	14.5	14.4	14.2	14.2	14.1	14.0
5	16.3	13.3	12.1	11.4	11.0	10.7	10.5	10.3	10.2	10.1	9.89	9.77	9.68	9.61	9.55
6	13.7	10.9	9.78	9.15	8.75	8.47	8.26	8.10	7.98	7.87	7.72	7.60	7.52	7.45	7.40
7	12.2	9.55	8.45	7.85	7.46	7.19	6.99	6.84	6.72	6.62	6.47	6.36	6.27	6.21	6.16
8	11.3	8.65	7.59	7.01	6.63	6.37	6.18	6.03	5.91	5.81	5.67	5.56	5.48	5.41	5.36
9	10.6	8.02	6.99	6.42	6.06	5.80	5.61	5.47	5.35	5.26	5.11	5.00	4.92	4.86	4.81
10	10.0	7.56	6.55	5.99	5.64	5.39	5.20	5.06	4.94	4.85	4.71	4.60	4.52	4.46	4.41
11	9.65	7.21	6.22	5.67	5.32	5.07	4.89	4.74	4.63	4.54	4.10	4.29	4.21	4.15	4.10
12	9.33	6.93	5.95	5.41	5.06	4.82	4.64	4.50	4.39	4.30	4.16	4.05	3.97	3.91	3.86
13	9.07	6.70	5.74	5.21	4.86	4.62	4.44	4.30	4.19	4.10	3.96	3.86	3.78	3.71	3.66
14	8.86	6.51	5.56	5.04	4.70	4.46	4.28	4.14	4.03	3.94	3.80	3.70	3.62	3.56	3.51
15	8.68	6.36	5.42	4.89	4.56	4.32	4.14	4.00	3.89	3.80	3.67	3.56	3.49	3.42	3.37
16	8.53	6.23	5.29	4.77	4.44	4.20	4.03	3.89	3.78	3.69	3.55	3.45	3.37	3.31	3.26
17	8.40	6.11	5.18	4.67	4.34	4.10	3.93	3.79	3.68	3.59	3.46	3.35	3.27	3.21	3.16
18	8.29	6.01	5.09	4.58	4.25	4.01	3.84	3.71	3.60	3.51	3.37	3.27	3.19	3.13	3.08
19	8.18	5.93	5.01	4.50	4.17	3.94	3.77	3.63	3.52	3.43	3.30	3.19	3.12	3.05	3.00
20	8.10	5.85	4.94	4.43	4.10	3.87	3.70	3.56	3.46	3.37	3.23	3.13	3.05	2.99	2.94

$P=0.01$ 续表

$df_{分母}$	$df_{分子}$ 1	2	3	4	5	6	7	8	9	10	12	14	16	18	20
21	8.02	5.78	4.87	4.37	4.04	3.81	3.64	3.51	3.40	3.31	3.17	3.07	2.99	2.93	2.88
22	7.95	5.72	4.82	4.31	3.99	3.76	3.59	3.45	3.35	3.26	3.12	3.02	2.94	2.88	2.83
23	7.88	5.66	4.76	4.26	3.94	3.71	3.54	3.41	3.30	3.21	3.07	2.97	2.89	2.83	2.78
24	7.82	5.61	4.72	4.22	3.90	3.67	3.50	3.36	3.26	3.17	3.03	2.93	2.85	2.79	2.74
25	7.77	5.57	4.68	4.18	3.86	3.63	3.46	3.32	3.22	3.13	2.99	2.89	2.81	2.75	2.70
26	7.72	5.53	4.64	4.14	3.82	3.59	3.42	3.29	3.18	3.09	2.96	2.86	2.78	2.72	2.66
27	7.68	5.49	4.60	4.11	3.78	3.56	3.39	3.26	3.15	3.06	2.93	2.82	2.75	2.68	2.63
28	7.64	5.45	4.57	4.07	3.75	3.53	3.36	3.23	3.12	3.03	2.90	2.79	2.72	2.65	2.60
29	7.60	5.42	4.54	4.04	3.73	3.50	3.33	3.20	3.09	3.00	2.87	2.77	2.69	2.62	2.57
30	7.56	5.39	4.51	4.02	3.70	3.47	3.30	3.17	3.07	2.98	2.84	2.74	2.66	2.60	2.55
32	7.50	5.34	4.46	3.97	3.65	3.43	3.26	3.13	3.02	2.93	2.80	2.70	2.62	2.55	2.50
34	7.44	5.29	4.42	3.93	3.61	3.39	3.22	3.09	2.98	2.89	2.76	2.66	2.58	2.51	2.46
36	7.40	5.25	4.38	3.89	3.57	3.35	3.18	3.05	2.95	2.86	2.72	2.62	2.54	2.48	2.43
38	7.35	5.21	4.34	3.86	3.54	3.32	3.15	3.02	2.92	2.83	2.69	2.59	2.51	2.45	2.40
40	7.31	5.18	4.31	3.83	3.51	3.29	3.12	2.99	2.89	2.80	2.66	2.56	2.48	2.42	2.37
42	7.28	5.15	4.29	3.80	3.49	3.27	3.10	2.97	2.86	2.78	2.64	2.54	2.46	2.40	2.34
44	7.25	5.12	4.26	3.78	3.47	3.24	3.08	2.95	2.84	2.75	2.62	2.52	2.44	2.37	2.32
46	7.22	5.10	4.24	3.76	3.44	3.22	3.06	2.93	2.82	2.73	2.60	2.50	2.42	2.35	2.30
48	7.20	5.08	4.22	3.74	3.43	3.20	3.04	2.91	2.80	2.72	2.58	2.48	2.40	2.33	2.28
50	7.17	5.06	4.20	3.72	3.41	3.19	3.02	2.89	2.79	2.70	2.56	2.46	2.38	2.32	2.27

$P=0.01$ 续表

$df_{分母}$	$df_{分子}$														
	1	2	3	4	5	6	7	8	9	10	12	14	16	18	20
60	7.08	4.98	4.13	3.65	3.34	3.12	2.95	2.82	2.72	2.63	2.50	2.39	2.31	2.25	2.20
80	6.96	4.88	4.04	3.56	3.26	3.04	2.87	2.74	2.64	2.55	2.42	2.31	2.23	2.17	2.12
100	6.90	4.82	3.98	3.51	3.21	2.99	2.82	2.69	2.59	2.50	2.37	2.26	2.19	2.12	2.07
125	6.84	4.78	3.94	3.47	3.17	2.95	2.79	2.66	2.55	2.47	2.33	2.23	2.15	2.08	2.03
150	6.81	4.75	3.92	3.45	3.14	2.92	2.76	2.63	2.53	2.44	2.31	2.20	2.12	2.06	2.00
200	6.76	4.71	3.88	3.41	3.11	2.89	2.73	2.60	2.50	2.41	2.27	2.17	2.09	2.02	1.97
300	6.72	4.68	3.85	3.38	3.08	2.86	2.70	2.57	2.47	2.38	2.24	2.14	2.06	1.99	1.94
500	6.69	4.65	3.82	3.36	3.05	2.84	2.68	2.55	2.44	2.36	2.22	2.12	2.04	1.97	1.92
1000	6.66	4.63	3.80	3.34	3.04	2.82	2.66	2.53	2.43	2.34	2.20	2.10	2.02	1.95	1.90
∞	6.63	4.61	3.78	3.32	3.02	2.80	2.64	2.51	2.41	2.32	2.18	2.08	2.00	1.93	1.88

附表 3(4) *F* 值表

$P=0.01$

$df_{分母}$	$df_{分子}$														
	22	24	26	28	30	35	40	45	50	60	80	100	200	500	∞
1	6220	6234	6240	6250	6258	6280	6286	6300	6302	6310	6334	6330	6352	6361	6366
2	99.5	99.5	99.5	99.5	99.5	99.5	99.5	99.5	99.5	99.5	99.5	99.5	99.5	99.5	99.5
3	26.6	26.6	26.6	26.5	26.5	26.5	26.4	26.4	26.4	26.3	26.3	26.2	26.2	26.1	26.1
4	14.0	13.9	13.9	13.9	13.8	13.8	13.7	13.7	13.7	13.7	13.6	13.6	13.5	13.5	13.5
5	9.51	9.47	9.43	9.40	9.38	9.33	9.29	9.26	9.24	9.20	9.16	9.13	9.08	9.04	9.02
6	7.35	7.31	7.28	7.25	7.23	7.18	7.14	7.11	7.09	7.06	7.01	6.99	6.93	6.90	6.88
7	6.11	6.07	6.04	6.02	5.99	5.94	5.91	5.88	5.86	5.82	5.78	5.75	5.70	5.67	5.65
8	5.32	5.28	5.25	5.22	5.20	5.15	5.12	5.00	5.07	5.03	4.99	4.96	4.91	4.88	4.86
9	4.77	4.73	4.70	4.67	4.65	4.60	4.57	4.54	4.52	4.48	4.44	4.42	4.36	4.33	4.31
10	4.36	4.33	4.30	4.27	4.25	4.20	4.17	4.14	4.12	4.08	4.04	4.01	3.96	3.93	3.91
11	4.06	4.02	3.99	3.96	3.94	3.89	3.86	3.83	3.81	3.78	3.73	3.71	3.66	3.62	3.60
12	3.82	3.78	3.75	3.72	3.70	3.65	3.62	3.59	3.57	3.54	3.49	3.47	3.41	3.38	3.36
13	3.62	3.59	3.56	3.53	3.51	3.46	3.43	3.40	3.38	3.34	3.30	3.27	3.22	3.19	3.17
14	3.46	3.43	3.40	3.37	3.35	3.30	3.27	3.24	3.22	3.18	3.14	3.11	3.06	3.03	3.00
15	3.33	3.29	3.26	3.24	3.21	3.17	3.13	3.10	3.08	3.05	3.00	2.98	2.92	2.89	2.87
16	3.22	3.18	3.15	3.12	3.10	3.05	3.02	2.99	2.97	2.93	2.89	2.86	2.81	2.78	2.75
17	3.12	3.08	3.05	3.03	3.00	2.96	2.92	2.89	2.87	2.83	2.79	2.76	2.71	2.68	2.65
18	3.03	3.00	2.97	2.94	2.92	2.87	2.84	2.81	2.78	2.75	2.70	2.68	2.62	2.59	2.57
19	2.96	2.92	2.89	2.87	2.84	2.80	2.76	2.73	2.71	2.67	2.63	2.60	2.55	2.51	2.49
20	2.90	2.86	2.83	2.80	2.78	2.73	2.69	2.67	2.64	2.61	2.56	2.54	2.48	2.44	2.42

$P=0.01$　　　　续表

$df_{分母}$	$df_{分子}$														
	22	24	26	28	30	35	40	45	50	60	80	100	200	500	∞
21	2.84	2.80	2.77	2.74	2.72	2.67	2.64	2.61	2.58	2.55	2.50	2.48	2.42	2.38	2.36
22	2.78	2.75	2.72	2.69	2.67	2.62	2.58	2.55	2.53	2.50	2.45	2.42	2.36	2.33	2.31
23	2.74	2.70	2.67	2.64	2.62	2.57	2.54	2.51	2.48	2.45	2.40	2.37	2.32	2.28	2.26
24	2.70	2.66	2.63	2.60	2.58	2.53	2.49	2.46	2.44	2.40	2.36	2.33	2.27	2.24	2.21
25	2.66	2.62	2.59	2.56	2.54	2.49	2.45	2.42	2.40	2.36	2.32	2.29	2.23	2.19	2.17
26	2.62	2.58	2.55	2.53	2.50	2.45	2.42	2.39	2.36	2.33	2.28	2.25	2.19	2.16	2.13
27	2.59	2.55	2.52	2.49	2.47	2.42	2.38	2.35	2.33	2.29	2.25	2.22	2.16	2.12	2.10
28	2.56	2.52	2.49	2.46	2.44	2.39	2.35	2.32	2.30	2.26	2.22	2.19	2.13	2.09	2.06
29	2.53	2.49	2.46	2.44	2.41	2.36	2.33	2.30	2.27	2.23	2.19	2.16	2.10	2.06	2.03
30	2.51	2.47	2.44	2.41	2.39	2.34	2.30	2.27	2.25	2.21	2.16	2.13	2.07	2.03	2.01
32	2.46	2.42	2.39	2.36	2.34	2.29	2.25	2.22	2.20	2.16	2.11	2.08	2.02	1.98	1.96
34	2.42	2.38	2.35	2.32	2.30	2.25	2.21	2.18	2.16	2.12	2.07	2.04	1.98	1.94	1.91
36	2.38	2.35	2.32	2.29	2.26	2.21	2.17	2.14	2.12	2.08	2.03	2.00	1.94	1.90	1.87
38	2.35	2.32	2.28	2.26	2.23	2.18	2.14	2.11	2.09	2.05	2.00	1.97	1.90	1.86	1.84
40	2.33	2.29	2.26	2.23	2.20	2.15	2.11	2.08	2.06	2.02	1.97	1.94	1.87	1.83	1.80
42	2.30	2.26	2.23	2.20	2.18	2.13	2.09	2.06	2.03	1.99	1.94	1.91	1.85	1.80	1.78
44	2.28	2.24	2.21	2.18	2.15	2.10	2.06	2.03	2.01	1.97	1.92	1.89	1.82	1.78	1.75
46	2.26	2.22	2.19	2.16	2.13	2.08	2.04	2.01	1.99	1.95	1.90	1.86	1.80	1.75	1.73
48	2.24	2.20	2.17	2.14	2.12	2.06	2.02	1.99	1.97	1.93	1.88	1.84	1.78	1.73	1.70
50	2.22	2.18	2.15	2.12	2.10	2.05	2.01	1.97	1.95	1.91	1.86	1.82	1.76	1.71	1.68

$P=0.01$ 续表

$df_{分母}$	$df_{分子}$														
	22	24	26	28	30	35	40	45	50	60	80	100	200	500	∞
60	2.15	2.12	2.08	2.05	2.03	1.98	1.94	1.90	1.88	1.84	1.78	1.75	1.68	1.63	1.60
80	2.07	2.03	2.00	1.97	1.94	1.89	1.85	1.81	1.79	1.75	1.69	1.66	1.58	1.53	1.49
100	2.02	1.98	1.94	1.92	1.89	1.84	1.80	1.76	1.73	1.69	1.63	1.60	1.52	1.47	1.43
125	1.98	1.94	1.91	1.88	1.85	1.80	1.76	1.72	1.69	1.65	1.59	1.55	1.47	1.41	1.37
150	1.96	1.92	1.88	1.85	1.83	1.77	1.73	1.69	1.66	1.62	1.56	1.52	1.43	1.38	1.33
200	1.93	1.89	1.85	1.82	1.79	1.74	1.69	1.66	1.63	1.58	1.52	1.48	1.39	1.33	1.28
300	1.89	1.85	1.82	1.79	1.76	1.71	1.66	1.62	1.59	1.55	1.48	1.44	1.35	1.28	1.22
500	1.87	1.83	1.79	1.76	1.74	1.68	1.63	1.60	1.56	1.52	1.45	1.41	1.31	1.23	1.16
1000	1.85	1.81	1.77	1.74	1.72	1.66	1.61	1.57	1.54	1.50	1.43	1.38	1.28	1.19	1.11
∞	1.83	1.79	1.76	1.72	1.70	1.64	1.59	1.55	1.52	1.47	1.40	1.36	1.25	1.15	1.00

附表 4　q 值表

上行：P=0.05
下行：P=0.01

$df_{组内}$	a(组数)								
	2	3	4	5	6	7	8	9	10
5	3.64	4.60	5.22	5.67	6.03	6.33	6.58	6.80	6.99
	5.70	6.98	7.80	8.42	8.91	9.32	9.67	9.97	10.24
6	3.46	4.34	4.90	5.30	5.63	5.90	6.12	6.32	6.49
	5.24	6.33	7.03	7.56	7.97	8.32	8.61	8.87	9.10
7	3.34	4.16	4.68	5.06	5.36	5.61	5.82	6.00	6.16
	4.95	5.92	6.54	7.01	7.37	7.68	7.94	8.17	8.37
8	3.26	4.04	4.53	4.89	5.17	5.40	5.60	5.77	5.92
	4.75	5.64	6.20	6.62	6.96	7.24	7.47	7.68	7.86
9	3.20	3.95	4.41	4.76	5.02	5.24	5.43	5.59	5.74
	4.60	5.43	5.96	6.35	6.66	6.91	7.13	7.33	7.49
10	3.15	3.88	4.33	4.65	4.91	5.12	5.30	5.46	5.60
	4.48	5.27	5.77	6.14	6.43	6.67	6.87	7.05	7.21
12	3.08	3.77	4.20	4.51	4.75	4.95	5.12	5.27	5.39
	4.32	5.05	5.50	5.84	6.10	6.32	6.51	6.67	6.81
14	3.03	3.70	4.11	4.41	4.64	4.83	4.99	5.13	5.25
	4.21	4.89	5.32	5.63	5.88	6.08	6.26	6.41	6.54

续表

上行：$P=0.05$
下行：$P=0.01$

$df_{组内}$	a（组数）								
	2	3	4	5	6	7	8	9	10
16	3.00	3.65	4.05	4.33	4.56	4.74	4.90	5.03	5.15
	4.13	4.79	5.19	5.49	5.72	5.92	6.08	6.22	6.35
18	2.97	3.61	4.00	4.28	4.49	4.67	4.82	4.96	5.07
	4.07	4.70	5.09	5.38	5.60	5.79	5.94	6.08	6.20
20	2.95	3.58	3.96	4.23	4.45	4.62	4.77	4.90	5.01
	4.02	4.64	5.02	5.29	5.51	5.69	5.84	5.97	6.09
30	2.89	3.49	3.85	4.10	4.30	4.46	4.60	4.72	4.82
	3.89	4.45	4.80	5.05	5.24	5.40	5.54	5.65	5.76
40	2.86	3.44	3.79	4.04	4.23	4.39	4.52	4.63	4.73
	3.82	4.37	4.70	4.93	5.11	5.26	5.39	5.50	5.60
60	2.83	3.40	3.74	3.98	4.16	4.31	4.44	4.55	4.65
	3.76	4.28	4.59	4.82	4.99	5.13	5.25	5.36	5.45
120	2.80	3.36	3.68	3.92	4.10	4.24	4.36	4.47	4.56
	3.70	4.20	4.50	4.71	4.87	5.01	5.12	5.21	5.30
∞	2.77	3.31	3.63	3.86	4.03	4.17	4.29	4.39	4.47
	3.64	4.12	4.40	4.60	4.76	4.88	4.99	5.08	5.16

附表 5 $F_{最大}$界值表

（哈特莱方差齐性检验）

S_j^2 的 df	α	k＝方差的数目										
		2	3	4	5	6	7	8	9	10	11	12
4	0.05	9.60	15.5	20.6	25.2	29.5	33.6	37.5	41.4	44.6	48.0	51.4
	0.01	23.2	37.0	49.0	59.0	69.0	79.0	89.0	97.0	106.0	113.0	120.0
5	0.05	7.15	10.8	13.7	16.3	18.7	20.8	22.9	24.7	26.5	28.2	29.9
	0.01	14.9	22.0	28.0	33.0	38.0	42.0	46.0	50.0	54.0	57.0	60.0
6	0.05	5.82	8.38	10.4	12.1	13.7	15.0	16.3	17.5	18.6	19.7	20.7
	0.01	11.1	15.5	19.1	22.0	25.0	27.0	30.0	32.0	34.0	36.0	37.0
7	0.05	4.99	6.94	8.44	9.70	10.8	11.8	12.7	13.5	14.3	15.1	15.8
	0.01	8.89	12.1	14.5	16.5	18.4	20.0	22.0	23.0	24.0	26.0	27.0
8	0.05	4.43	6.00	7.18	8.12	9.03	9.78	10.5	11.1	11.7	12.2	12.7
	0.01	7.50	9.9	11.7	13.2	14.5	15.8	16.9	17.9	18.9	19.8	21.0
9	0.05	4.03	5.34	6.31	7.11	7.80	8.41	8.95	9.45	9.91	10.3	10.7
	0.01	6.54	8.5	9.9	11.1	12.1	13.1	13.9	14.7	15.3	16.0	16.6
10	0.05	3.72	4.85	5.67	6.34	6.92	7.42	7.87	8.28	8.66	9.01	9.34
	0.01	5.85	7.4	8.6	9.6	10.4	11.1	11.8	12.4	12.9	13.4	13.9
12	0.05	3.28	4.16	4.79	5.30	5.72	6.09	6.42	6.72	7.00	7.25	7.48
	0.01	4.91	6.1	6.9	7.6	8.2	8.7	9.1	9.5	9.9	10.2	10.6
15	0.05	2.86	3.54	4.01	4.37	4.68	4.95	5.19	5.40	5.59	5.77	5.93
	0.01	4.07	4.9	5.5	6.0	6.4	6.7	7.1	7.3	7.5	7.8	8.0
20	0.05	2.46	2.95	3.29	3.54	3.76	3.94	4.10	4.24	4.37	4.49	4.59
	0.01	3.32	3.8	4.3	4.6	4.9	5.1	5.3	5.5	5.6	5.8	5.9
30	0.05	2.07	2.40	2.61	2.78	2.91	3.02	3.12	3.21	3.29	3.36	3.39
	0.01	2.63	3.0	3.3	3.4	3.6	3.7	3.8	3.9	4.0	4.1	4.2
60	0.05	1.67	1.85	1.96	2.04	2.11	2.17	2.22	2.26	2.30	2.33	2.36
	0.01	1.96	2.2	2.3	2.4	2.4	2.5	2.5	2.6	2.6	2.7	2.7
∞	0.05	1.00	1.00	1.00	1.00	1.00	1.00	1.00	1.00	1.00	1.00	1.00
	0.01	1.00	1.00	1.00	1.00	1.00	1.00	1.00	1.00	1.00	1.00	1.00

附表 6 χ^2 值表

df	0.995	0.990	0.975	0.950	0.900	0.750	0.500	0.250	0.100	0.050	0.025	0.010	0.005
1	…	…	…	…	0.02	0.10	0.45	1.32	2.71	3.84	5.02	6.63	7.88
2	0.01	0.02	0.05	0.10	0.21	0.58	1.39	2.77	4.61	5.99	7.38	9.21	10.60
3	0.07	0.11	0.22	0.35	0.58	1.21	2.37	4.11	6.25	7.81	9.35	11.34	12.84
4	0.21	0.30	0.48	0.71	1.06	1.92	3.36	5.39	7.78	9.49	11.14	13.28	14.86
5	0.41	0.55	0.83	1.15	1.61	2.67	4.35	6.63	9.24	11.07	12.83	15.09	16.75
6	0.68	0.87	1.24	1.64	2.20	3.45	5.35	7.84	10.64	12.59	14.45	16.81	18.55
7	0.99	1.24	1.69	2.17	2.83	4.25	6.35	9.04	12.02	14.07	16.01	18.48	20.28
8	1.34	1.65	2.18	2.73	3.49	5.07	7.34	10.22	13.36	15.51	17.53	20.09	21.96
9	1.73	2.09	2.70	3.33	4.17	5.90	8.34	11.39	14.68	16.92	19.02	21.67	23.59
10	2.16	2.56	3.25	3.94	4.87	6.74	9.34	12.55	15.99	18.31	20.48	23.21	25.19
11	2.60	3.05	3.82	4.57	5.58	7.58	10.34	13.70	17.28	19.68	21.92	24.72	26.76
12	3.07	3.57	4.40	5.23	6.30	8.44	11.34	14.85	18.55	21.03	23.34	26.22	28.30
13	3.57	4.11	5.01	5.89	7.04	9.30	12.34	15.98	19.81	22.36	24.74	27.69	29.82
14	4.07	4.66	5.63	6.57	7.79	10.17	13.34	1.12	21.06	23.68	26.12	29.14	31.32
15	4.60	5.23	6.27	7.26	8.55	11.04	14.34	18.25	22.31	25.00	27.49	30.58	32.80
16	5.14	5.81	6.91	7.96	9.31	11.91	15.34	19.37	23.54	26.30	28.85	32.00	34.27
17	5.70	6.41	7.56	8.67	10.09	12.79	16.34	20.49	24.77	27.59	30.19	33.41	35.72
18	6.26	7.01	8.23	9.39	10.86	13.68	17.34	21.60	25.99	28.87	31.53	34.81	37.16
19	6.84	7.63	8.91	10.12	11.65	14.56	18.34	22.72	27.20	30.14	32.85	36.19	38.58
20	7.43	8.26	9.59	10.85	12.44	15.45	19.34	23.83	28.41	31.41	34.17	37.57	40.00

续表

df	0.995	0.990	0.975	0.950	0.900	0.750	0.500	0.250	0.100	0.050	0.025	0.010	0.005
21	8.03	8.90	10.28	11.59	13.24	16.34	20.34	24.93	29.62	32.67	35.48	38.93	41.40
22	8.64	9.54	10.98	12.34	14.04	17.24	21.34	26.04	30.81	33.92	36.78	40.29	42.80
23	9.26	10.20	11.69	13.09	14.85	18.14	22.34	27.14	32.01	35.17	38.08	41.64	44.18
24	9.89	10.86	12.40	13.85	15.66	19.04	23.34	28.24	33.20	36.42	39.36	42.98	45.56
25	10.52	11.52	13.12	14.61	16.47	19.94	24.34	29.34	34.38	37.65	40.65	44.31	46.93
26	11.16	12.20	13.84	15.38	17.29	20.84	25.34	30.43	35.56	38.89	41.92	45.64	48.29
27	11.81	12.88	14.57	16.15	18.11	21.75	26.34	31.53	36.74	40.11	43.19	46.96	49.64
28	12.46	13.56	15.31	16.93	18.94	22.66	27.34	32.62	37.92	41.34	44.46	48.28	50.99
29	13.12	14.26	16.05	17.71	19.77	23.57	28.34	33.71	39.09	42.56	45.72	49.59	52.34
30	13.79	14.95	16.79	18.49	20.60	24.48	29.34	34.80	40.26	43.77	46.98	50.89	53.67
40	20.71	22.16	24.43	26.51	29.05	33.66	39.34	45.62	51.80	55.76	59.34	63.69	66.77
50	27.99	29.71	32.36	34.76	37.69	42.94	49.33	56.33	63.17	67.50	71.42	76.15	79.49
60	35.53	37.48	40.48	43.19	46.46	52.29	59.33	66.98	74.40	79.08	83.30	88.38	91.95
70	43.28	45.44	48.76	51.74	55.33	61.70	69.33	77.58	85.53	90.53	95.02	100.42	104.22
80	51.17	53.54	57.15	60.39	64.28	71.14	79.33	88.13	96.58	101.88	106.63	112.33	116.32
90	59.20	61.75	65.65	69.13	73.29	80.62	89.33	98.64	107.56	113.14	118.14	124.12	128.30
100	67.33	70.06	74.22	77.93	82.36	90.13	99.33	109.14	118.50	124.34	129.56	135.81	140.17

附表7 Z_r 值的转换表

r	Z_r	r	Z_r	r	Z_r	r	Z_r	r	Z_r
0.000	0.000	0.200	0.203	0.400	0.424	0.600	0.693	0.800	1.099
0.005	0.005	0.205	0.208	0.405	0.430	0.605	0.701	0.805	1.113
0.010	0.010	0.210	0.213	0.410	0.436	0.610	0.709	0.810	1.127
0.015	0.015	0.215	0.218	0.415	0.442	0.615	0.717	0.815	1.142
0.020	0.020	0.220	0.224	0.420	0.448	0.620	0.725	0.820	1.157
0.025	0.025	0.225	0.229	0.425	0.454	0.625	0.733	0.825	1.172
0.030	0.030	0.230	0.234	0.430	0.460	0.630	0.741	0.830	1.188
0.035	0.035	0.235	0.239	0.435	0.466	0.635	0.750	0.835	1.204
0.040	0.040	0.240	0.245	0.440	0.472	0.640	0.758	0.840	1.221
0.045	0.045	0.245	0.250	0.445	0.478	0.645	0.767	0.845	1.238
0.050	0.050	0.250	0.255	0.450	0.485	0.650	0.775	0.850	1.256
0.055	0.055	0.255	0.261	0.455	0.491	0.655	0.784	0.855	1.274
0.060	0.060	0.260	0.266	0.460	0.497	0.660	0.793	0.860	1.293
0.065	0.065	0.265	0.271	0.465	0.504	0.665	0.802	0.865	1.313
0.070	0.070	0.270	0.277	0.470	0.510	0.670	0.811	0.870	1.333
0.075	0.075	0.275	0.282	0.475	0.517	0.675	0.820	0.875	1.354
0.080	0.080	0.280	0.288	0.480	0.523	0.680	0.829	0.880	1.376
0.085	0.085	0.285	0.293	0.485	0.530	0.685	0.838	0.885	1.398
0.090	0.090	0.290	0.299	0.490	0.536	0.690	0.848	0.890	1.422
0.095	0.095	0.295	0.304	0.495	0.543	0.695	0.858	0.895	1.447

续表

r	Z_r	r	Z_r	r	Z_r	r	Z_r	r	Z_r
0.100	0.100	0.300	0.310	0.500	0.549	0.700	0.867	0.900	1.472
0.105	0.105	0.305	0.315	0.505	0.556	0.705	0.877	0.905	1.499
0.110	0.110	0.310	0.321	0.510	0.563	0.710	0.887	0.910	1.528
0.115	0.116	0.315	0.326	0.515	0.570	0.715	0.897	0.915	1.557
0.120	0.121	0.320	0.332	0.520	0.576	0.720	0.908	0.920	1.589
0.125	0.126	0.325	0.337	0.525	0.583	0.725	0.918	0.925	1.623
0.130	0.131	0.330	0.343	0.530	0.590	0.730	0.929	0.930	1.658
0.135	0.136	0.335	0.348	0.535	0.597	0.735	0.940	0.935	1.697
0.140	0.141	0.340	0.354	0.540	0.604	0.740	0.950	0.940	1.738
0.145	0.146	0.345	0.360	0.545	0.611	0.745	0.962	0.945	1.783
0.150	0.151	0.350	0.365	0.550	0.618	0.750	0.973	0.950	1.832
0.155	0.156	0.355	0.371	0.555	0.626	0.755	0.984	0.955	1.886
0.160	0.161	0.360	0.377	0.560	0.633	0.760	0.996	0.960	1.946
0.165	0.167	0.365	0.383	0.565	0.640	0.765	10.008	0.965	2.014
0.170	0.172	0.370	0.388	0.570	0.648	0.770	1.020	0.970	2.092
0.175	0.177	0.375	0.394	0.575	0.655	0.775	1.033	0.975	2.185
0.180	0.182	0.380	0.400	0.580	0.662	0.780	1.045	0.980	2.298
0.185	0.187	0.385	0.406	0.585	0.670	0.785	1.058	0.985	2.443
0.190	0.192	0.390	0.412	0.590	0.678	0.790	1.071	0.990	2.647
0.195	0.198	0.395	0.418	0.595	0.685	0.795	1.085	0.995	2.994

附表 8 复相关系数界值表

自由度 *df*	独立自变量 *X* 数				自由度 *df*	独立自变量 *X* 数			
	1	2	3	4		1	2	3	4
1	0.997 1.000	0.999 1.000	0.999 1.000	0.999 1.000	15	0.482 0.606	0.574 0.677	0.630 0.721	0.670 0.752
2	0.950 0.990	0.975 0.995	0.983 0.997	0.987 0.998	16	0.468 0.590	0.559 0.662	0.615 0.706	0.655 0.738
3	0.878 0.959	0.930 0.976	0.950 0.983	0.961 0.987	17	0.456 0.575	0.545 0.647	0.601 0.691	0.641 0.724
4	0.811 0.917	0.881 0.949	0.912 0.962	0.930 0.970	18	0.444 0.561	0.532 0.633	0.587 0.678	0.628 0.710
5	0.754 0.874	0.836 0.917	0.874 0.937	0.898 0.949	19	0.433 0.549	0.520 0.620	0.575 0.665	0.615 0.698
6	0.707 0.834	0.795 0.886	0.839 0.911	0.867 0.927	20	0.423 0.537	0.509 0.608	0.563 0.652	0.604 0.685
7	0.666 0.798	0.758 0.855	0.807 0.885	0.838 0.904	21	0.413 0.526	0.498 0.596	0.522 0.641	0.592 0.674
8	0.632 0.765	0.726 0.827	0.777 0.860	0.811 0.882	22	0.404 0.515	0.488 0.585	0.542 0.630	0.582 0.663
9	0.602 0.735	0.697 0.800	0.750 0.836	0.786 0.861	23	0.396 0.505	0.479 0.574	0.532 0.619	0.572 0.652
10	0.576 0.708	0.671 0.776	0.726 0.814	0.763 0.840	24	0.388 0.496	0.470 0.565	0.523 0.609	0.562 0.642
11	0.553 0.684	0.648 0.753	0.703 0.793	0.741 0.821	25	0.381 0.487	0.462 0.555	0.514 0.600	0.553 0.633
12	0.532 0.661	0.627 0.732	0.683 0.773	0.722 0.802	26	0.374 0.478	0.454 0.546	0.506 0.590	0.545 0.624
13	0.514 0.641	0.608 0.712	0.664 0.755	0.703 0.785	27	0.367 0.470	0.446 0.538	0.498 0.582	0.536 0.615
14	0.497 0.623	0.590 0.694	0.646 0.737	0.686 0.768	28	0.361 0.463	0.439 0.530	0.490 0.573	0.529 0.606

续表

自由度 df	独立自变量 X 数				自由度 df	独立自变量 X 数			
	1	2	3	4		1	2	3	4
29	0.355 0.456	0.432 0.522	0.482 0.565	0.521 0.598	90	0.205 0.267	0.254 0.312	0.288 0.343	0.315 0.368
30	0.349 0.449	0.426 0.514	0.476 0.558	0.514 0.591	100	0.195 0.254	0.241 0.297	0.274 0.327	0.300 0.351
35	0.325 0.418	0.397 0.481	0.445 0.523	0.482 0.556	125	0.174 0.228	0.216 0.266	0.246 0.294	0.269 0.316
40	0.304 0.393	0.373 0.454	0.419 0.494	0.455 0.526	150	0.159 0.208	0.198 0.244	0.225 0.270	0.247 0.290
45	0.288 0.372	0.353 0.430	0.397 0.470	0.432 0.501	200	0.138 0.181	0.172 0.212	0.196 0.234	0.215 0.253
50	0.273 0.354	0.336 0.410	0.379 0.449	0.412 0.479	300	0.113 0.148	0.141 0.174	0.160 0.192	0.176 0.208
60	0.250 0.325	0.308 0.377	0.348 0.414	0.380 0.442	400	0.098 0.128	0.122 0.151	0.139 0.167	0.153 0.180
70	0.232 0.302	0.286 0.351	0.324 0.386	0.354 0.413	500	0.088 0.115	0.109 0.135	0.124 0.150	0.137 0.162
80	0.217 0.283	0.269 0.330	0.304 0.362	0.332 0.389	1000	0.062 0.081	0.077 0.096	0.088 0.106	0.097 0.115

附表 9　符号检验表

n 对子数	0.01	0.05	0.10	n 对子数	0.01	0.05	0.10	n 对子数	0.01	0.05	0.10
1				31	7	9	10	61	20	23	23
2				32	8	9	10	62	20	22	24
3				33	8	10	11	63	20	23	24
4				34	9	10	11	64	21	23	24
5			0	35	9	11	12	65	21	24	25
6		0	0	36	9	11	12	66	22	24	25
7		0	0	37	10	12	13	67	22	25	26
8	0	0	1	38	10	12	13	68	22	25	26
9	0	1	1	39	11	12	13	69	23	25	27
10	0	1	1	40	11	13	14	70	23	26	27
11	0	1	2	41	11	13	14	71	24	26	28
12	1	2	2	42	12	14	15	72	24	27	28
13	1	2	3	43	12	14	15	73	25	27	28
14	1	2	3	44	13	15	16	74	25	28	29
15	2	3	3	45	13	15	16	75	25	28	29
16	2	3	4	46	13	15	16	76	26	28	30
17	2	4	4	47	14	16	17	77	26	29	30
18	3	4	5	48	14	16	17	78	27	29	31
19	3	4	5	49	15	17	18	79	27	30	31
20	3	5	5	50	15	17	18	80	28	30	32
21	4	5	6	51	15	18	19	81	28	31	32
22	4	5	6	52	16	18	19	82	28	31	33
23	4	6	7	53	16	18	20	83	29	32	33
24	5	6	7	54	17	19	20	84	29	32	33
25	5	7	7	55	17	19	20	85	30	32	34
26	6	7	8	56	17	20	21	86	30	33	34
27	6	7	8	57	18	20	21	87	31	33	35
28	6	8	9	58	18	21	22	88	31	34	35
29	7	8	9	59	19	21	22	89	31	34	36
30	7	9	10	60	19	21	23	90	32	35	36

注：此表为单侧检验，双侧检验的概率应为 0.02，0.10，0.20。

附表 10　符号秩次检验表

N	单侧检验显著水平		
	0.025	0.01	0.005
	双侧检验显著水平		
	0.05	0.02	0.01
6	0	—	—
7	2	0	—
8	4	2	0
9	6	3	2
10	8	5	3
11	11	7	5
12	14	10	7
13	17	13	10
14	21	16	13
15	25	20	16
16	30	24	20
17	35	28	23
18	40	33	28
19	46	38	32
20	52	43	38
21	59	49	43
22	66	56	49
23	73	62	55
24	81	69	61
25	89	77	68

附表 11　秩和检验表

$P(T_1<T<T_2)=1-a$

n_1	n_2	$a=0.025$		$a=0.05$		n_1	n_2	$a=0.025$		$a=0.05$	
		T_1	T_2	T_1	T_2			T_1	T_2	T_1	T_2
2	4	3	11	3	11	5	5	18	37	19	36
2	5	3	13	3	13	5	6	19	41	20	40
2	6	3	15	4	14	5	7	20	45	22	43
2	7	3	17	4	16	5	8	21	49	23	47
2	8	3	19	4	18	5	9	22	53	25	50
2	9	3	21	4	20	5	10	24	56	26	54
2	10	4	22	5	21	6	6	26	52	28	50
3	3	6	15	6	15	6	7	28	56	30	54
3	4	6	18	7	17	6	8	29	61	32	58
3	5	6	21	7	20	6	9	31	65	33	63
3	6	7	23	8	22	6	10	33	69	35	67
3	7	8	25	9	24	7	7	37	68	39	66
3	8	8	28	9	27	7	8	39	73	41	71
3	9	9	30	10	29	7	9	41	78	43	76
3	10	9	33	11	31	7	10	43	83	46	80
4	4	11	25	12	24	8	8	49	87	52	84
4	5	12	28	13	27	8	9	51	93	54	90
4	6	12	32	14	30	8	10	54	98	57	95
4	7	13	35	15	33	9	9	63	108	66	105
4	8	14	38	16	36	9	10	66	114	69	111
4	9	15	41	17	39	10	10	79	131	83	127
4	10	16	44	18	42						

附表 12　随机数字表(部分)

编号	1	2	3	4	5	6	7	8	9	10	11	12	13	14	15	16	17	18	19	20	21	22	23	24	25
1	03	47	43	73	86	36	96	47	36	61	46	98	63	71	62	33	26	16	80	45	60	11	14	10	95
2	97	74	24	67	62	42	81	14	57	20	42	53	32	37	32	27	07	36	07	51	24	51	79	89	73
3	16	76	62	27	66	56	50	26	71	07	32	90	79	78	53	13	55	38	58	59	88	97	54	14	10
4	12	56	85	99	26	96	96	68	27	31	05	03	72	93	15	57	12	10	14	21	88	26	49	81	76
5	55	59	56	35	64	38	54	82	46	22	31	62	43	09	90	06	18	44	32	53	23	83	01	30	30
6	16	22	77	94	39	49	54	43	54	82	17	37	93	23	78	87	35	20	96	43	84	26	34	91	64
7	84	42	17	53	31	57	24	55	06	88	77	04	74	47	67	21	76	33	50	25	83	92	12	06	76
8	63	01	63	78	59	16	95	55	67	19	98	10	50	71	75	12	86	73	58	07	44	39	52	38	79
9	33	21	12	34	29	78	64	56	07	82	52	42	07	44	38	15	51	00	13	42	99	66	02	79	54
10	57	60	86	32	44	09	47	27	96	54	49	17	46	09	62	90	52	84	77	27	08	02	73	43	28
11	18	18	07	92	46	44	17	16	58	09	79	83	86	19	62	06	76	50	03	10	55	23	64	05	05
12	26	62	38	97	75	84	16	07	44	99	83	11	46	32	24	20	14	85	88	45	10	93	72	88	71
13	23	42	40	64	74	82	97	77	77	81	07	45	32	14	08	32	98	94	07	72	93	85	79	10	75
14	52	36	28	19	95	50	92	26	11	97	00	56	76	31	38	80	22	02	53	53	86	60	42	04	53
15	37	85	94	35	12	83	39	50	08	30	42	34	07	96	88	54	42	06	87	98	35	85	29	48	39
16	70	29	17	12	13	40	33	20	38	26	13	89	51	03	74	17	76	37	13	04	07	74	21	19	30
17	56	62	18	37	35	96	83	50	87	75	97	12	25	93	47	70	33	24	03	54	97	77	46	44	80
18	99	49	57	22	77	88	42	95	45	72	16	64	36	16	00	04	43	18	66	79	94	77	24	21	90
19	16	08	15	04	72	33	27	14	34	09	45	59	34	68	49	12	72	07	34	45	99	27	72	95	14
20	31	16	93	32	43	50	27	89	87	19	20	15	37	00	49	52	85	66	60	44	38	68	88	11	80

续表

编号	1	2	3	4	5	6	7	8	9	10	11	12	13	14	15	16	17	18	19	20	21	22	23	24	25
21	68	34	30	13	70	55	74	30	77	40	44	22	78	84	26	04	33	46	09	52	68	07	97	06	57
22	74	57	25	65	76	59	29	97	68	60	71	91	38	67	54	13	58	18	24	76	15	54	55	95	52
23	27	42	37	86	53	48	55	90	65	72	96	57	69	36	10	96	46	92	42	45	97	60	49	04	91
24	00	39	68	29	61	66	37	32	20	30	77	84	57	03	29	10	45	65	04	26	11	04	96	67	24
25	29	94	98	94	24	68	49	69	10	82	53	75	91	93	30	34	25	20	57	27	40	48	73	51	92
26	16	90	82	66	59	83	62	64	11	12	67	19	00	71	74	60	47	21	29	68	02	02	37	03	31
27	11	27	94	75	06	06	09	19	74	66	02	94	37	34	02	76	70	90	30	86	38	45	94	30	38
28	35	24	10	16	20	33	32	51	26	38	79	78	45	04	91	16	92	53	56	16	02	75	50	95	98
29	38	23	16	86	38	42	38	97	01	50	87	75	66	81	41	40	01	74	91	62	48	51	84	08	32
30	31	96	25	91	47	96	44	33	49	13	34	86	82	53	91	00	52	43	48	85	27	55	26	89	62
31	66	67	40	67	14	64	05	71	95	86	11	05	65	09	68	76	83	20	37	90	57	16	00	11	66
32	14	90	84	45	11	75	73	88	05	90	52	27	41	14	86	22	98	12	22	08	07	52	74	95	80
33	68	05	51	18	00	33	96	02	75	19	07	60	62	93	55	59	33	82	43	90	49	37	38	44	59
34	20	46	78	73	90	97	51	40	14	02	04	02	33	31	08	39	54	16	49	36	47	95	93	13	30
35	64	19	58	97	79	15	06	15	93	20	01	90	10	75	06	40	78	73	89	62	02	67	74	17	33
36	05	26	93	70	60	22	35	85	15	13	92	03	51	59	77	59	56	78	06	83	52	91	05	70	74
37	07	97	10	88	23	09	98	42	99	64	61	71	62	99	15	06	51	29	16	93	58	05	77	09	51
38	68	71	86	85	85	54	87	66	47	54	73	32	08	11	12	44	95	92	63	16	29	56	24	29	48
39	26	99	61	65	53	58	37	78	80	70	42	10	50	67	42	32	17	55	85	74	94	44	67	16	94
40	14	65	52	68	75	87	59	36	22	41	26	78	63	06	55	13	08	27	01	50	15	29	39	39	43

续表

编号	1	2	3	4	5	6	7	8	9	10	11	12	13	14	15	16	17	18	19	20	21	22	23	24	25
41	17	53	77	58	71	71	41	61	50	72	12	41	94	96	26	44	95	27	36	99	02	96	74	30	83
42	90	26	59	21	19	23	52	23	33	12	96	93	02	18	39	07	02	18	36	07	25	99	32	70	23
43	41	23	52	55	99	31	04	49	69	96	10	47	48	45	88	13	41	43	89	20	97	17	14	49	17
44	60	20	50	81	69	31	99	73	68	68	35	81	33	03	76	24	30	12	48	60	18	99	10	72	34
45	91	25	38	05	90	94	58	28	41	36	45	37	59	03	09	90	35	57	29	12	82	62	54	65	60
46	34	50	57	74	37	98	80	33	00	91	09	77	93	19	82	74	94	80	04	04	45	07	31	66	49
47	85	22	04	39	43	73	81	53	94	79	33	62	46	86	28	08	31	54	46	31	53	94	13	38	47
48	09	79	13	77	48	73	82	97	22	21	05	03	27	24	83	72	89	44	05	60	35	80	39	94	88
49	88	75	80	18	14	22	95	75	42	49	39	32	82	22	49	02	48	07	70	37	16	04	61	67	37
50	90	96	23	70	00	39	00	03	06	90	55	85	78	38	36	94	37	30	69	32	90	89	00	76	33